昂教育研究所講師
宍戸里佳 著

しっかり学ぶ 中級 ドイツ語文法

パターンで覚える文法徹底攻略

Basic Language Learning Series

CD BOOK

まえがき

　初級文法と中級文法の根本的な違いは、どこにあるでしょうか？　単語でしょうか？　それとも、文法の知識でしょうか？
　本書ではこれを、「いかに多くの文パターンを知っているか」であると考え、**さまざまな文パターンに意識的に触れる**ことを目指しました。その内容は、初級文法で必須のパターンから、中級文法でぜひ会得してもらいたいパターン、まだ難しいかもしれないが今のうちに知っておいてほしいパターンまで、多岐にわたります。

　本書では**初歩的な文法事項は極力省き**、「3合目」あたりから始めています。具体的には、「現在形の作りかた」「格変化とは何か」「名詞の複数形」などの項目を、説明不要な事項として扱っています。その一方で、**初級文法の復習を随時取り入れ**、中級文法への橋渡しをしやすいようにしてあります。
　そのため、ドイツ語の初級文法を一通り学習している人に最適ではありますが、一度学んで忘れてしまった人でも、最低限、「ドイツ語は**動詞の形がいろいろ変化したなあ**」「**冠詞を覚えるのが面倒くさかったっけ**」「**動詞の位置が英語と全然違ったよね**」ぐらいの思い出（？）が残っていれば、読んでいて思い出せる（＝再度覚え直せる）ように編んであります。
　また、冠詞や代名詞、形容詞の格変化など、一般の文法書では一覧表を出して終わり、というような項目でも、**読んで理解**できるよう説明を尽くし、**知識の定着を図れる**ようにしてあるので、一から学習し直す人にも、初級文法をやり直さずに先へ進みたい人にもお薦めです。

　ぜひたくさんの文例に触れて、ドイツ語の語感を磨いていってください！

目次「しっかり学ぶドイツ語中級文法」

第1部　動詞の使いかた

－基礎編－

1. 時制と語順 ……………………………………………………………… 10
　　（1）現在形　10
　　（2）過去形　12
　　（3）現在完了形　14
　　（4）過去完了形　16
　　（5）未来形　18

2. 主文の組み立て ……………………………………………………… 20
　　（1）動詞の位置　20
　　（2）ワク構造　22
　　（3）分離動詞　24
　　　　コラム「分離動詞と非分離動詞」　26
　　（4）再帰動詞　28
　　（5）否定文　31
　　（6）疑問文　33

3. 副文の組み立てと種類 ……………………………………………… 35
　　（1）副文の特徴　35
　　（2）間接疑問文　38
　　（3）関係文　40
　　　　コラム「複数の副文が入った文」　42

－応用編－

1. 話法の助動詞 ………………………………………………………… 44
　　（1）基本的な使いかた　44
　　（2）時　制　48
　　（3）推量表現と接続法　52
　　　　コラム「話法の助動詞：合わせワザ」　56

☆〔余力のある人に①〕使役動詞・知覚動詞　58

2. 受動態 60
　（1）基本的な使いかた　60
　（2）時　制　65
　　　コラム「「sein ＋過去分詞」の見分けかた」　69
　（3）自動詞から作る受動態　71
　　　コラム「未来形？　受動態？」　74
　　☆〔余力のある人に②〕werden 以外の受動表現　78

3. zu 不定詞 82
　（1）作りかた　82
　（2）基本的な使いかた　86
　（3）名詞その他にかかる場合　91
　　　コラム「よくある間違い（zu 不定詞）」　96
　（4）副詞的用法・絶対的用法　98
　　　コラム「副文のコンマ、zu 不定詞のコンマ」　102
　（5）コンマをつけない表現　104
　　☆〔余力のある人に③〕副文で書きかえる　108

4. 接続法 111
　（1）形と意味　111
　　　コラム「接続法とつきあうコツ」　115
　（2）要求話法（接続法第1式）　118
　（3）間接話法（接続法第1式・第2式）　122
　（4）非現実話法（接続法第2式）　128
　（5）婉曲話法（接続法第2式）　134
　　　コラム「接続法を見つけよう！」　140

第2部　名詞・代名詞の使いかた

－基礎編－
1. 名詞の格変化 144
　（1）1格の用法　144

5

（2）**4格の用法** 146
　　　（3）**3格の用法** 149
　　　（4）**2格の用法** 153
　　　　　コラム「「同格」の意味」 158

2. 冠詞の分類と格変化 162
　　　（1）定冠詞と定冠詞類 162
　　　　　コラム「**jener** の使いかた」 166
　　　（2）不定冠詞と否定冠詞［＝不定冠詞類①］ 169
　　　（3）所有冠詞［＝不定冠詞類②］ 173

3. 代名詞と格変化 177
　　　（1）人称代名詞 177
　　　（2）再帰代名詞 183
　　　（3）指示代名詞 187

　－応用編－
1. 関係代名詞 192
　　　（1）基本的な使いかた 192
　　　　　コラム「どちらが主語？／どちらが先行詞？」 197
　　　（2）2格の場合 201
　　　（3）前置詞を伴う場合 206
　　　（4）不定関係代名詞の **was** 210
　　　　　コラム「「**was / wer**」で始まる副文の格」 214
　　　（5）関係副詞 218
　　　　　コラム「**wie** を使った関係文」 222

2. **es** を使った構文 224
　　　（1）人称代名詞としての **es** 224
　　　（2）非人称構文 229
　　　（3）仮主語・仮目的語の **es** 235
　　　　　コラム「**es** 構文の見分けかた」 241
　　　☆〔余力のある人に④〕強調構文 245

第3部　形容詞・副詞の使いかた

－基礎編－

1. 3つの用法 250
　　（1）述語として　250
　　（2）修飾語として　254
　　（3）副詞として　259

2. 形容詞の格変化 263
　　（1）無冠詞の場合　263
　　（2）定冠詞がつく場合　268
　　（3）不定冠詞がつく場合　273

3. 比較のしかた 279
　　（1）比較級　279
　　（2）最上級　285
　　（3）原級を使った比較　289

－応用編－

1. 形容詞の名詞化 294
　　（1）「人」の場合　294
　　（2）「物」の場合　300
　　　　コラム「語尾で格を見分けよう」　305

2. 分詞を使った表現 307
　　（1）現在分詞　307
　　（2）過去分詞　313
　　（3）分詞構文　318
　　（4）冠飾句　324
　　　　コラム「現在分詞？　過去分詞？」　329
　　☆〔余力のある人に⑤〕分詞と副文の関係　334

付録1. 前置詞の使いかた 338
付録2. 不定詞と不定形 343
練習問題の解答 349

本書の使いかた

1. **全体を大きく3つに分け**、それぞれをさらに 『基礎編』 と 『応用編』 に分けて、難易度に差を設けました。(おおむね「基礎編」が初級文法に、「応用編」が初級〜中級文法にあたります。)

2. 各課の項目ごとに、まず 思い出しておこう！ で前提となる文法知識を確認し、 **基本パターン** と **応用パターン** に分けて文例を紹介し、 **ワンポイント・レッスン** でそのほかのポイントを押さえています。(細目をすべて盛り込んであるので、多少、前後する項目もあります。)

3. 各項目ごとに 練習 問題を設け、知識のさらなる定着を図っています。【解答】では参照すべき文パターンを示し、考えかたの道筋も紹介してあります。

4. コラム〔中級へのカギ〕は、初級文法から中級文法へ移行するうえで、**つまずきがちなポイント**を詳しく説明してあります。苦手な項目は、特に丁寧に読んでみてください。

5. 〔余力のある人に〕は、特別講座です。文字どおり余力のある人が、**上級文法への架け橋**として取り組んでみてください。

6. 本書は、順番どおり読んでいく必要はありません。苦手な項目から読むのもよいし、得意な項目から始めるのもよいでしょう。**どこからでも読み始められるように**、文中での相互参照を充実させてあります。

7. **付属CD** には、【基本パターン】と【応用パターン】の例文が2回ずつ収録されています（それぞれ1回目はゆっくり、2回目はナチュラルに近いスピードです）。ぜひたくさん聞いて、さまざまな文パターンを**耳からも定着**させてください！

第1部
動詞の使いかた

―基礎編―

1.時制と語順

(1) 現在形

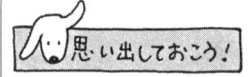

CD Track 1

> 思い出しておこう！
>
> 　ドイツ語の現在形は、人称ごとに違う語尾がつきましたね。ここでざっと思い出してみましょう。
>
> 　　　　wohnen（住んでいる）
> 　　　　　ich wohne　　　　wir wohnen
> 　　　　　du wohnst　　　　ihr wohnt
> 　　　　　er wohnt　　　　 sie wohnen
> 　　　　　sie wohnt　　　　（Sie wohnen）
> 　　　　　es wohnt

➕ 基本パターン❶：主語で始まる文

Ich wohne hier.　私はここに住んでいます。

　英語と同じで、「主語→動詞」の順になっていますね。

➕ 基本パターン❷：副詞が前に出る文

Hier wohne ich.　ここに私は住んでいます。

　副詞で文を始めると、「動詞→主語」の順になります。

➕ 基本パターン❸：目的語が前に出る文

Das Haus besitzt mein Vater.　この家は父が所有しています。

　目的語が文頭にあると、やはり「動詞→主語」の順になります。主語で始まる文に直すと、Mein Vater besitzt das Haus. となります。

10

ワンポイントレッスン ①

不規則動詞は、**2人称単数**と**3人称単数**で音が変わります。確認しておいてください。

① 「a」→「ä」へ… fahren（乗り物で行く）、tragen（運ぶ）など
　 ich trage、du trägst、er trägt などとなります。
② 「e」→「i」へ… helfen（助ける）、sprechen（話す）など
　 ich spreche、du sprichst、er spricht
③ 「e」→「ie」へ… lesen（読む）、sehen（見る）など
　 ich sehe、du siehst、er sieht

ワンポイントレッスン ②

副詞や目的語で文を始めるのは、それらの語を**強調**したいからです。ドイツ語は語順が厳格に決まっていないため、言いたいことから真っ先に文を始められる、便利な言語なのです！

練習　指示にしたがって書きかえてみましょう。　〔→解答は p.350〕

(1) Ich wohne hier seit zwei Jahren.　私はここに2年前から住んでいます。
　① 主語を wir に変えて
　　 Wir [　　　　　　　　　　　　　　　　　　　]. (a)
　② (a) を seit zwei Jahren で始めて
　　 Seit zwei Jahren [　　　　　　　　　　　　　　].
(2) Ich sehe heute den Film.　私は今日その映画を見ます。
　① 主語を er に変えて
　　 Er [　　　　　　　　　　　　　　　　　　　　]. (b)
　② (b) を目的語で始めて
　　 [　　　　　　　　　　　　　　　　　　　　　].

11

(2) 過去形

CD Track 2

思い出しておこう！

過去形には、**「-te」**をつけて規則的に作れるものと、**不規則**なものとがありました。そしてやはり、それぞれに人称語尾がつくのでしたね。

［規則動詞］wohnen（住んでいる）

ich wohnte*	wir wohnte**n**
du wohnte**st**	ihr wohnte**t**
er wohnte*	sie wohnte**n**
sie wohnte*	(Sie wohnte**n**)
es wohnte*	

*）1人称単数と3人称単数では、過去形の人称語尾はつきません（不規則動詞も同じです）。

［不規則動詞］singen（歌う）

ich sang	wir sang**en**
du sang**st**	ihr sang**t**
er sang	sie sang**en**
sie sang	(Sie sang**en**)
es sang	

基本パターン❶：主語で始まる文

Ich wohnte hier.　私はここに住んでいました。

　動詞が過去形に変わるだけで、文の構造自体は、**現在形とまったく同じ**です。

基本パターン❷：副詞が前に出る文

Hier wohnte ich.　ここに私は住んでいました。

　副詞で文を始めると、「動詞→主語」の順になります。

基本パターン❸：目的語が前に出る文

Das Haus <u>besaß</u> mein Vater.　この家は父が所有していました。

目的語が文頭にあるときも、「動詞→主語」の順になります。

ワンポイントレッスン

重要動詞の現在形と過去形を確認しましょう。

① sein（〜である）
　［現在形］ich bin, du bist, er/sie/es ist;
　　　　　 wir sind, ihr seid, sie sind
　［過去形］ich war, du warst, er/sie/es war;
　　　　　 wir waren, ihr wart, sie waren

② haben（〜を持つ）
　［現在形］ich habe, du hast, er/sie/es hat;
　　　　　 wir haben, ihr habt, sie haben
　［過去形］ich hatte, du hattest, er/sie/es hatte;
　　　　　 wir hatten, ihr hattet, sie hatten

③ werden（〜になる）
　［現在形］ich werde, du wirst, er/sie/es wird;
　　　　　 wir werden, ihr werdet, sie werden
　［現在形］ich wurde, du wurdest, er/sie/es wurde;
　　　　　 wir wurden, ihr wurdet, sie wurden

練習　指示にしたがって書きかえてみましょう。　〔→解答は p.350〕

(3) Ich habe heute einen Termin.　今日、私は面会予約があります。

　① 過去形に
　　Ich [　　　　　　　　　　　　　　　　　　　　　]. (a)

　② (a) を heute で始めて
　　Heute [　　　　　　　　　　　　　　　　　　　　　].

13

（3） 現在完了形

> **思い出しておこう！**
>
> 現在完了形は、「**haben＋過去分詞**」の形になるのでしたね。動詞によっては「haben」でなく、「sein」を使うものもありました。**ワク構造**をとるので、「haben（または sein）」と過去分詞が、遠く離れてしまうのでしたね。
>
>   ich habe ... gewohnt wir haben ... gewohnt
>   du hast ... gewohnt   ihr habt ... gewohnt
>   er hat ... gewohnt   sie haben ... gewohnt

➕ 基本パターン❶：主語で始まる文

Ich habe hier gewohnt.　私はここに住んでいました。

「hier」という副詞が入り込んで、現在完了形がワク構造を作っています（ドイツ語の現在完了形は、**過去形と同じ意味**になります）。

➕ 基本パターン❷：副詞が前に出る文

Hier habe ich gewohnt.　ここに私は住んでいました。

副詞で文を始めると、「**動詞→主語**」の順になるため、主語がワク構造の中に入り込みます。

➕ 基本パターン❸：目的語が前に出る文

Das Haus hat mein Vater besessen.　この家は父が所有していました。

目的語が文頭にあるときも、主語がワク構造の中に入ります。

> **ワンポイントレッスン①**
>
> 過去分詞は「ge___t」という形になります。不規則動詞では「ge___n」となって、音も不定形から変化します（p.63も参照してください）。
>
> wohnen → ge**wohn**t　　　singen → ge**sungen**　など

> **ワンポイントレッスン②**
>
> 現在完了形で「**sein**」をとる動詞は、主に3種類あります。
> ① **場所の移動**を伴う自動詞…gehen（行く）、kommen（来る）など
> ② **状態の変化**を表す自動詞…aufstehen（起きる、立ち上がる）、sterben（死ぬ）など
> ③ その他…bleiben（とどまる）、sein（〜である）、werden（〜になる）など

練習 指示にしたがって書きかえてみましょう。　〔→解答は p.350〕

(4) Ich hatte heute einen Termin.　今日、私は面会予約がありました。
　　 [haben → gehabt]
　① 現在完了形に
　　 Ich [　　　　　　　　　　　　　　　　　]. (a)
　② (a) を heute で始めて
　　 Heute [　　　　　　　　　　　　　　　　　].

(5) Er ging gestern ins Konzert.　彼は昨日コンサートへ行きました。
　　 [gehen → gegangen]
　① 現在完了形に
　　 Er [　　　　　　　　　　　　　　　　　]. (b)
　② (b) を gestern で始めて
　　 Gestern [　　　　　　　　　　　　　　　　　].

基礎編　1・時制と語順

15

（4） 過去完了形

Track 4

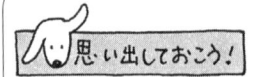

思い出しておこう！

過去形あるいは現在完了形を、さらに過去にさかのぼった時制です。現在完了形を1つ過去にずらすので、「**hatte（またはwar）＋過去分詞**」となります。

ich hatte ... gewohnt	wir hatten ... gewohnt
du hattest ... gewohnt	ihr hattet ... gewohnt
er hatte ... gewohnt	sie hatten ... gewohnt

基本パターン❶：主語で始まる文

Ich hatte es gerade gekauft.　私はちょうどそれを買ったところだった。

現在完了形と同じく、「hatte ... gekauft」がワク構造を作っていますね。【基本パターン①〜③】は、**現在完了形とまったく同じ構造**になります。

基本パターン❷：副詞が前に出る文

Gerade hatte ich es gekauft.　ちょうど私はそれを買ったところだった。

副詞で文を始めると、「動詞→主語」の順になって、主語がワク構造の中に入り込みます。もう大丈夫ですね。

基本パターン❸：目的語が前に出る文

Das hatte ich gerade gekauft.　それを私はちょうど買ったところだった。

目的語が文頭にあるときも、主語がワク構造の中に入ります。

> 【基本パターン①】を**現在完了形**にすると、
> Ich **habe** es gerade gekauft.　私はちょうどそれを買ったところです。
> (= Ich kaufte es schon.［過去形］)
> となり、**視点が変わり**ます。現在完了形では「現在」に視点があり、現在の時点で「買う」という行為が終わっていることを示しています。これに対して過去完了形では「過去のある時点」に視点があり、それよりも以前に「買う」という行為があったことを表します。

練習 指示にしたがって書きかえてみましょう。　〔→解答は p.350〕

(6) Sie hat den Film gesehen.　彼女はその映画を見ました。
　① 過去完了形に
　　Sie [　　　　　　　　　　　　　　　　　　　]. (a)
　② (a) を目的語で始めて
　　[　　　　　　　　　　　　　　　　　　　　　].

(7) Er ist ins Konzert gegangen.　彼はコンサートへ行きました。
　① 過去完了形に
　　Er [　　　　　　　　　　　　　　　　　　　]. (b)
　② (b) を ins Konzert で始めて
　　Ins Konzert [　　　　　　　　　　　　　　　].

（5）未来形

Track 5

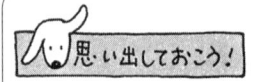

> 思い出しておこう！
>
> 未来形は**「werden＋不定形」**で表します。そしてやはり**ワク構造**をとるので、「werden」と不定形が遠く離れてしまいます。
>
> | | |
> | --- | --- |
> | ich werde ... wohnen | wir werden ... wohnen |
> | du wirst ... wohnen | ihr werdet ... wohnen |
> | er wird ... wohnen | sie werden ... wohnen |

基本パターン❶：主語で始まる文

Viele Menschen werden dorthin kommen.
たくさんの人がそこへやって来るでしょう。

　助動詞「werden」と文末の不定形とがワク構造を作るので、間に「dorthin」という副詞が入り込んでいます。

基本パターン❷：副詞が前に出る文

Dorthin werden viele Menschen kommen.
そこへはたくさんの人がやって来るでしょう。

　副詞で文を始めるので、「動詞→主語」の順になり、主語がワク構造の中に入り込みます。

基本パターン❸：目的語が前に出る文

Das werde ich nicht mehr tun.　それを私はもうしないつもりだ。

　目的語が文頭にあるので、やはり主語がワク構造の中に入ります。

> **ワンポイントレッスン**
>
> 「未来形」という名称ではありますが、もう確定してしまった未来には使いません。未来形を使うと、【基本パターン①〜③】のような、**「推量」**や**「意志」**を含んだ文になります。
>
> **確定した未来**は、**現在形**で表します。ニュアンスを含まず、確定的に言い切っているのが感じられるでしょうか？
>
> Viele Menschen <u>kommen</u> dorthin.
> たくさんの人がそこへやって来ます。
>
> Das <u>tue</u> ich nicht mehr.　それを私はもうしません。

練習 指示にしたがって書きかえてみましょう。　〔→解答は p.351〕

(8) Sie geht morgen ins Theater.　彼女は明日、劇場へ行きます。
　① 未来形に
　　Sie [　　　　　　　　　　　　　　　　　]. (a)
　② (a) を morgen で始めて
　　[　　　　　　　　　　　　　　　　　　].

―基礎編―
2. 主文の組み立て

（1） 動詞の位置

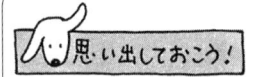

CD Track 6

> 思い出しておこう！
>
> ドイツ語の動詞は、**文中で必ず2番目に来ます**。この原則を「**定形第2位**」というのでしたね。
>
> | | I | II | III | それ以降 |
> |---|---|----|-----|---------|
> | ① | **主語** → | 動詞 | → それ以外の要素 |
> | ② | 副詞 → | 動詞 | → **主語** | → それ以外の要素 |
> | ③ | 目的語→ | 動詞 | → **主語** | → それ以外の要素 |

➕ 基本パターン❶：主語で始まる文

Er hat oft Kopfschmerzen.　彼はしばしば頭痛がする。

　主語で始まる文は、「主語が1番目」→「2番目に動詞」と考えるので、結果として英語と同じ、「主語→動詞」の順になります。

➕ 基本パターン❷：副詞が前に出る文

Oft hat er Kopfschmerzen.　しばしば彼は頭痛がする。

　副詞で文を始めると、「副詞が1番目」→「2番目に動詞」となるので、結果的に**主語が後回し**になります。そのため、「**動詞→主語**」と順番がひっくり返るのです。

➕ 基本パターン❸：目的語が前に出る文

Kopfschmerzen hat er oft.　彼は頭痛がしばしばする。

　目的語が文頭にある場合も、「目的語が1番目」→「2番目に動詞」と

なるので、やはり**主語が動詞のあとに**来ます。

ワンポイントレッスン①

副詞が複数の語からなっていたり（＝副詞句）、目的語が2語以上だったとしても、**要素として1つ**であれば、動詞の前に置けます。
Jeden Abend sitze ich vor dem Fernseher.
毎晩、私はテレビの前に座る。（＝副詞が2語からなる）
Krimi und Reisefilme sehe ich gern.
探偵ものと旅行番組を見るのが好きだ。（＝目的語が2語ある）

ワンポイントレッスン②

動詞の前に置けるのは**1つの要素のみ**です。次の例のように、複数の要素は置けません。
× Jeden Abend mit meiner Frau sitze ich vor dem Fernseher.
→ Jeden Abend sitze ich mit meiner Frau vor dem Fernseher.
またば Mit meiner Frau sitze ich jeden Abend vor dem Fernseher.
　毎晩、私は妻といっしょにテレビの前に座る。

ワンポイントレッスン③

動詞が2番目に来る文のことを、**主文**といいます。主たる文、ということです。（主文に対し、従属的な立場にある文のことを副文といいます。
→ p.35以降を参照）

練習 指示にしたがって書きかえてみましょう。〔→解答は p.351〕

(1) Ich esse abends fast immer Brot und Käse.
　　私は晩にはほとんどいつもパンとチーズしか食べない。
　① abends で始めて
　　[　　　　　　　　　　　　　　　　　　　　　　　].
　② 目的語で始めて
　　[　　　　　　　　　　　　　　　　　　　　　　　].

(2) ワク構造

CD Track 7

> **思い出しておこう！**
>
> ドイツ語では、**動詞と結びつきが強い語を文末に置く**傾向があります。すると必然的に、そのほかの語は動詞と文末の間に入ります。これを**ワク構造**といいます。動詞と文末とがワクを作るのです。
>
> ```
>          Ⅰ       Ⅱ       Ⅲ      それ以降    文末
> ① 主語  → 動詞 → それ以外           → 動詞の関連語
> ② 副詞  → 動詞 → 主語 → それ以外 → 動詞の関連語
> ③ 目的語 → 動詞 → 主語 → それ以外 → 動詞の関連語
> ```

➕ 基本パターン❶：分離動詞

Wir <u>reisen</u> heute Abend **ab**.　私たちは今晩、旅行に出ます。

　分離動詞「abreisen」が、「ab」と「reisen」に分離して、**前綴り「ab」が文末**に置かれます。動詞と文末の間に、「heute Abend」という副詞句が入っています。

➕ 基本パターン❷：助動詞＋不定形

Wir <u>werden</u> unsere Kinder **mitnehmen**.
私たちは子どもたちを連れていくつもりです。

　「**助動詞＋不定形**」の組み合わせも、**不定形が文末**に置かれます。英語の語順とは違って、目的語や副詞が不定形の前に来てしまうことになります。

➕ 基本パターン❸：助動詞＋過去分詞

Wir <u>haben</u> schon alles **gepackt**.　もうすべて荷造りしました。

　現在完了形などに見られる「**助動詞＋過去分詞**」の組み合わせも、**過去分詞が離れて文末**に置かれます。目的語や副詞はやはり、過去分詞の前に入ります。

> **ワンポイントレッスン**
>
> ワク構造を作る文でも、「定形第2位」の原則は変わりません。主語以外のもので始めれば、主語はワク構造の中に入ります。
>
> Heute Abend reisen **wir** ab.　　今晩、私たちは旅行に出ます。
> （＝副詞で始めた場合）

練習 指示にしたがって書きかえてみましょう。　〔→解答は p.351〕

(2) Wir werden natürlich unsere Kinder mitnehmen.
　　私たちはもちろん、子どもたちを連れていくつもりです。
　① 副詞で始めて
　　Natürlich [　　　　　　　　　　　　　　　　　　].
　② 目的語で始めて
　　Unsere Kinder [　　　　　　　　　　　　　　　　].
　③ 現在形に［mitnehmen は分離動詞］
　　Wir [　　　　　　　　　　　　　　　　　　　　　].

発展

ワク構造の文末が2語になる場合もあります。

Wir werden schon **abgereist sein**.
私たちはもう旅行に出ていることでしょう。

　「abgereist sein」は「sein」の部分が**不定形**になっていて、2番目にある「werden」とともに未来形を作っています。この「sein」に「abgereist」という**過去分詞**が組み合わさると、**完了の不定形**になります［参考：Wir sind schon abgereist.　私たちはもう旅行に出ました。（＝現在完了形）］。
　つまりこれは、「werden ... abgereist sein」で**未来完了形**を作っている、というわけです。

（3）分離動詞

CD Track 8

> 🐶 思い出しておこう！
>
> **分離動詞**とは、**前綴りが分離**する動詞です。分離した前綴りは文末に置かれ、動詞本体と**ワク構造**を作ります（→前項の【基本パターン①】を参照）。
>
> ［分離動詞］aussuchen（選び出す）
>
> ich suche ... aus　　　wir suchen ... aus
> du suchst ... aus　　　ihr sucht ... aus
> er sucht ... aus　　　　sie suchen ... aus

➕ 基本パターン❶：現在形

Sie sucht schöne Blumen **aus**.　彼女は素敵な花を選び出す。

　分離動詞が分離するのは、まず**現在形**の場合です。動詞本体と前綴り「aus」の間に、目的語が入り込んでいますね。

➕ 基本パターン❷：過去形

Sie suchte schöne Blumen **aus**.　彼女は素敵な花を選び出した。

過去形は、現在形と文の構造が同じでしたね。そのため、分離動詞はやはり分離し、前綴り「aus」は文末に置かれます。

➕ 基本パターン❸：現在完了形

Sie hat schöne Blumen **aus**gesucht.　彼女は素敵な花を選び出した。

　現在完了形になると、完了形自体がワク構造を作り、過去分詞が文末に来ます。分離動詞の**過去分詞**は、前綴りが分離して「**ge-**」が間に入り込みます。

24

基本パターン❹：未来形

Sie wird schöne Blumen **aus**suchen.
彼女は素敵な花を選び出すでしょう。

　未来形も、ワク構造を作る時制でしたね。文末に来る**不定形**は**分離しない**まま使うので、一般の動詞と見かけ上は同じになります。

ワンポイントレッスン

　分離動詞が分離するパターンであっても、**副文**になると**分離しなく**なります。副文では動詞が文末に来るため、前綴りを切り離してさらに文末に送り込むことができなくなるからです。

［現在形］Sie sucht schöne Blumen **aus**.
　→ Während sie schöne Blumen **aus**sucht, ...
　　　彼女が素敵な花を選び出している間に、〜。

［過去形］Sie suchte schöne Blumen **aus**.
　→ Während sie schöne Blumen **aus**suchte, ...
　　　彼女が素敵な花を選び出していた間に、〜。

練習

指示にしたがって書きかえてみましょう。　〔→解答は p.351〕

(3) Sie stellen hier ein Monument auf.　彼らはここに記念碑を建てます。
　① 過去形に
　　Sie [　　　　　　　　　　　　　　　　　　　　　　].
　② 現在完了形に
　　Sie [　　　　　　　　　　　　　　　　　　　　　　].
　③ 未来形に
　　Sie [　　　　　　　　　　　　　　　　　　　　　　].

〔中級へのカギ〕分離動詞と非分離動詞

非分離動詞は、前綴りが分離しない動詞です。分離動詞の構造と対比させて、どちらなのか迷わないようにしておきましょう。

（1）不定形
　　［分離動詞］**aus**suchen（選び出す）…前綴りは「aus」
　　［非分離動詞］**be**suchen（訪ねる）…前綴りは「be」

（2）現在形の人称変化
　　［分離動詞］（→ p.24 を参照）
　　［非分離動詞］**be**suchen（訪ねる）
　　　　　ich **be**suche　　　　wir **be**suchen
　　　　　du **be**suchst　　　　ihr **be**sucht
　　　　　er **be**sucht　　　　　sie **be**suchen

（3）現在形のパターン
　　［分離動詞］Ich suche schöne Blumen <u>**aus**</u>.
　　　　　　　　私は素敵な花を選び出す。
　　［非分離動詞］Ich <u>**be**suche</u> meine Großmutter.　私は祖母を訪ねる。

（4）過去形のパターン
　　［分離動詞］Ich suchte schöne Blumen <u>**aus**</u>.
　　　　　　　　私は素敵な花を選び出した。
　　［非分離動詞］Ich <u>**be**suchte</u> meine Großmutter.　私は祖母を訪ねた。

（5）現在完了形のパターン
　　［分離動詞］Ich <u>habe</u> schöne Blumen <u>**aus**gesucht</u>.
　　　　　　　　私は素敵な花を選び出した。
　　［非分離動詞］Ich <u>habe</u> meine Großmutter <u>**be**sucht</u>.

　　　　　私は祖母を訪ねた。

(6) 過去分詞
　［分離動詞］**aus**gesucht　→「ge-」が間に入る！
　［非分離動詞］**be**sucht　→「ge-」が入る場所がなく、「ge-」は省略！
　＊「besuchen」のような**規則動詞**では、過去分詞は **3 人称単数の現在形**
　　と同形になります。(現在形：Er **be**sucht ...)
　＊**不規則動詞**では、**不定形と同形**になるものもあります。
　　　［不定形］Ich werde es nie **ver**gessen.
　　　　　　　私はそれを決して忘れないだろう。(＝未来形)
　　　［過去分詞］Ich habe es nie **ver**gessen.
　　　　　　　私はそれを忘れたことは一度もなかった。(＝現在完了形)

(7) 未来形のパターン
　［分離動詞］Ich werde schöne Blumen **aus**suchen.
　　　　　　　私は素敵な花を選び出すつもりだ。
　［非分離動詞］Ich werde meine Großmutter **be**suchen.
　　　　　　　私は祖母を訪ねるつもりだ。

(8) zu 不定詞
　［分離動詞］**aus**zusuchen　→「zu」が間に入る！
　［非分離動詞］zu **be**suchen　→「zu」は間に入らない

発展
同じ前綴りを持った動詞が、分離動詞になったり非分離動詞になったりすることもあります。
　　Ich habe es **über**setzt.　私がそれを翻訳しました。
　　　→過去分詞に「ge-」がつかないので、非分離動詞
　　Ich habe es **über**gesetzt.　私がそれを向こう岸へ渡しました。
　　　→過去分詞に「ge-」がつくので、分離動詞

(4) 再帰動詞

Track 9

> 🐶 思い出しておこう！
>
> **再帰代名詞とセット**で使われる動詞です。「自分自身を」という意味が加わるため、他動詞を自動詞として使えます。
>
> sich ändern（変化する）
>
> ich ändere **mich**　　　wir ändern **uns**
> du änderst **dich**　　　ihr ändert **euch**
> er ändert **sich**　　　　sie ändern **sich**
>
> *）「ändern」は「変える」という他動詞ですが、再帰代名詞が加わることによって、「自分自身を変える」＝「変わる」という自動詞になります。
> *）この場合、**再帰代名詞は4格**です（再帰代名詞については、p.183を参照してください）。

➕ 基本パターン❶：現在形

Die Lage ändert **sich** mit der Zeit.　状況は時とともに変化する。

主語が3人称単数なので、再帰代名詞は「sich」になります。通常は動詞のすぐあとに置かれます。

➕ 基本パターン❷：過去形

Die Lage änderte **sich** mit der Zeit.　状況は時とともに変化した。

過去形は現在形と同じ文の構造になります。もう大丈夫ですね。

➕ 基本パターン❸：現在完了形

Die Lage hat **sich** mit der Zeit geändert.
状況は時とともに変化した。

現在完了形は、ワク構造を作ります。**再帰代名詞はなるべく先に**言いたいため、タイミング的には「2番目の要素」である「hat」の直後に置

かれ、過去分詞「geändert」とは遠く離れてしまいます。

➕ 基本パターン❹：未来形

Die Lage <u>wird</u> **sich** mit der Zeit <u>ändern</u>.
状況は時とともに変化するだろう。

未来形では、「werden」と不定形がワク構造を作るのでしたね。この場合も、再帰代名詞ははじめのほうに来るため、文末の不定形とは離れてしまうことになります。

ワンポイントレッスン

再帰代名詞が3格のこともあります。
sich merken（覚える）

ich merke **mir**	wir merken **uns**
du merkst **dir**	ihr merkt **euch**
er merkt **sich**	sie merken **sich**

＊）「sich」は3人称の単複どちらにも使え、3格・4格ともに同じ形です（2人称敬称の「Sie」が主語でも、「sich」は小文字のまま使います）。

＊）再帰代名詞が4格と異なる形になるのは、1人称単数と2人称単数のみですね。

練習 指示にしたがって書きかえてみましょう。 〔→解答は p.351〕

(4) Er erholt sich langsam.　彼はゆっくり回復する。
　① 主語を ich に
　　Ich〔　　　　　　　　　　　　　　　　　　　〕. (a)
　② (a) を現在完了形に〔erholen は非分離動詞〕
　　Ich〔　　　　　　　　　　　　　　　　　　　〕. (b)
　③ (b) を langsam で始めて
　　Langsam〔　　　　　　　　　　　　　　　　　〕.

29

> 発展

　再帰代名詞は短いので、**なるべく早く言う**傾向があります。そのため、語順によっては、**主語よりも先に**来る場合があります。例文で確認してみましょう。

　　Die Lage ändert sich mit der Zeit.【基本パターン①】
→ Mit der Zeit ändert sich die Lage.

　　Die Lage hat sich mit der Zeit geändert.【基本パターン③】
→ Mit der Zeit hat sich die Lage geändert.

＊副詞で始まる文は、「副詞→動詞→主語」となりましたね。ところが、**主語が代名詞ではない場合**は、再帰代名詞よりも重く感じられるので、**軽いほうを先に**言ってしまいます。
＊「△ Mit der Zeit ändert die Lage sich.」は文法的には誤りではありませんが、このように言うことはまずありません。
＊「△ Mit der Zeit hat die Lage sich geändert.」の語順は許容範囲であるらしく、使われることもあります。

（5）否定文

CD Track 10

> 思い出しておこう！
>
> ドイツ語の否定文には「**nicht**」を使います。英語のように、「*do / does*」のような助動詞はいりません。
>
> Ich fürchte mich.　　私は怖いです。
> → Ich fürchte mich **nicht**.　　私は怖くありません。
> ＊名詞を否定する場合には、否定冠詞「kein」を使います（→ p.169以降を参照）。

╋ 基本パターン❶：基本位置

 Der Hund bellt **nicht**.　　その犬は吠えない。

 主文における「nicht」の基本的な位置は、**文末**です。英語のように、動詞の直前に置くことはありません。

╋ 基本パターン❷：ワク構造

 Der Hund hat **nicht** gebellt.　　その犬は吠えなかった。

 ワク構造を作る文の場合、「nicht」は**文末の直前**に置かれます（なるべく最後に言いたいのですが、ワク構造の文末が優先されるためです）。

╋ 基本パターン❸：ワク構造に準じた文

 Der Hund ist **nicht** ängstlich.　　その犬は臆病ではない。

 動詞と結びつきが特に強い語が文末にある場合、ワク構造と同じように、「nicht」はその直前に置かれます。この文では動詞「sein」（= ist）と補語である「ängstlich」の結びつきが強いため、「Der Hund ist ängstlich **nicht**.」とはなりません。

基本パターン❹：副文

Wenn der Hund nicht bellt, ...　その犬が吠えないときは、〜。

副文でも動詞の位置が優先されるので、「nicht」は**文末の直前**になります。

ワンポイントレッスン

部分否定をするには、**否定したい語の直前**に「nicht」を置きます。
Der Hund hat **nicht** im Auto gebellt.
その犬は車内では吠えなかった（＝その犬が吠えたのは車内ではない）。
＊「im Auto」を否定した文です。
＊**全否定**の文は、「Der Hund hat im Auto **nicht** gebellt.
（その犬は車内で吠えなかった）」となります。

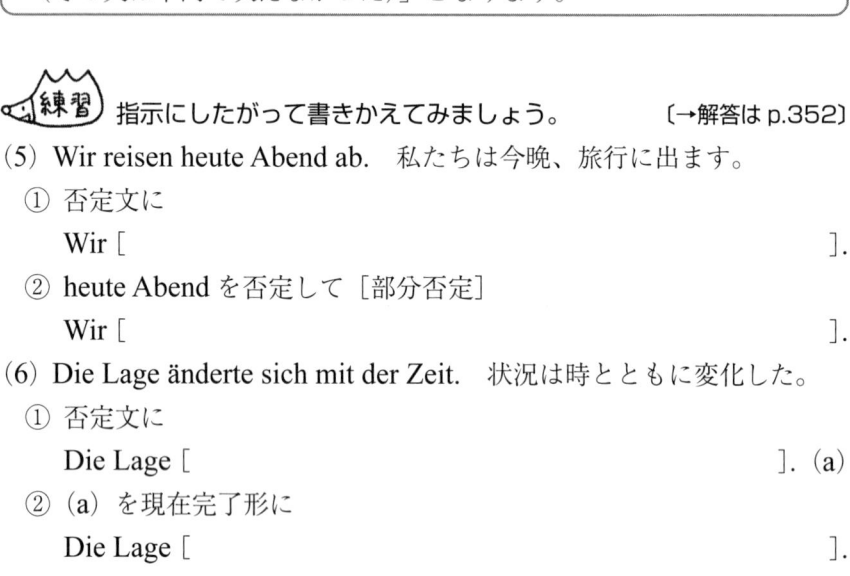

練習　指示にしたがって書きかえてみましょう。　〔→解答は p.352〕

(5) Wir reisen heute Abend ab.　私たちは今晩、旅行に出ます。
　① 否定文に
　　Wir [　　　　　　　　　　　　　　　　　　　].
　② heute Abend を否定して［部分否定］
　　Wir [　　　　　　　　　　　　　　　　　　　].

(6) Die Lage änderte sich mit der Zeit.　状況は時とともに変化した。
　① 否定文に
　　Die Lage [　　　　　　　　　　　　　　　]. (a)
　② (a) を現在完了形に
　　Die Lage [　　　　　　　　　　　　　　　].

32

（6）疑問文

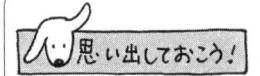

CD Track 11

> 🐶 思い出しておこう！
>
> ドイツ語の疑問文は、**主語と動詞をひっくり返す**だけで作れます。動詞が文頭に来るので、**「定形第1位」**といいます。否定文と同じく、「*do / does*」のような助動詞はいりません。
>
> 　　　Er hat oft Kopfschmerzen.　　彼はしばしば頭痛がする。
> → **Hat** er oft Kopfschmerzen?　　彼はしばしば頭痛がしますか？

➕ 基本パターン❶：ワク構造なし

Wohnen Sie hier?　あなたはここに住んでいるのですか？

　主語と動詞をひっくり返し、**「動詞→主語」**の順にするだけで、疑問文になります。

➕ 基本パターン❷：ワク構造

Haben Sie hier einmal gewohnt?
あなたはかつてここに住んだことがありますか？

　ワク構造を持つ文でも、動詞が文頭に出るだけで、ワク構造自体は崩れません。

➕ 基本パターン❸：再帰動詞

Fürchten Sie sich?　あなたは怖いのですか？

　再帰動詞でも、動詞を文頭に置くだけです。

➕ 基本パターン❹：疑問詞（主語）から始める

Wer wohnt hier?　だれがここに住んでいますか？

　疑問詞のついた疑問文は、英語と同じように**疑問詞で始め**ます。疑問詞が主語の場合は、「疑問詞（主語）→動詞」の順になります。

基本パターン❺：疑問詞（主語以外）から始める

Wie lange <u>wohnen</u> Sie hier?
あなたはどのくらいここに住んでいますか？

疑問詞が主語以外の場合は、「疑問詞（主語以外）→動詞→主語」の順になります。「wie lange」は副詞ですから、「副詞→動詞→主語」と同じことになります（ほかに、目的語の場合もこの語順になります）。

練習 指示にしたがって書きかえてみましょう。　　〔→解答は p.352〕

(7) Wir reisen heute Abend ab.　私たちは今晩、旅行に出ます。
　① 疑問文に
　　　[　　　　　　　　　　　　　　　　　　　　　　　]?
　②「だれが」を尋ねる文に
　　　Wer [　　　　　　　　　　　　　　　　　　　　　]?
　③ heute Abend を尋ねる文に
　　　Wann [　　　　　　　　　　　　　　　　　　　　]?

発展

再帰動詞で主語が代名詞でない場合、**主語よりも先に再帰代名詞**を言う傾向があります（→ p.30を参照）。

Ändert sich die Lage mit der Zeit?
状況は時とともに変わりますか？

<u>Hat</u> **sich** die Lage mit der Zeit <u>geändert</u>?
状況は時とともに変わりましたか？

Wie <u>hat</u> **sich** die Lage <u>geändert</u>?
状況はどのように変わりましたか？

　→ いずれも「動詞→**再帰代名詞**→主語」の順になっていますね。

－基礎編－
3.副文の組み立てと種類

（1） 副文の特徴　　CD Track 12

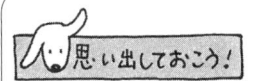

> 思い出しておこう！
>
> **副文**とは、動詞が文末に来る文のことでしたね。この原則を「**定形後置**」といいます。次の3つの約束を覚えていますか？
> ① 副文の**前後はコンマ**で区切られる
> ② 副文の目印となる**従属接続詞**などで始まる
> ③ 副文は**動詞で終わる**
> → 図式化すると、次のようになります。
>
> 　　　　［副文の開始］　　　　　　　　　　　文末
> 　　, 　従属接続詞など　 → 　主語 → … → 　動詞　,
> 　　=①　　=②　　　　　　　　　　　　　　=③　　=①

基本パターン❶：主文→副文

Ich esse zuerst, **weil** ich Hunger habe.
私はおなかがすいているので、まず先に食べます。

　主文のあとに副文が続く場合は、**コンマ**で区切ったあとに副文を続けます。「weil」という従属接続詞のすぐあとに主語があり、目的語が続き、動詞は後回しになっていますね（主文に直すと「Ich habe Hunger.」となり、動詞が2番目に来ます。語順が劇的に変わるのです）。

➕ 基本パターン❷：副文→主文

Weil ich Hunger habe, esse ich zuerst.
私はおなかがすいているので、まず先に食べます。

　副文から始まる場合、あとに続く主文は注意が必要です。「副文＝副詞」と考えるため、「**(副文)→動詞→主語**」というように、「定形第2位」の原則が適用され、主語と動詞がひっくり返ります。

➕ 基本パターン❸：分離動詞

Ich rufe Sie an, **wenn** ich dort **an**komme.
そこに着いたら電話します。

　分離動詞は副文では**分離しません**。動詞を最後に置くため、前綴りを置く場所がないからです（→ p.25を参照）。

➕ 基本パターン❹：現在完了形

Er sieht lustig aus, **obwohl** er sein Geld **verloren** hat.
彼はお金を失ったにもかかわらず、陽気に見える。

　完了形のワク構造も、副文になると崩れます。分離動詞と同じ要領で、**文末**に来るはずだった語（＝前綴り／過去分詞）を、**文末の直前**に持ってきます。

＊分離動詞　　ich komme ... **an**　　→　　wenn ich ... **an**komme
＊現在完了形　er hat ... **verloren**　→　　obwohl er ... **verloren** hat

➕ 基本パターン❺：再帰動詞

Es ist wichtig, **dass** Sie **sich** gut erholen.
あなたがよく休養をとることが重要です。

　再帰代名詞はなるべく先に言うため、副文でも動詞本体と遠く離れることが多くなります。

➕ 基本パターン❻：否定文

Ich fürchte mich nicht, **da** der Hund **nicht** bellt.
その犬は吠えないから、私は怖くありません。

逆に「**nicht**」はなるべくあとに言いたいため、**文末の直前**に入ります。

> **ワンポイントレッスン**
>
> ここに挙げた例文はすべて、**従属接続詞**を使っています。従属接続詞とはずばり、副文を作るための接続詞です。いくつか代表的なものを覚えておきましょう。
>
> | als 〜したとき | obwohl 〜にもかかわらず |
> | wenn 〜するとき、もし〜なら | dass 〜ということ |
> | weil なぜなら | nachdem 〜したあとで |
> | da 〜だから | ob 〜かどうか |

練習 指示にしたがって書きかえてみましょう。〔→解答は p.352〕

(1) Ich sehe den Film nicht. Ich habe kein Geld.
　　私はその映画を見ません。お金がありません。
　① 第2文を weil で始まる副文に
　　Ich sehe den Film nicht,
　　　weil [　　　　　　　　　　　　　　　　]．(a)
　② (a) を副文で始めて
　　Weil [　　　　　　　　　　　　　　　　],
　　[　　　　　　　　　　　　　　　　　　].

(2) Er hat wenig Geld. Er arbeitet viel.　彼はお金があまりありません。
　　彼はたくさん働いています。
　① 第2文を obwohl で始まる副文に
　　Er hat wenig Geld,
　　　obwohl [　　　　　　　　　　　　　　]．(a)
　② (a) の副文を現在完了形に
　　Er hat wenig Geld,
　　　obwohl [　　　　　　　　　　　　　　].

（2）間接疑問文

CD Track 13

> 思い出しておこう！
>
> 従属接続詞で始まる文のほか、ドイツ語では**間接疑問文**も**副文**になります。つまり、副文の3つの約束（→ p.35を参照）のうち、②が従属接続詞でなく、**疑問詞で始まる**、というわけですね。
> なお、「～かどうか」という間接疑問文には**「ob」**という従属接続詞を使います。

基本パターン❶：主文→副文

Ich weiß nicht, **wann** er zurückkommt.

彼がいつ戻ってくるか、私は知りません。

「wann」以下の副文が、**主文の目的語**になっています。主文の一部に取り込まれてしまうため、間接疑問文は副文になるのですね（主文に直すと「Wann kommt er zurück?」となり、語順がまったく違うことがわかりますね）。

基本パターン❷：副文→主文

Wann er zurückkommt, weiß ich nicht.

彼がいつ戻ってくるか、私は知りません。

間接疑問文から始まる場合は、目的語から始まる文と同じです。「副文＝目的語」と考えて、**「（副文）→動詞→主語」**というように、やはり主語と動詞がひっくり返ります。

基本パターン❸：obを使う

Ich weiß nicht, **ob** er zurückkommt.

彼が戻ってくるのかどうか、私は知りません。

「～かどうか」を意味する**「ob」**で始まる副文も、疑問詞の場合と語順は変わりません。もとになる疑問文は「Kommt er zurück?」となり

ます。動詞で始まる、**疑問詞がつかない疑問文**ですね（もちろん、「**Ob** er zurückkommt, weiß ich nicht.」とすることもできます）。

➕ 基本パターン❹：名詞と同格

Die Frage, **wann** er zurückkommt, ist überflüssig.
彼がいつ戻ってくるかという質問は無用だ。

　間接疑問文は、主文の動詞の目的語になるだけではありません。**名詞と同格**になって、**名詞の内容を示す**こともあります。この例文では、「die Frage」＝「wann 以下の間接疑問文」となっています。

ワンポイントレッスン

　疑問詞には、次のような種類があります。いずれも副文にすると間接疑問文になります。

was　何が、何を	warum　なぜ
wer　だれが	welcher　どの［＝疑問代名詞］
wann　いつ	was für［ein］　どんな種類の
wie　どのように	wie ＋形容詞／副詞　どのくらい

〔練習〕 指示にしたがって書きかえてみましょう。　〔→解答は p.352〕

(3) Ich verstehe nicht. Warum bist du zufrieden?
　　私は理解できません。なぜ君は満足しているのですか？
　① 第2文を副文に
　　Ich verstehe nicht,
　　　warum [　　　　　　　　　　　　　　　　　]．(a)
　② (a) を副文で始めて
　　Warum [　　　　　　　　　　　　　　　　]，
　　　[　　　　　　　　　　　　　　　　　]．

基礎編 3・副文の組み立てと種類

39

（3）関係文

🐾 思い出しておこう！

　関係代名詞で始まる文も、**副文**になります。ドイツ語の関係代名詞は定冠詞と似ているので、見かけ上は「，*定冠詞*＋…動詞，」のようになります（関係代名詞については、p.192以降を参照してください）。

➕ 基本パターン❶：副文で終わる

Das ist die Schule, **die** wir besucht haben.
これが私たちの通った学校です。

　「，die」以下が副文になっています。このようなとき、定冠詞のように見える**「die」は関係代名詞**として解釈されます（先行詞は直前の「die Schule」、関係代名詞の「die」はここでは4格です）。

➕ 基本パターン❷：副文が入れ子になる

Die Schule, **die** wir besucht haben, war alt.
私たちが通った学校は古かった。

　関係文が主文の間に入り込むこともあります。例文では「die ... haben」の部分が副文ですが、これを乗り越えて、「Die Schule war alt.」という主文が成り立っています。

➕ 基本パターン❸：先行詞がない

Wer über vierzig Jahre alt ist, kennt dieses Stück.
40歳以上の人はこの曲を知っている。

　「wer」と「was」は、**先行詞のない関係文**を作れます。「wer ... ist」の部分が副文で、**副文全体がこの文の主語**になっています。

> **ワンポイントレッスン**
>
> **先行詞のない関係文**と**間接疑問文**は、まったく同じ構造をしています。どちらに解釈しても訳せる場合と、文脈で判断が必要な場合があります。
>
> Ich weiß nicht, **wer** über vierzig Jahre alt ist.
> だれが40歳以上なのか、知りません。[＝間接疑問文]
>
> Ich erzähle dir, **was** ich gesehen habe.
> ① 私が見たことを話してあげよう。[＝先行詞のない関係文]
> ② 私が何を見たのか、話してあげよう。[＝間接疑問文]

練習 指示にしたがって書きかえてみましょう。　〔→解答は p.352〕

(4) Dort hängt das Bild. Das hast du vor einem Jahr gemalt.　あそこにその絵が掛かっています。その絵を君は1年前に描きました。

① 第2文を関係文に

　Dort hängt das Bild,

　　das [　　　　　　　　　　　　　　　]. (a)

② (a) を das Bild で始めて

　Das Bild, [　　　　　　　　　　　　　　],

　　[　　　　　　　　　　　　　　　　　].

〔中級へのカギ〕複数の副文が入った文

1つの文に、副文が1つだけとは限りません。複数の副文を持つ文のパターンを見ていきましょう（ここでは便宜上、2つの副文を持つ文に限ります）。

(1) AとBは無関係

2つの副文が互いに無関係である文です。

Als ich heute Morgen aufwachte, **wusste** ich nicht, **wo** ich war.
私は今朝目が覚めたとき、自分がどこにいるのかわからなかった。

従属接続詞（**als**）で始まる「副文 A」が主文の前に、疑問詞（**wo**）で始まる「副文 B」が主文のあとに配置されています。A と B は無関係で、互いに独立しています。

この例文では A が副詞、B が目的語にあたるので、文法上は次のような入れ替えが可能です。

→ **Wo** ich war, wusste ich nicht, **als** ich heute Morgen aufwachte.
→ Ich wusste nicht, **wo** ich war, **als** ich heute Morgen aufwachte.

(2) B が A に従属する

最初の副文に、次の副文が従属するパターンです。

Ich war verwirrt, **da** ich die letzten Tage viel gereist bin, **so dass** ich jeden Tag die Unterkunft wechselte.　私が混乱していたのは、ここ数日間たくさん旅をしていて、そのために毎日宿を変えていたからだ。

主文のあとに、従属接続詞（**da**）で始まる「副文 A」があり、それに付随する状況として、従属接続詞（**so dass**＊）で始まる「副文 B」が続いています。つまり、理由を述べる従属接続詞の「da」は、「副文 B」にも影響を及ぼしている、というわけです。

A が B を内包し、B は A に従属しているので、この2つを切り離したり、順番を入れ替えたりすることはできません。

＊）現在では「so dass」と2語で書きますが、2語で1セットの接続詞です。

(3) B が A の中に入り込む

副文が終わらないうちに、別の副文が入り込んでしまうパターンです。

Als ich dann den kalten Boden, **der** unter mir lag, mit meinen nackten Füßen fühlte, wusste ich, **dass** ich zu Hause war.　それから自分の下にある冷たい床に裸足で触れたとき、私は自分の家にいることがわかった。

　従属接続詞（**als**）で始まる「**副文 A**」が終わらないうちに（＝動詞が来ないうちに）、関係代名詞（**der**）で始まる「**副文 B**」が始まっています。「副文 B」が終わったあと、「副文 A」の残りが続いています。

　「副文 A」だけを取り出すと、

Als ich dann den kalten Boden mit meinen nackten Füßen fühlte,

となります。「副文 B」が始まるコンマに惑わされず、「副文 B」を乗り越えて構文をつかむことが必要です。

(4) A と B が並列している

Die Reise, **die** ich mit großer Hoffnung geplant hatte und an **die** ich mich immer wieder erinnern werde, war endlich vorbei.　私が大きな希望を持って計画し、これから繰り返し思い出すであろう旅が、とうとう終わったのだった。

　主文の中に関係代名詞（**die**）で始まる「**副文 A**」が入り込んでいます。「副文 A」は「geplant hatte」で終わっていますが、文はまだ続いています。並列の接続詞「**und**」のあとに、「前置詞＋関係代名詞（**die**）」で始まる「**副文 B**」があります。2つの関係代名詞はいずれも同じ先行詞（die Reise）を持ち、2つの関係文は並列しているのです。

＊並列する副文がコンマで区切られることや、「副文 B」の始まり（ここでは関係代名詞）が省略されることもあります。

Die Reise, **die** ich mit großer Hoffnung geplant hatte, aber nicht immer glücklich verlief, war endlich vorbei.　私が大きな希望を持って計画したが、いつも首尾よく運んだとはいえない旅が、とうとう終わったのだった。

― 応用編 ―

1. 話法の助動詞

（1） 基本的な使いかた　　Track 15

思い出しておこう！①

話法の助動詞は6種類ありました。すべて言えますか？

können	～ができる
müssen	～しなければならない
dürfen	～してもよい
mögen	～が好きだ
wollen	～したい
sollen	～するべきだ

思い出しておこう！②

話法の助動詞は、**現在形で語幹が変化**するのでしたね。そして、1人称単数のほか、**3人称単数で語尾がつかない**ことが大きな特徴でした。思い出してみましょう！

mögen（～が好きだ）

ich mag	wir mög**en**
du mag**st**	ihr mög**t**
er mag	sie mög**en**

➕ 基本パターン❶：基本形

Ich mag singen. 　私は歌うのが好きです。

　話法の助動詞は、**動詞の不定形**と組み合わせて使うのでしたね。

基本パターン❷：ワク構造

Ich mag im Chor **singen**.　私は合唱で歌うのが好きです。

　話法の助動詞は**ワク構造**を作ります。例文では「mag」（＝助動詞）と「singen」（＝動詞の不定形）の間に、「im Chor」という副詞句が挟まれていますね。

基本パターン❸：副詞で始まるとき

Dieses Jahr müssen wir viel **üben**.　今年はたくさん練習が必要だ。

　副詞（句）で文が始まると、主語もワク構造の中に入ります。目的語で始まった場合も、同じです。

基本パターン❹：疑問文

Müssen wir heute viel **üben**?
今日はたくさん練習しないといけないの？

　動詞（この場合は助動詞）を文頭に置くと、疑問文になります。ワク構造は崩れません。

基本パターン❺：副文

Ich weiß nicht, **ob** ihr heute viel **üben müsst**.
君たちが今日たくさん練習しなくてはいけないのか、私はわかりません。

　副文では、**話法の助動詞が文末**に来ます。文末に来るはずだった語（＝動詞の不定形）は、**文末の直前**に持ってきます。

応用パターン❶：分離動詞と

Jedes Mitglied darf einen Freund **mitbringen**.
どの団員も友だちを1人連れて来てよい。

　分離動詞は、不定形では分離しないのでしたね。

応用編　1・話法の助動詞

45

応用パターン❷：再帰動詞と

Sie sollen sich zuerst vorstellen.　彼らはまず自己紹介するべきだ。

再帰代名詞は助動詞のすぐあとに置かれ、動詞の不定形と離れてしまうことが多くなります（再帰代名詞に限らず、代名詞はなるべく先に言う傾向があるためです）。

応用パターン❸：否定文

Wir können heute nicht üben.　今日は練習ができない。

話法の助動詞はワク構造を作るため、否定の「nicht」は文末の直前、つまり不定形のすぐ前に置かれます。

応用パターン❹：不定形の省略

Ich muss schon nach Hause.　もう家に帰らなくては。

ドイツ語では、文末の不定形を省略できます。文脈から、省略している動詞が明確にわかる場合に限ります。この例文では、「gehen」（行く）が省略されていますね。

ワンポイントレッスン

話法の助動詞の現在形は、単数人称で語幹が変化します（ただし「sollen」だけは例外です）。しっかり覚えておきましょう。

können	→	ich kann, du kannst, er kann
müssen	→	ich muss, du musst, er muss
dürfen	→	ich darf, du darfst, er darf
mögen	→	ich mag, du magst, er mag
wollen	→	ich will, du willst, er will
sollen	→	ich soll, du sollst, er soll

練習 指示にしたがって書きかえてみましょう。 〔→解答は p.353〕

(1) Ich fahre heute nach Berlin.　私は今日ベルリンへ行きます。
 ① müssen を使って
   Ich [　　　　　　　　　　　　　　　　　　　]. (a)
 ② (a) を heute で始めて
   Heute [　　　　　　　　　　　　　　　　　　　].
 ③ (a) をそのまま疑問文に
   [　　　　　　　　　　　　　　　　　　　]?

(2) Er stellt sich seinen Erfolg vor.　彼は自分の成功を想像する。
 ① können を使って
   Er [　　　　　　　　　　　　　　　　　　　]. (b)
 ② (b) を否定文に
   Er [　　　　　　　　　　　　　　　　　　　].

発展

不定形で始まる文を作ることもできます。不定形を強調するための措置で、ワク構造は崩れます。

　Üben müssen wir heute!　練習だぞ、今日は！

図式化すると、

　　　Ⅰ　　　　　　Ⅱ　　　　　Ⅲ　　　　　それ以降
　動詞の不定形　→　助動詞　→　主語　→　それ以外の要素

ということになり、「定形第2位」の原則は保たれています。

(2) 時　制

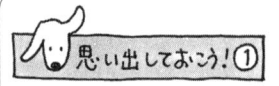

CD Track 16

思い出しておこう！①

過去形は「-te」がつきますが**語幹が変わる**ものが多く、ウムラウトが外れるので注意が必要です（人称語尾は一般動詞の過去形と共通です）。

> können → ko**nnte**
> müssen → mu**sste**
> dürfen → du**rfte**
> mögen   → mo**chte**
> wollen → woll**te**
> sollen → soll**te**

思い出しておこう！②

現在完了形は「haben ＋過去分詞」となります。**過去分詞**は2種類あり、(a)「**ge___t**」となるものと、(b) **不定形と同形**のものがあります（(a) タイプの過去分詞は、やはりウムラウトが外れます）。

> können → (a) **geko**nn**t**   (b) können
> müssen → (a) **gemusst**   (b) müssen
> dürfen → (a) **gedurft**   (b) dürfen
> mögen   → (a) **gemocht**   (b) mögen
> wollen → (a) **gewollt**   (b) wollen
> sollen → (a) **gesollt**   (b) sollen

➕ 基本パターン❶：過去形

Ich mu**sste** heute viel lernen.

私は今日たくさん勉強しなくてはならなかった。

　過去形は、現在形とまったく同じ構造になります。ワク構造を作るの

48

で、助動詞が2番目、不定形が文末に来ます。

➕ 基本パターン❷：現在完了形

Ich **habe** heute viel lernen **müssen**.
私は今日たくさん勉強しなくてはならなかった。

　話法の助動詞を**現在完了形**にすると、**3つの要素**の組み合わせになります。「**haben**」が2番目、「**動詞の不定形＋助動詞の過去分詞**」が文末に来ます。このとき使う**過去分詞**は、**不定形と同じ（b）タイプ**になります。

➕ 基本パターン❸：過去完了形

Ich **hatte** vorher ausgehen **dürfen**.
私はその前に出かけることが許されていた。

　過去完了形は、現在完了形と同じ構造になるのでしたね。「haben」の部分が「hatte」と過去形になるだけで、あとは変わりません。

➕ 基本パターン❹：未来形

Ich **werde** morgen ohne Schmerzen laufen **können**.
私は明日、痛みを感じることなく歩けることでしょう。

　未来形も3つの要素の組み合わせになります。「werden」が2番目、「**動詞の不定形＋助動詞の不定形**」が文末に来ます。

応用パターン❶：過去形（不定形の省略）

Das Kind **wollte** es.　その子はそれがしたかった。

　不定形を省略したパターンも、過去形にできます。この例文では「tun」（する）が省略されていると考えられますが、「haben」（持つ）の省略と考えて、「ほしかった」と解釈することもできます。

49

応用パターン❷：現在完了形（不定形の省略）

Das Kind hat **es gewollt**. その子はそれがしたかった。

不定詞を省略した場合の**現在完了形**では、過去分詞は**(a) タイプ**の「**ge＿＿＿t**」という形を使います。助動詞が動詞の代わりになるため、過去分詞もきちんとした形を使う、というわけですね。

【基本パターン②】と【応用パターン②】で見たように、**現在完了形**には2つのパターンがあります。**過去分詞の形**が違ってきますので、混乱しないようにしてください。

① **動詞の不定形を伴う**場合…過去分詞は**不定形と同形**〔(b) タイプ〕

　　Ich habe nach Hause gehen **müssen**.

　　私は家に帰らなくてはいけなかった。

　　（= Ich musste nach Hause **gehen**. 〔過去形〕）

② **動詞の不定形を省略する**場合…過去分詞は「**ge＿＿＿t**」〔(a) タイプ〕

　　Ich habe nach Hause **gemusst**.

　　私は家に帰らなくてはいけなかった。

　　（= Ich musste nach Hause. 〔過去形〕）

練習 指示にしたがって書きかえてみましょう。　〔→解答は p.353〕

(3) Ich fahre heute nach Berlin.　私は今日ベルリンへ行きます。

　① sollen を使った過去形に

　　Ich [　　　　　　　　　　　　　　　　　]. (a)

　② (a) を現在完了形に

　　Ich [　　　　　　　　　　　　　　　　　]. (b)

　③ (b) の不定形を省略した文に

　　Ich [　　　　　　　　　　　　　　　　　　].

発展

話法の助動詞を伴う**現在完了形**などが**副文**になるとき、文末に来るはずの「habe」などが、例外的に**文中**に置かれることがあります。

Ich konnte nicht kommen,
weil ich heute viel **habe** lernen müssen.
私は今日たくさん勉強しなくてはいけなかったので、来られなかった。

＊「～, **weil** ich heute viel lernen müssen **habe**.」とすると、見かけ上2つ不定形が重なったあとに定形の「habe」が続くので、収まりが悪いから、というのが理由のようです。

（3）推量表現と接続法

Track 17

> **思い出しておこう！**
>
> **接続法第2式**は、それぞれ**過去形にウムラウト**をつけますが、「sollen」と「wollen」は例外です（人称語尾は過去形と共通です）。
>
> | 不定形 | 過去形 | 接続法第2式 |
> |---|---|---|
> | können → | konnte → | könnte |
> | müssen → | musste → | müsste |
> | dürfen → | durfte → | dürfte |
> | mögen → | mochte → | möchte |
> | wollen → | wollte → | wollte |
> | sollen → | sollte → | sollte |

基本パターン❶：現在形による推量（レベルA＝最強）

Das Kind muss hungrig sein.

その子はおなかがすいているに違いない。

　話法の助動詞「müssen」には、「〜しなければならない」という基本的な意味のほかに、「〜に違いない」という**推量の意味**があります。見かけは変わらないので、文脈での判断が必要です。

基本パターン❷：接続法による推量（レベルB＝強）

Das Kind müsste hungrig sein.

その子はおなかがすいているに違いないだろう。

　接続法第2式を使うと、推量の意味がやわらぎます。そのため、**婉曲的**な表現になります。

基本パターン❸：接続法による推量（レベルC＝中〜強）

Es **dürfte** bald regnen. もうすぐ雨になるだろう。

「müssen」は強い意味を持つ助動詞なので、推量の意味も強くなりますが、「dürfen」になると**少し控えめ**になります。「〜してもよい」という許可の意味が背景にあるからです（「dürfen」を推量の意味で使うときは、**つねに接続法第2式**になります）。

基本パターン❹：現在形による推量（レベルD＝中）

Es **kann** bald regnen. もうすぐ雨になるかもしれない。

「können」は可能性を表す助動詞なので、推量に使っても「ありうる」という**可能性**の意味が残ります。

基本パターン❺：接続法による推量（レベルE＝弱）

Es **könnte** bald regnen.
ひょっとしたら、もうすぐ雨になるかもしれない。

「können」を接続法第2式にすると、婉曲表現になります。非常に控えめな、**現実性がとても低い**推量を表します。

基本パターン❻：現在形による推量（レベルE＝弱）

Das Kind **mag** hungrig sein.
この子はもしかしたら、おなかがすいているのかもしれない。

「mögen」も現実性が低い、かなり当てずっぽうな推量に使われます。推量のレベルとしては、上記⑤と同じくらいになります。

応用パターン❶：過去形による推量（レベルA＝最強）

Das Kind **musste** hungrig sein.
その子はおなかがすいているに違いなかった。

話法の助動詞を**過去形**にして、**過去におこなった推量**を表すこともできます。このとき、視点は過去にあります。

53

応用パターン❷：過去形による推量（レベルD＝中）

Es **konnte** bald regnen.　もうすぐ雨になるかもしれなかった。

「können」は可能性を表すので、「過去にこのような可能性があった」ことを過去の視点から述べるときに使われます。

応用パターン❸：過去形による推量（レベルE＝弱）

Das Kind **mochte** hungrig sein.

その子はおなかがすいているのかもしれなかった。

やはり過去の視点から、現実性の低い推量を述べるときの表現です。

応用パターン❹：過去に対する推量

Das Kind muss viel **geweint haben**.

その子はたくさん泣いたに違いない。

今度は**現在の視点**から、**過去の推量**を述べる表現です。話法の助動詞が現在形なので、視点は現在ですね。動詞の不定形が置かれるべき文末には、「geweint haben」の2語があります。これはよく見ると**「過去分詞＋haben」**、つまり完了形ですね。過去に「泣いた」ことを現時点で推量しているわけです。

ワンポイントレッスン

ここで紹介した話法の助動詞は、すべて**主観的な意味**で使われています。基本的な意味（→ p.44を参照）とあわせて、混同しないように覚えましょう。

  können　　～かもしれない
  müssen　　～に違いない
  dürfen　　おそらく～だろう［接続法第2式で］
  mögen　　～かもしれない
  wollen　　～と言い張る*
  sollen　　～だそうだ*
  ＊）この2つは推量には使いません。

練習 指示にしたがって書きかえてみましょう。　〔→解答は p.353〕

(4) Das Kind gewinnt den ersten Preis.　その子は1等賞を取る。
　① können の接続法を使った推量に
　　Das Kind [　　　　　　　　　　　　　　　　]. (a)
　② (a) を過去に対する推量に（視点は現在のまま）
　　［過去分詞は gewonnen］
　　Das Kind [　　　　　　　　　　　　　　　　].

(5) Er ist nach Berlin gefahren.　彼はベルリンへ行ってしまった。
　① müssen を使った推量に
　　Er [　　　　　　　　　　　　　　　　]. (b)
　② (b) を接続法に
　　Er [　　　　　　　　　　　　　　　　].
　③ (b) を過去の視点からの推量に
　　Er [　　　　　　　　　　　　　　　　].

応用編　1・話法の助動詞

〔中級へのカギ〕話法の助動詞：合わせワザ

話法の助動詞は、さまざまな要素との組み合わせが可能です。(1) については本文でも紹介しましたが (→ p.54 を参照)、復習をかねて概観してみましょう。

(1) 完了形との組み合わせ

動詞の不定形を完了形にすることで、過去に対する推量ができます。完了形の不定形は「過去分詞＋ haben / sein」となります。

 Er mag es **gesagt haben**.　彼はそれを言ったかもしれない。
 Er mochte es **gesagt haben**.　彼はそれを言ったかもしれなかった。

 ＊助動詞自体の完了形と、混同しないようにしましょう。
 Er mag es sagen.　彼はそれを言うのが好きだ。
 → Er hat es sagen **mögen**.　彼はそれを言うのが好きだった。
  （= Er mochte es sagen.［過去形］）

(2) 受動態との組み合わせ

動詞の不定形を**受動態**にすることもできます。受動態の不定形は、「**過去分詞＋ werden**」となります。

 Das muss noch **gesagt werden**.
 これをまだ言っておかないといけない。
 Das musste noch **gesagt werden**.
 これをまだ言っておかないといけなかった。

(3) zu 不定詞との組み合わせ

英語の助動詞は *to* 不定詞を作れませんが、ドイツ語では**動詞と同じように使える**ので、**zu** 不定詞も作れます (zu 不定詞の詳細については、p.82 以降を参照してください)。

 Ich hoffe, dich bald wieder sehen **zu können**.
 すぐまた君に会えるといいなと思います。

Ich habe das Gefühl, meine Tante besuchen **zu müssen**.
おばを訪ねなくてはいけない気がする。

(4) 話法の助動詞を重ねて使う

　英語ではできませんが、ドイツ語では**助動詞を重ねて**使うことが可能です。このとき、「定形」として 2 番目に置かれる助動詞（a）が、「不定形」として文末に置かれる助動詞（b）の意味を支配します。

Ihr müsst Deutsch sprechen **können**.
君たちはドイツ語が話せないといけないよ。
[（a）= müsst、（b）= können]

Kinder sollen es haben **dürfen**.
子どもたちはそれを持つことが許されるべきだ。
[（a）= sollen、（b）= dürfen]

① 使役動詞・知覚動詞

話法の助動詞によく似た働きをする動詞を紹介しましょう。いずれも次の2つの性質を備えています。

(a) **動詞の不定形**と組み合わせて使う
(b) 完了形を作るとき、**過去分詞が不定形と同形**になる

(1) 使役動詞「lassen」

「lassen」を動詞として使うと、「そのままにしておく」などの意味になります。

Ich **lasse** die Kinder hier.　子どもたちはここに置いていきます。
→ Ich habe die Kinder hier **gelassen**.［現在完了形］

使役の助動詞として使うときは、**「～させる」**という意味になります。4格の目的語を必要とし、「(4格)を～させる」となります。

Ich **lasse** die Kinder hier spielen.　私は子どもたちをここで遊ばせます。
→ Ich habe die Kinder hier spielen **lassen**.［現在完了形］

上の例と比べると、一目瞭然ですね。「動詞」として使うときは完了形の過去分詞が「gelassen」となり、「助動詞」のときは「lassen」を使うのです。話法の助動詞での使い分けと同じですね（→ p.50を参照。「動詞の不定形を伴う場合」＝「助動詞のとき」と考えます）。

(2) 知覚動詞

「sehen」（見る）、**「hören」**（聞く）、**「fühlen」**（感じる）といった**知覚**に関する動詞も、**助動詞のように使う**ことができます。そのため、完了形になったときに過去分詞が不定形と同形になります。

Ich **sehe** den Bus kommen.　バスが来るのが見える。
→ Ich habe den Bus kommen **sehen**.［現在完了形］

Ich **höre** die Uhr schlagen.　時計が打つのが聞こえる。
→　Ich habe die Uhr schlagen **hören**.［現在完了形］

　英語にも、「*I see the bus come.*」のような言いかたがありますね。ただし、ドイツ語には進行形がないので、「*I see the bus coming.*」のように言うことはできません。また、英語では見分けがつきませんが、「*the bus* ＝ den Bus」の部分はつねに**4格**になります。

(3) helfen、lernen などの一般動詞
　知覚動詞以外でも、不定形と組み合わせて使う動詞があります。ただし、これらは**完全な助動詞ではない**ので、完了形の過去分詞は**「ge＿＿t」**となるのが基本ですが、不定形と同形になることもあります。

Ich **helfe** den Kindern schreiben.　子どもたちが書くのを手伝う。
→　Ich habe den Kindern schreiben **geholfen**.＊［現在完了形］
→　Ich habe den Kindern schreiben **helfen**.＊［現在完了形］

＊) 2つの形は、ともに正しいとされています（完全に助動詞化されていないからです）。意味の違いはありません。

Ich **lerne** Deutsch sprechen.　私はドイツ語の話しかたを習う。
→　Ich habe Deutsch sprechen **gelernt**.［現在完了形］
→　× Ich habe Deutsch sprechen lernen.＊＊

＊＊)「lernen」は助動詞として感じられる度合いが低く、上記の「helfen」ほどは「助動詞化」していないようです。

―応用編―

2. 受動態

（1） 基本的な使いかた

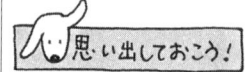

CD Track 18

> 思い出しておこう!
>
> 受動態は「**werden ＋過去分詞**」で表します。能動態の**4格**が、受動態で**1格**（＝主語）になるのでしたね。
>
> ［能動態］Wir schließen den Eingang ab.　私たちは入口を施錠する。
> →［受動態］Der Eingang wird abgeschlossen.*　入口が施錠される。
> ＊）すぐ下の【基本パターン①】を参照してください。

基本パターン❶：基本形

Der Eingang wird abgeschlossen.　入口が施錠される。

　能動態の4格が**受動態の1格**になるため、もとの文の「den Eingang」（4格）が「der Eingang」（1格）に変わります。「wird」は「werden」の3人称単数、「abgeschlossen」は「abschließen」の過去分詞ですね。

基本パターン❷：ワク構造

Der Eingang wird abends abgeschlossen.
入口は夕方に施錠される。

　話法の助動詞や未来形、完了形と同じく、受動態も**ワク構造**を作ります。例文では「wird」（＝助動詞）と「abgeschlossen」（＝過去分詞）の間に、「abends」という副詞が挟まれていますね。

➕ 基本パターン❸：動作主のvon

Seine Tätigkeit wird **von** vielen Freunden unterstützt.
彼の活動はたくさんの友人に支えられる。

　いわゆる**「動作主」**は、ドイツ語では**「von＋3格」**で表します。能動態の主語（＝1格）が「von＋3格」になるため、格変化にも注意が必要です。例文を能動態に戻すと次のようになります。

Viele Freunde unterstützen seine Tätigkeit.
たくさんの友人が彼の活動を支える。

➕ 基本パターン❹：動作主のdurch

Seine Tätigkeit wird **durch** Spenden unterstützt.
彼の活動は寄付金によって支えられる。

　動作主に**主体性がない**場合は、**「durch＋4格」**で表します。やはり能動態の主語（＝1格）が、「durch＋4格」になるわけですね。

Spenden unterstützen seine Tätigkeit.　寄付金が彼の活動を支える。

🍄 応用パターン❶：状態受動

Der Eingang **ist** abgeschlossen.　入口が施錠されている。

　受動態の「werden」を「sein」に置き換えると、動作受動ではなく、**状態受動**を表します。「～されたままの状態である」＝**「～されている」**という意味になります。

🍄 応用パターン❷：状態受動のワク構造

Der Eingang **ist** die ganze Nacht abgeschlossen.
入口は夜の間ずっと施錠されている。

　状態受動になっても、**ワク構造**は変わりません。「werden」を使うか「sein」を使うか、の違いだけですね（英語は「be＋過去分詞」で動作受動も状態受動も表すので、ドイツ語で「sein＋過去分詞」を見てもピンと来ない人が多いようですが、ぜひ違いに気付くようにしてください）。

応用パターン❸：3格で始まる文

Den Kindern wird ein Film gezeigt.
子どもたちには映画が見せられる。

　久しぶりに、主語以外で始まる文の練習です。受動態では副詞のほか、**3格で始まる**文が多く見られます。主語が後回しになって、「**〜に〜が〜される**」というパターンになるのです。文頭が3格であることに気付かないと意味がとれなくなるので、こんなパターンに対応するためにも、格はいつも意識する必要があるのです。

応用パターン❹：話法の助動詞と

Der Eingang soll abends abgeschlossen werden.
入口は夕方に施錠されるべきだ。

　話法の助動詞は、動詞の不定形と組み合わせるのでしたね。**受動態を不定形**にすると、**「過去分詞＋werden」**という語順になります。これがまとめて文末に置かれることになります。

応用パターン❺：副文

Sie wissen nicht, **dass** der Eingang abends abgeschlossen wird.
入口が夕方に施錠されることを、彼らは知らない。

　最後に、お決まりの**副文**を見ておきましょう。**主文で2番目**に来る動詞が、**副文で文末**に置かれるのでしたね。その結果、「werden」の活用形が文末に送られ、「過去分詞＋werden」という語順になります。

ワンポイントレッスン ①

助動詞「werden」の**現在形**を復習しておきましょう。不規則動詞なので、2人称単数と3人称単数で語幹が「i」に変わります。3人称単数の語尾が「-d」となることにも注意してください。

ich werde	wir werden
du wirst	ihr werdet
er wird	sie werden

ワンポイントレッスン ②

過去分詞の作りかたも復習しておきましょう。
(1) 規則動詞は**「ge＿＿t」**となり、間に動詞の語幹が入る
(2) 不規則動詞は「ge＿＿n」となり、間に入る語幹の音が変わる
(3) 分離動詞は前綴りが分離して**「ge-」が間に入り込む**
(4) 非分離動詞は**「ge-」を省略**
(5) 「-ieren」で終わる動詞も「ge-」を省略
＊例文に出てきた「abschließen」は不規則な分離動詞なので (2) と (3)、「unterstützen」は規則的な非分離動詞のため (1) と (4) があてはまります。

練習　指示にしたがって書きかえてみましょう。〔→解答は p.354〕

(1) Sie leiten die Meldung sofort weiter.　彼らはその知らせをすぐに取り次ぎます。[weiterleiten は分離動詞]
　① 受動態に（動作主なし）
　　[　　　　　　　　　　　　　　　　　　　　　　]. (a)
　② (a) に動作主を含めて
　　[　　　　　　　　　　　　　　　　　　　　　　].

応用編　2・受動態

（2）Wir beschränken den Eintritt auf Erwachsene.　入場は大人に限ります。
　① 受動態に（動作主なし）
　　［　　　　　　　　　　　　　　　　　　　　　　　　　　　］．(b)
　② (b) を状態受動に
　　［　　　　　　　　　　　　　　　　　　　　　　　　　　　］．

発展

過去分詞で始まる文を作ることもできます。過去分詞を強調するための措置で、ワク構造は崩れます。（→ p.47を参照）

Abgeschlossen wird der Eingang.　施錠されるのは入口だ。
Unterstützt wird seine Tätigkeit von vielen Freunden.
彼の活動の支援はたくさんの友人によってなされる。

図式化すると、

　　　Ⅰ　　　　Ⅱ　　　　Ⅲ　　　　　それ以降
　過去分詞　→　助動詞　→　主語　→　それ以外の要素

となり、やはり「定形第2位」の原則は保たれています。

(2) 時制

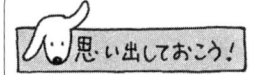

CD Track 19

> 思い出しておこう！
>
> (1) 受動態の**過去形**は、「werden」の部分を過去形にします。
>   → 「**wurde** ＋過去分詞」
> (2) 受動態の**現在完了形**は、「werden」の部分が2つに分解されます。
>   → 「**sein** ＋ … ＋過去分詞＋ **worden**＊」
>
> ＊）「werden」の過去分詞は「geworden」ですが、受動態のときは「**worden**」となります。

➕ 基本パターン❶：過去形

Der Eingang **wurde** abgeschlossen.　入口が施錠された。

過去形の文は、現在形と文の構造が変わらないのでしたね。受動態でも、現在形の「wird」を過去形の「wurde」に置き換えるだけです。

➕ 基本パターン❷：過去形のワク構造

Der Eingang **wurde** abends abgeschlossen.
入口は夕方に施錠された。

過去形のワク構造も、現在形のときと変わりません。

➕ 基本パターン❸：現在完了形

Der Eingang ist abgeschlossen **worden**.　入口が施錠された。

現在完了形になると、動詞の要素が3つになります。助動詞の「**werden**」**が2つに分かれる**からです。現在完了形の作りかたは、「haben / sein ＋過去分詞」でしたね。「werden」は「sein」をとるので「sein ＋過去分詞」となり、「werden」の過去分詞は「worden」を使うので、結果として「**sein ＋ worden**」となります。この2つの間に、受動態にしたい動詞の過去分詞が入ります。

65

基本パターン❹：現在完了形のワク構造

Der Eingang **ist** abends abgeschlossen **worden**.
入口は夕方に施錠された。

　動詞が3つの要素からできているとき、ワク構造になると1:2に分かれます。つまり、「**過去分詞＋worden**」の部分が2つまとめて文末に置かれるのです。

基本パターン❺：過去完了形

Der Eingang **war** abgeschlossen **worden**.
入口は（すでに）施錠されていた。

　過去完了形は、現在完了形と構造が変わらないのでしたね。「sein」の部分を過去形にするだけです。ワク構造を作るときも、構造は【基本パターン④】と変わりません。

応用パターン❶：未来形

Der Eingang **wird** abgeschlossen **werden**.
入口が施錠されるだろう。

　受動態を未来形にすると、使う助動詞が未来形も受動態も「werden」であるため、1つの文中に「**werden**」が**2回**登場することになります。例文でも「wird ... werden」のようになっていますね。このとき、**大枠は未来形**なので、はじめの「werden」は未来形の助動詞になります。未来形は不定形とセットになるのでしたね。そのため**受動態が不定形に**なって、「abgeschlossen **werden**」という順番になるのです。

応用パターン❷：未来形のワク構造

Der Eingang **wird** abends abgeschlossen **werden**.
入口は夕方に施錠されるだろう。

　上の【応用パターン①】の例文をワク構造にすると、動詞は1:2に分かれるので、未来形の「wird」と受動態の不定形「abgeschlossen worden」

の間に、そのほかの要素が入ることになります。

応用パターン❸：状態受動の過去形

Der Eingang **war** abgeschlossen.　入口が施錠されていた。

　状態受動を**過去形**にするには、「sein」の部分を過去形にします。ワク構造にするときも、現在形と構造は変わりません。

＊状態受動を**現在完了形**にすることもできますが、煩雑になるせいか、あまり見かけることはありません。

　　　Der Eingang <u>ist</u> abgeschlossen **gewesen**.

となります。

応用パターン❹：状態受動の完了的な意味

Das <u>ist</u> schon <u>erledigt</u>.　それはもう片付いている（＝片付いた）。

　形は状態受動でも、**完了の意味**をあわせ持つことがあります。例文は「片付いている」という**状態**を表しますが、それは「片付ける」という**行為が完了**したからですね。そしてこの文は、**動作受動の現在完了形**から「worden」を省略したもの、と考えることもできます。つまり、背景には「完了」の意味が隠れている、というわけです（現在完了形：Das <u>ist</u> schon <u>erledigt</u> worden.　それはもう片付けられた）。

応用パターン❺：副文

Sie <u>wissen</u> nicht, **dass** der Eingang abends **abgeschlossen worden ist**.

　入口が夕方に施錠されたことを、彼らは知らない。

　受動態が過去形の場合は、前項の【応用パターン⑤】（→ p.62）と同じ語順になります。**現在完了形**（および過去完了形）になると、2番目にあった「ist」が文末に送られ、動詞の3つの要素が切れ目なく続くことになります。

67

> だいぶ複雑になってきましたね。それぞれの時制を混同しないようにしましょう。
> ① 現在形…「werden」の現在形＋…＋過去分詞
> ② 過去形…「werden」の過去形＋…＋過去分詞
> ③ 現在完了形…「sein」の現在形＋…＋過去分詞＋worden
> ④ 過去完了形…「sein」の過去形＋…＋過去分詞＋worden
> ⑤ 状態受動の現在形…「sein」の現在形＋…＋過去分詞
> ⑥ 状態受動の過去形…「sein」の過去形＋…＋過去分詞
> ＊時制としては、②＝③となります。

練習 指示にしたがって書きかえてみましょう。　〔→解答は p.354〕

(3) Sie leiteten die Meldung sofort weiter.　彼らはその知らせをすぐに取り次ぎました。[weiterleiten は分離動詞]
  ① 受動態に（動作主なし）
　　[　　　　　　　　　　　　　　　　　　　　　　　　　]．(a)
  ② (a) を現在完了形に
　　[　　　　　　　　　　　　　　　　　　　　　　　　　]．

(4) Bei Regen wird die Arbeit unterbrochen.　雨の場合、作業は中断されます。
  ① 過去形に
　　Bei Regen [　　　　　　　　　　　　　　　　　　　　]．
  ② 未来形に
　　Bei Regen [　　　　　　　　　　　　　　　　　　　　]．

〔中級へのカギ〕「sein ＋過去分詞」の見分けかた

過去分詞には「完了」と「受け身」の2つの意味があります。そのため、「sein」と組み合わせると2つの用法が生まれます。どちらの用法になるかは、**動詞の種類**で見分けられます。

(1)「sein ＋過去分詞」が完了形のとき…動詞は自動詞

場所の移動や**状態の変化**を表す動詞が**自動詞**の場合、現在完了形（および過去完了形）を作るときには「haben」ではなく「sein」を使うのでしたね（→ p.15 を参照）。

Ich **bin** heute Morgen früh aufgewacht.　私は今朝早く目が覚めた。
Ich **bin** deshalb zu Fuß gegangen.　そのため私は徒歩で出かけた。

＊「aufwachen」（目が覚める）は状態の変化、「gehen」（行く）は場所の移動を表す動詞で、いずれも自動詞として使われます。

＊完了形で「sein」を使う動詞は、辞書を引くと「(s)」のように表示されています（「haben」の場合は「(h)」となります）。

(2)「sein ＋過去分詞」が状態受動のとき…動詞は他動詞

状態受動を作れる動詞は、**他動詞**に限ります。もともと受動態を作れる動詞（＝ 4 格を目的語にとる動詞）でないと、状態受動も作れませんね。

Auch nachts **ist** diese Straße gut beleuchtet.　夜もこの通りは十分に明るくされている。

＊「beleuchten」（照らす）は他動詞で、4 格の目的語を必要とします。この 4 格が、受動態の主語になるのでしたね。

Auch nachts beleuchten wir diese Straße gut.
夜もこの通りは十分に明るくしている。
　［＝能動態で「diese Straße」が 4 格］
Auch nachts wird diese Straße gut beleuchtet.
夜もこの通りは十分に明るくされる。
　［＝動作受動で「diese Straße」が 1 格］

（3）紛らわしい場合

「sein＋過去分詞」を見て迷ったら、動詞を辞書で調べてみましょう。見出しのあとに「**(s)**」とあれば自動詞なので**完了形**、「**(h)**」とあれば他動詞なので**状態受動**、とはっきり見分けがつきます。

ただし、紛らわしい場合もあります。同じ動詞で自動詞にも他動詞にもなる場合です。

(a) Die Wunde ist geheilt.　傷は治った。

(b) Ich bin geheilt.　私は治った。

→ 「heilen」には「治る」（自動詞、(s)）と「治す」（他動詞、(h)）の2つの意味があります。一見同じ構文ですが、**(a)は現在完了形**で受け身の意味はなく、過去形の「Die Wunde heilte.」と同じ意味、**(b)は状態受動**で「治された状態にある」という意味を表します。こちらは【応用パターン④】と同じく、完了の意味をあわせ持った状態受動だといえそうですね（＝動作受動の現在完了形「Ich bin geheilt worden.」から「worden」を省略したもの）。

(c) Die Wolken sind aufgezogen.　雲が近付いてきた。

(d) Die Vorhänge sind aufgezogen.　カーテンが開いている。

→ こちらは、いくらかわかりやすい例です。同じ「aufziehen」という動詞を使っていますが、(c)は「近付いてくる」（自動詞、(s)）という意味で**現在完了形**、(d)は「引き開ける」（他動詞、(h)）という意味で**状態受動**になります。

（3）自動詞から作る受動態

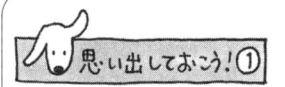

> **思い出しておこう！①**
>
> ドイツ語の受動態では、英語のように間接目的語（＝3格）を主語にした文は作れず、**3格は3格のまま残ります**。
> 　［能動態］Wir zeigen **den Kindern** einen Film.
> 　　　　　　私たちは子どもたちに映画を見せる。
> →［受動態］**Den Kindern** wird ein Film gezeigt.
> 　　　　　　子どもたちには映画が見せられる。
> 　　　　× 　Die Kinder wird ein Film gezeigt.

> **思い出しておこう！②**
>
> 「3格を3格のまま残す」という原則をあてはめて、**自動詞*から受動態を作る**こともできます。
> 　［能動態］Wir helfen den Kindern bei der Arbeit.
> 　　　　　　私たちは子どもたちの作業を手伝う。
> →［受動態］**Den Kindern** wird bei der Arbeit geholfen.**
> 　　　　　　子どもたちは作業を手伝ってもらう。
> *）4格の目的語をとらない動詞を自動詞といいます。
> **）すぐ下の【基本パターン①】を参照してください。

➕ 基本パターン❶：3格が目的語の場合

Den Kindern wird bei der Arbeit geholfen.
子どもたちは作業を手伝ってもらう。

　この例文には**主語がありません**。「den Kindern」は3格、「bei der Arbeit」は前置詞句なので、いずれも1格（＝主語）ではありませんね。「helfen」や「folgen」など、4格ではなく**3格を目的語にとる動詞**を受

動態にすると、このような主語のない文ができあがります。もとの能動態の文に、受動態で主語となるべき**4格がない**からです（3格のまま残った部分が、日本語の意味としては主語になります）。

➕ 基本パターン❷：前置詞句が目的語の場合

Über den Geldmangel wird geklagt.　資金不足が嘆かれる。

目的語として3格も4格もとらず、**特定の前置詞と結びつく動詞**も、前置詞句を意味上の主語として受動態を作ることができます。この例では、前置詞句の部分が「〜が」と訳されていますね。もとの能動態は、次のようになります。

　Wir klagen über den Geldmangel.　私たちは資金不足を嘆く。

➕ 基本パターン❸：目的語がない場合

Am Anfang wurde nur gesessen.　最初は座っているだけだった。

最後に、究極的（？）な受動態の例です。**目的語をまったく必要としない文**でも、ドイツ語では受動態になってしまうのです！

こうなると、主体（＝主語）も目的語もなく、ただ**動詞にのみ焦点**をあてた文ができあがります。例文では、「sitzen」（座っている）という自動詞が受動態になって、「座っているという行為がなされる」といった意味合いを表しています。もとの能動態を見ると、目的語がまったくないことがわかります。

　Am Anfang saßen wir nur.　私たちは最初、座っているだけだった。

🍄 応用パターン❶：穴埋めの es

Es wurde nur gesessen.　座っているだけだった。

目的語を必要としない文を受動態にすると、主語がないばかりか、3格や前置詞句などもないため、**文頭に置く語が存在しない場合**が出てきます。このようなとき、**穴埋め**として人称代名詞の**「es」**を非人称の用法で使います。つまり、この「es」には意味がありませんし、何かを指

しているわけでもありません（「es」は文頭にしか置けません）。もとの能動態は、次のようになります。

　　Wir saßen nur.　私たちは座っているだけだった。

応用パターン❷：es が不必要なのに使う場合

Es wurde am Anfang nur gesessen.　最初は座っているだけだった。

　自動詞を受動態にするとき、3格や前置詞句があれば、それらを文頭に置くのが基本ですが、その場合でも、**「es」を文頭に置く**ことができます（ただし文体としては、【基本パターン③】のような、「es」を置かない形が望ましいとされています）。

ワンポイントレッスン

　ドイツ語でいう**自動詞**とは、**4格の目的語を必要としない**動詞のことです。目的語が2格や3格の場合は、すべて自動詞になります。
(1) Ich bleibe hier.　私はここに残ります。(＝**目的語がない**動詞)
(2) Ich bin kurzsichtig.　私は近眼だ。(＝**補語**をとる動詞)
(3) Ich folge ihm.　私は彼についていきます。(＝**3格**の目的語)
(4) Ich gedenke der Toten.　私は死者を偲ぶ。(＝**2格**の目的語)
(5) Ich nehme an einem Ausflug teil.　私は遠足に参加する。
　　(＝**前置詞句**の目的語)

練習 指示にしたがって書きかえてみましょう。　〔→解答は p.355〕

(5) Alle gratulierten mir.　みんなが私にお祝いを言ってくれた。
　① 受動態に
　　　[　　　　　　　　　　　　　　　　　　　　　　　]. (a)
　② (a) の主語に es を入れて
　　　Es [　　　　　　　　　　　　　　　　　　　　　　].

コラム 〔中級へのカギ〕未来形？　受動態？

「werden」の用法の見分けかたは、ドイツ語学習者がもっとも苦手とする分野の一つです。キーワードは、「冷静に！」。慌てなければ、必ず自力で答えが見つかりますよ。

(1) 動詞として…「～になる」

「werden」の基本は、動詞としての用法から出発します。「～になる」という意味で、名詞や形容詞を補語にとります。

① 現在形

　　Ich **werde** nächstes Jahr zwanzig.　私は来年20歳になる。

② 話法の助動詞と

　　Ich möchte einmal Bäcker **werden**.　私は将来パン屋になりたい。

③ 過去形

　　Die Sängerin **wurde** berühmt.　その女性歌手は有名になった。

④ 現在完了形

　　Mein Bruder ist Mechaniker **geworden**.　私の兄は機械工になった。

　　→ 助動詞は「sein」を使い、過去分詞は「geworden」になります。

＊補語に「zu + 3格」を使うこともあります。主語の性質が変わってしまうことを表します。

　　Die kleine Provinz wurde zu einem Staat.
　　その小さな地方が国家になった。

(2) 未来形の助動詞として…「～だろう」（→ p.18以降を参照）

動詞としての意味を応用すると、未来形ができあがります。「werden」と**動詞の不定形**を組み合わせることで、「～することになる」＝「～だろう」という未来形になるのです。

① 未来形

　　Ich **werde** zur Universität **gehen**.
　　私は大学へ行くだろう／行くつもりだ。

→「確定した未来」ではなく、未来に対する**「推量」**や**「意志」**を表します（「確定した未来」には現在形を使います）。

② **現在に対する推量**

Er **wird** nun auf der Universität sein.　彼は今ごろ大学にいるだろう（＝大学の構内にいるだろう／大学生になっているだろう）。

→ 未来を表すはずの**未来形**を使って、**現在のことを推量**できます。「nun」（今ごろ）のような、未来形と明らかに矛盾する副詞が添えられます。

③ **未来完了形**

Bis dahin **werden** sie die Technik erlernt haben.
それまでに彼らはその技術を習得してしまっているでしょう。

→「werden」と**「完了の不定形」**（過去分詞 + haben / sein）を組み合わせると、未来完了形になります。「未来のある時点で、ある行為が完了しているだろう」という予測を表します。

④ **過去に対する推量**

Vielleicht **werden** sie die Technik schon erlernt haben.
もしかしたら彼らはもうその技術を習得したかもしれない。

→ 未来完了形を使って、今度は**過去のことを推量**できます。文の骨格は上記③と同じですが、「過去のある時点で完了したこと」を推量しています。

＊当然のことながら、未来形自体が過去形や完了形になることはありません。

× Ich wurde zur Universität gehen.
× Ich bin zur Universität gehen geworden.

（3）受動態の助動詞として…「～される」

動詞の過去分詞と組み合わせると受動態になることは、この課で述べてきたとおりです。もともと過去分詞に「～される」という受動の意味があるからです。

① **現在形**

Ich **werde** als Mitglied aufgenommen.

私はメンバーとして受け入れられる。
② 話法の助動詞と
Ich möchte einmal als Bäcker angestellt **werden**.
私はいつかパン屋として職を得たい（＝雇われたい）。
③ 過去形
Die Sängerin **wurde** vielfach hochgeschätzt.
その女性歌手はたびたび高く評価された。
④ 現在完了形
Mein Bruder ist oft begünstigt **worden**.
私の兄はしばしば優遇されてきた。

（4）見分けかたのコツ

以上のことをまとめると、次のようになります。
① 「werden」と組み合わせる相手はあるか？
　→ **単独**なら「werden」は**動詞「～になる」**［→（1）］
　→ **不定形**といっしょであれば、**未来形の助動詞**［→（2）］
　→ **過去分詞**といっしょであれば、**受動態の助動詞**［→（3）］
② 過去形は「wurde」になる
　→ 未来形は過去形にならないので、「wurde」があれば、未来形の可能性は排除される
③ 過去分詞は「geworden / worden」
　→ 未来形は過去分詞にならないので、「geworden / worden」があれば、未来形の可能性は排除される
　→ 「geworden」があれば、動詞「～になる」
　→ 「**worden**」があれば、**受動態**の助動詞

（5）紛らわしい場合

　上記①～③を冷静に見極めれば、ほぼ確実に見分けがつくようになるのですが、紛らわしい場合もあります。**非分離動詞**のうち、**不規則な変化**をするものでは、**不定形が過去分詞と同形**になることがあるからです（→ p.27 を参照）。

例：verlassen（去る、見捨てる）
① Der Junge wird bald die Stadt **verlassen**.
② Die Stadt wird bald **verlassen**.
→ 不定形と過去分詞が同形なので、**文脈で判断**するしかありません。
＊①の意味は「少年はまもなく町を去るだろう」となり、「verlassen」は**不定形**、この文は**未来形**です（「der Junge」が1格で主語、「die Stadt」は4格です。**4格がある**という時点で、受動態の可能性がなくなります。受動態には4格が含まれないからです）。
＊②の意味は「その町はまもなく見捨てられる」となり、「verlassen」は**過去分詞**、この文は**受動態**です（「verlassen」は4格を必要とする他動詞なのに、この文には**4格がない**からです。「die Stadt」は1格で主語です）。

(6) 2つの「werden」の組み合わせ

2種類の「werden」を組み合わせてみましょう。2つの可能性があります。
① 未来形の助動詞と動詞「～になる」
　Ich **werde** einmal Bäcker **werden**.　私は将来パン屋になるだろう。
　→ 未来形の助動詞が2番目に、動詞「～になる」の不定形が文末に置かれています。
② 未来形の助動詞と受動態の助動詞（→ p.66を参照）
　Ich **werde** als Mitglied aufgenommen **werden**.
　私はメンバーとして受け入れられるだろう。
　→ **受動態の未来形**になります。未来形の助動詞が2番目に、受動態の不定形が文末に置かれています。

＊動詞「～になる」は受動態を作らないので、受動態の助動詞と動詞「～になる」の組み合わせはありません。

② werden 以外の受動表現

　受動態とは本来、「X が Y を〜する」という能動態から、「Y が〜される」というように、**「X」（＝動作の主体）を隠すため**のものです。ドイツ語では正規の受動態は「werden ＋過去分詞」で表されますが、**表現が硬い**ため文章語などに限られ、英語の受動態ほど**頻繁には使われません**。

　その代わりによく見られるのが、以下に紹介するさまざまな言いかたです。いずれも**「主体を隠す」**ための表現なので、**意味が受動的**になります。受動態の仲間として、関連付けて学習してみましょう。

(1) man を使う

　不定代名詞の**「man」**は文中でもつねに小文字で書き、**不特定の人々を**指します。「（一般に）人は」「人々は」「われわれは」「（特定の）彼らは」など、文脈によって**さまざまな対象を指しながら主体を隠す**ことができるので、たいへん便利な語です（なお、内容的には複数の人々を指しますが、つねに**3人称単数**として扱われます）。

　　　Der Eingang wird abgeschlossen.　入口が施錠される。
　　　→ **Man** schließt den Eingang ab.　(a)

　(a) の文を直訳すると、「**人々は入口を施錠する**」となりますが、「どんな人々なのか」ということは問題にされていません。常識的には、建物を管理する人、入口を警備する係の人、などが考えられますが、これを発言している人が含まれる可能性もあります（＝「われわれ」）。また、建物とはまったく無関係の人（鍵を無断で複製してしまった人？）かもしれません。

　このように、**主体がだれかということを明言せず**に、「入口を施錠する」ことに焦点をあてたいときに、不定代名詞の「man」がよく使われます。そのため、この**「man」を訳さない**ほうがよい場合もたくさんありますし、**受動態で訳す**とすっきりする場合もあります。(a) の文の訳しかたを、何通りか示してみましょう。

①「彼ら／われわれは入口を施錠する」（主体を具体的にあてはめる場合）
②「入口は施錠する」（主体を無視する場合）
③「入口が施錠される」（受動態として訳す場合）

(2) 再帰代名詞を使う

再帰代名詞を使うことで、他動詞を自動詞にすることができましたが（→ p.28を参照）、「**〜される**」という**自発的**なニュアンスを出すこともできます。「Xが自分自身を〜する」＝「自然に〜される」となるわけですね。

 Der Eingang öffnet sich.（a）　入口が開く／開かれる。
 = **Man** öffnet den Eingang.（b）
 = Der Eingang **wird** geöffnet.（c）

(a)(b)(c)はいずれも同じことを言っていますが、(b) は入口を開ける主体は明示していないものの、「man」を出すことで、漠然と何者かの関与を暗示しており、(c) は正規の受動態なので、わざわざ「開くという動作がなされた」ことを強調しています。これに対して (a) は、「**自然に開いた**」ことを前面に出しています。これは、風の力で開いたのかもしれませんし、人の力が関与していたとしても、その意図が背後に感じられません。つまり、**主体がまったく透明**になってしまっているのです。

ほかに、次のような例がよく使われます。
 Das Buch liest sich leicht.　その本は簡単に読める。
 Das versteht sich.　それはわかりきったことだ。

(3)「lassen ＋ sich ＋不定形」

「**lassen**」は**使役の助動詞**ですが（→ p.58を参照）、これに「**sich**」を加えることで、「**〜されうる**」「**〜してもらう**」などの意味に転換することができます。「Xが自分自身を〜させる」＝「〜させられる」＝「〜してもらう」という変換ですね。

 Der Eingang lässt sich leicht öffnen.（a）　入口は簡単に開けられる。

= Der Eingang öffnet **sich** leicht.（b）
　　= **Man kann** den Eingang leicht öffnen.
　　= Der Eingang **kann** leicht geöffnet **werden**.

　(a) には「**lassen**」(～させる) が入っているので、(b) のような「自発的に」というニュアンスはなくなります。その代わり、「**させる**」力、「**してもらう**」力が強く感じられる文になります。
　また、(a) には「**可能**」の意味合いが込められるので、「man」や「werden」を使って言い換えるときには「**können**」が必要になります。

　もう一つ、「～してもらう」の例を見てみましょう。
　　Ich **lasse mich** heute abholen.（c）　今日、私は迎えに来てもらう。
　　= **Man holt** mich heute ab.（d）
　　= Ich **werde** heute abgeholt.（e）

　(c) には「lassen」があるので、「**迎えに来させる**」力が感じられます。それに対し、(d) は「man」を使っているので、だれか別の人の力が働いていること、(e) は正規の受動態なので、「迎えに来られる」という動作が前面に出てきています。

(4)「sein + zu 不定詞」

　次は、「**zu 不定詞**」を使った表現です。「**sein**」と組み合わせると、「**～されうる**」「**～されなければならない**」という意味になります。
　　Der Eingang **ist** leicht **zu** öffnen.　入口は簡単に開けられる。
　　= Der Eingang **kann** leicht geöffnet **werden**.

　　Das Buch **ist** sofort **zu** lesen.　その本はすぐに読む必要がある。
　　= Das Buch **muss** sofort gelesen **werden**.

　「werden」を使った正規の受動態に書きかえてみると、「sein + zu 不定詞」がたしかに**受動表現**であることが明確にわかりますね。そしてこれに、

「**können**」（→「〜されうる」）や「**müssen**」（→「〜されなければならない」）の意味が加わるのです。

(5)「bekommen＋過去分詞」

最後に、**「〜してもらう」**というもう一つの表現を紹介しましょう。動詞「bekommen」は「もらう」という意味なので、覚えやすいですね。

  Ich **bekomme** einen Füller <u>geschenkt</u>.（a） 私は万年筆を贈られる。
  = Ich **lasse** mir einen Füller <u>schenken</u>.（b）
  = **Man** schenkt mir einen Füller.（c）
  = Mir **wird** ein Füller <u>geschenkt</u>.（d）

（a）と（d）を比較してみましょう。「ich」（1格＝主語）が「mir」（3格）に、「einen Füller」（4格）が「ein Füller」（1格）に変換されていますね。つまり、「bekommen」を使うと、**正規の受動態で3格だったものを主語**にできる、というわけです（能動態（c）から受動態（d）への書きかえでは、「3格は3格のまま残す」のが鉄則でしたが、3格を1格にできる、こんな「抜け道」もあったんですね）。

「bekommen」を使った受動表現では、必ず**4格の目的語**を伴って、「（4格）を〜してもらう」という形になります。「だれから」という情報を添えたいときは、正規の受動態と同じで「von＋3格」を使います。

  Ich bekomme einen Füller **von einem Freund** <u>geschenkt</u>.
  私は万年筆を友人から贈られる。

なお、(a) は**「してもらう人」**（＝1格）に焦点をあてた表現になります。(b) には「させる力」が、(c) には「だれか」の関与が感じられ、(d) では「贈られる」ことが強調されます。

－応用編－
3.zu不定詞

（1） 作りかた　　　CD Track 21

> 思い出しておこう！
>
> 「zu 不定詞」の基本は「**zu ＋不定形**」です。「**～すること**」と訳すのでしたね。そしてこの「zu 不定詞」は、「zu 不定詞句」の中で**最後**に置かれます。
>
> 　　　Deutsch **zu sprechen**　　ドイツ語を話すこと

➕ 基本パターン❶：基本形

zu sprechen　話すこと

　「zu 不定詞」の基本は、とってもシンプルです。英語の「*to* 不定詞」と同じで、「zu」と「不定形」をつなげるだけです。

➕ 基本パターン❷：分離動詞

an**zu**sprechen　話しかけること

　分離動詞を「zu 不定詞」にするときは、いったん分離させて、**間に**「**zu**」を入れ、接着剤のようにしてまたつなげます。つまり、間に「zu」の入った不定形のような形になります。「× zu ansprechen」のようにはなりません。

➕ 基本パターン❸：非分離動詞

zu besprechen　話し合うこと

　非分離動詞は分離しないので、一般の動詞と同じように「zu ＋不定形」となります。「× bezusprechen」のようにはなりません。

82

➕ 基本パターン❹：目的語などを伴う場合

Deutsch **zu** sprechen　ドイツ語を話すこと

　「zu 不定詞」に目的語などを添えると、**「zu 不定詞句」**になります。この場合、ドイツ語では**「zu ＋不定形」の部分が最後**に来ます（英語では「*to speak German*」のように「*to* ＋原形」が初めに来るので、語順が逆になりますね）。

🍄 応用パターン❶：完了形

gesprochen **zu** haben　話したこと

　「zu 不定詞」は「zu」と「不定形」をつなげます。この原理を応用すると、「～したこと」という**完了形**も表現できます。完了形というのは、「haben / sein ＋過去分詞」でしたね。これを不定形にすると**「過去分詞＋ haben / sein」**となるので、間に「zu」を入れると、「zu 不定詞」のできあがりです（「zu 不定詞」に時制はないため、**過去のことを表す**には完了形を使います）。

🍄 応用パターン❷：受動態

angesprochen **zu** werden　話しかけられること

　「zu 不定詞」を**受動態**にもできます。要領は【応用パターン①】の完了形と同じです。受動態は「werden ＋過去分詞」なので、これを不定形にすると、**「過去分詞＋ werden」**。そして、この間に「zu」を入れるだけです。

🍄 応用パターン❸：話法の助動詞と

sprechen **zu** können　話せること

　話法の助動詞も、「zu 不定詞」にできます。語順を**「不定形＋助動詞の不定形」**に直し、間に「zu」を入れます。

ワンポイントレッスン ①

　一口に「zu 不定詞」といっても、作りかたに3つのパターンがあることがわかりましたね。
　(1)「zu」＋不定形（1語）［＝基本形］…一般動詞、非分離動詞
　(2)「zu」が間に入り、1語になる…分離動詞
　(3)「zu」が間に入り、3語になる…助動詞を使った表現（完了形、受動態、話法の助動詞など）

ワンポイントレッスン ②

　もとから「zu」がついている動詞もあります。「zu 不定詞」なのかどうか、非常に紛らわしくなってしまいますが、ここでもキーワードは「冷静に！」。落ち着いて辞書をよく見るようにしましょう。
　(1) 分離の前綴り「zu」
　　　zuhören（耳を傾ける）→［zu 不定詞］zuzuhören
　(2) 分離の前綴り「hinzu」
　　　hinzukommen（つけ加わる）→［zu 不定詞］hinzuzukommen
　　＊ただし、hinkommen（行く）→［zu 不定詞］hinzukommen

練習　指示にしたがって書きかえてみましょう。　〔→解答は p.355〕

(1) schreiben　書く［過去分詞は geschrieben］
　① zu 不定詞に
　　［　　　　　　　　　　　　　　　　　　　　　　　　］(a)
　②（a）を完了形に
　　［　　　　　　　　　　　　　　　　　　　　　　　　］
　③（a）を受動態に
　　［　　　　　　　　　　　　　　　　　　　　　　　　］

(2) auffallen　目立つ［過去分詞は aufgefallen、完了形は sein と］
　① zu 不定詞に
　　　[　　　　　　　　　　　　　　　　　　　　　　　　　] (b)
　② (b) を完了形に
　　　[　　　　　　　　　　　　　　　　　　　　　　　　　]

（2） 基本的な使いかた

CD Track 22

> **思い出しておこう！**
>
> 「zu 不定詞句」は、**副文に準じた**使いかたをします。副文の3つの約束（→ p. 35を参照）のうち、①と③がよく似ています。
> ① 「zu 不定詞句」の**前後はコンマで区切られる**＊
> ② 「zu 不定詞句」は**「zu ＋不定形」で終わる**
> ＊）現在の正書法では、文脈上明らかな場合には、コンマをつけなくてもよいことになっています。

基本パターン❶：主語になる

Vor vielen Leuten **zu** sprechen(,)＊ ist schwer.
大勢の前で話すことは難しい。

　「zu 不定詞」は基本的に**「〜すること」**と訳します。この例でいえば、「話すこと」ですね。この「zu 不定詞」が**目的語や副詞**を伴って拡大されたものが、「zu 不定詞句」です。そしてこれらの拡大された部分は、**「zu ＋不定形」よりも前**に置かれます。ここでは、「vor vielen Leuten」という前置詞句（＝副詞句）が「zu sprechen」よりも前にありますね。「zu 不定詞句」全体を訳すと、「大勢の前で話すこと」となり、これがこの文の**主語**になります。

＊）「zu 不定詞句」が主語で文頭にある場合は、コンマはなくても構いません。

基本パターン❷：補語になる

Meine Pflicht ist, neue Bücher **zu** besprechen.
私の義務は、新刊書を論評することだ。

　今度の文では、**コンマ以降**が「zu 不定詞句」になっています。英語の to 不定詞句のように「to ＋原形」で始まるわけではないので、必ずコンマで区切り、**「zu 不定詞句」の始まり**を知らせる必要があるのです。

ここでは「neue Bücher」という**目的語**が「zu besprechen」よりも前にあり、「新刊書を論評すること」となって、これが文の**補語**になっています。

➕ 基本パターン❸：目的語になる

Ich versuche, möglichst viele Mitarbeiter an**zu**sprechen.
私はできるだけ多くの従業員に話しかけることを試みる。

　次は「zu 不定詞句」が文の**目的語**になる例です。やはり**コンマのあと**が「zu 不定詞句」になっていますね。「möglichst viele Mitarbeiter」が「anzusprechen」の目的語で、「できるだけ多くの従業員に話しかけること」となります。そしてこれ全体が、動詞「versuchen」（試みる）の目的語になっています。

➕ 基本パターン❹：仮主語の es を使う

Es ist schwer, vor vielen Leuten **zu** sprechen.
大勢の前で話すことは難しい。

　上の【基本パターン①】を書きかえた文です。ドイツ語では主語が長すぎるとバランスが悪くなるので、実際には冒頭に**「es」**を置いた構文が好まれます。この「es」は英語の「*it*」と同じで**仮主語（または形式主語）**とよばれ、意味は持ちません。**本当の主語（＝「zu 不定詞句」）**をここにあてはめて、文を解釈することになります。

応用パターン❶：仮目的語の es を使う

Ich habe **es** aufgegeben, das Problem mit dir **zu** besprechen.
私はその問題について君と話し合うことをあきらめた。

　仮主語の**「es」**は、4格で**「仮目的語」**としても使うことができます。仮主語として使うときよりも、「仮」であることがわかりにくくなりますので、注意が必要です。「zu 不定詞句」が出てくる前に、文がいったん完結しているように見えてしまうからです（Ich habe **es** aufgegeben.

私はそれをあきらめた)。

　しかし実際には、コンマのあとに**「zu 不定詞句」**が続き、これが**「es」**の内容になります。ここでは「das Problem」という目的語と「mit dir」という前置詞句（＝副詞句）が「zu besprechen」の前にあり、「その問題について君と話し合うこと」という意味になって、これを「es」の部分にあてはめるのです。

応用パターン❷：前置詞にかかる場合

Ich bemühe mich **darum**, das Problem mit dir **zu** besprechen.
私はその問題について君と話し合おうと努力する。

　仮目的語の「es」をさらに複雑にしたものが、**「前置詞＋es」**です。「es」は、前置詞と組み合わせるときに「um es」などとはならずに、**「da[r]＊＋前置詞」**の形をとるのです。そしてこの「da（＝es）」の部分に、続く「zu 不定詞句」の内容をあてはめることになります。

　Ich bemühe mich um 〜．　私は〜を得ようと努力する。
　→ Ich bemühe mich **darum**．　私は**それ**を得ようと努力する。

　＊）前置詞が子音で始まる場合は「da-」、母音で始まる場合に「dar-」という形になります。

応用パターン❸：完了形

Ich bin stolz **darauf**, Deutsch gesprochen **zu** haben.
私はドイツ語を話したことを誇らしく思う。

　この文でも「前置詞＋es」が**「darauf」**という形になって、誇らしく思っている内容が「zu 不定詞句」で表されていますね。
　ここでは、この「zu 不定詞句」の中身を詳しく見てみましょう。コンマのあとに「Deutsch」があり、これが「zu 不定詞句」の中の目的語です。「zu＋不定形」は**「gesprochen zu haben」**と3語になっています。ピンと来ましたか？　そうです。「過去分詞＋haben」なので、**完了形**ですね。「ドイツ語を話したこと」となり、**過去のことを表す**「zu 不定

詞句」になります。

応用パターン❹：受動態

Ich hoffe, von meinem Chef angesprochen zu werden.
私は上司に話しかけられることを期待している。

　この例文は、コンマ以降の「zu 不定詞句」が動詞「hoffen」（期待する）の目的語になっています。「von meinem Chef」という前置詞句のあとに、**「angesprochen zu werden」**とやはり3語になっていますが、これは覚えていますか？　正解は、**「過去分詞＋werden」**なので**受動態**です。そして受動態の「von ＋3格」は、動作主でしたね。

応用パターン❺：話法の助動詞と

Es ist mein Wunsch, Deutsch sprechen zu können.
ドイツ語を話せることが私の望みだ。

　最後は、**話法の助動詞**を「zu 不定詞」にした例です。やはり**3語**になるのでしたね。ここでは、「Deutsch」という目的語が前に置かれています。「zu 不定詞句」全体が、文頭にある仮主語「es」の内容になっています。

ワンポイントレッスン

「zu 不定詞」は「〜すること」と訳します。つまり、**動詞が名詞化**される、ということですね。そのため、次の2つの性質をあわせ持つことになります。

☆ 動詞としての性質
　（1）**目的語**や**副詞**を伴うことができる
　（2）**完了形**や**受動態**にできる

☆ 名詞としての性質
　（1）**主語**や**補語**、**目的語**になれる
　（2）**前置詞**につなげることができる
　　　（ただし、「da[r]＋前置詞」の形で）

練習 指示にしたがって書きかえてみましょう。 〔→解答は p.355〕

(3) Es macht mir Spaß zu singen.　私には歌うことが楽しい。
　① 「auf der Bühne」（舞台で）という副詞句を加えて
　　　Es macht mir Spaß [　　　　　　　　　　　　　　]. (a)
　② (a) を zu 不定詞句で始めて
　　　[　　　　　　　　　　　　　　　　　　　　　　　].

(4) Er besteht darauf, die Kinder zu begleiten.
　　彼は子どもたちに付き添うと主張している。
　① zu 不定詞を完了形に［begleiten は非分離動詞］
　　　Er besteht darauf, [　　　　　　　　　　　　　　].
　② zu 不定詞を受動態に（＝「子どもたちに付き添われること」）
　　　Er besteht darauf, [　　　　　　　　　　　　　　].
　③ zu 不定詞に「können」を加えて
　　　Er besteht darauf, [　　　　　　　　　　　　　　].

（3） 名詞その他にかかる場合　　Track 23

> 🐾 **思い出しておこう！**
>
> 「zu 不定詞」が「〜すること」とならず、直前の名詞その他にかかる場合があります。
> Hast du Gelegenheit, Deutsch zu sprechen?*
> 君はドイツ語を話す機会がありますか？
> ＊）すぐ下の【基本パターン①】を参照してください。

➕ 基本パターン❶：直前の名詞にかかる

Hast du **Gelegenheit**, Deutsch **zu** sprechen?
君はドイツ語を話す機会がありますか？

「Deutsch zu sprechen」は「ドイツ語を話すこと」という意味ですが、「こと」を残すと、この文はうまく訳せません。「君は機会がありますか？ ドイツ語を話すこと？」となり、「こと」が浮いてしまいます。このようなときは、第2の方法を試してみましょう。「zu 不定詞句」を、**直前の名詞にかけて**訳してみるのです。すると、「ドイツ語を話す**機会**」となって、すっきりしますね。

➕ 基本パターン❷：文中にある場合

Der **Versuch**, möglichst viele Mitarbeiter an**zu**sprechen, ist gescheitert.
できるだけ多くの従業員に話しかけるという試みは、失敗した。

今度は、直前の名詞にかかる**「zu 不定詞句」が文中**にある場合です。「〜すること」として訳そうとすると、「その試み。できるだけ多くの従業員に話しかけることは失敗した」となり、やはりうまくいきませんね。ここでは「Der Versuch ist gescheitert.（その試みは失敗した）」という骨格があり、**「試み」**の内容を、コンマからコンマまでの**「zu 不定詞句」**

で説明しているのです。

➕ 基本パターン❸：直前の形容詞にかかる

Ich bin **bereit**, vor vielen Leuten **zu** sprechen.
私は大勢の前で話す心構えができている。

　次は名詞ではなく、**直前の形容詞にかかる**例です。ここでも、「私は心構えができている。大勢の前で話すこと」と訳すと、すっきりいきませんね。コンマ以降の「zu 不定詞句」は、**直前の形容詞「bereit」の内容**になっているのです。

応用パターン❶：紛らわしい例（名詞にかからない）

Es ist meine Pflicht, neue Bücher **zu** besprechen.
新刊書を論評することが私の義務だ。

　「zu 不定詞句」が**直前の名詞にかかるのかどうか**、紛らわしい例もたくさんあります。この文では直前の「Pflicht（義務）」にかけて、「それは、新刊書を論評する私の義務だ」と訳したくなるかもしれませんが、それでは意味が通じませんね。この場合は、「zu 不定詞句」は文頭の**仮主語「es」の内容**になっています。

＊文頭の「es」を取り除くと、名詞にかからないことがさらに明確になります。
　Neue Bücher **zu** besprechen(,) ist meine Pflicht.　新刊書を論評することが私の義務だ。
　→　前の課の【基本パターン②】（→ p.86）の、主語と補語をひっくり返した文になっていますね。

応用パターン❷：紛らわしい例（形容詞にかからない）

Ich finde es nötig, möglichst viele Mitarbeiter an**zu**sprechen.
私はできるだけ多くの従業員に話しかけることが必要だと思う。

　この文でも、「zu 不定詞句」は直前の形容詞「nötig（必要である）」にかかるわけではなく、**仮目的語「es」の内容**になっています。【基本

パターン③】と同じように、形容詞のあとにコンマがあり、「zu 不定詞句」が続いているので紛らわしいですが、前に「es」があるときには注意してください。

応用パターン❸：「da[r]＋前置詞」を省略する場合

Ich habe **Angst** (davor), vor vielen Leuten **zu** sprechen.
私は大勢の前で話すのが不安だ。

本来であれば必要なはずの**「da[r]＋前置詞」**を、省略する場合があります。「Angst（不安）」という名詞は「vor＋3格」と結びついて、「〜に対する不安」という意味になるので、ひとまず**「davor」**という形を置き、その内容を「zu 不定詞句」で続けるのが正式ですが、「davor」を省略することも多く、そうすると見かけ上、「zu 不定詞句」が**直前の名詞**「Angst」**にかかっ**ているように見えます。

＊「da[r]＋前置詞」の省略は、形容詞や動詞などでも見られます。
　［形容詞］Ich fühle mich (dazu) **verpflichtet**, möglichst viele Mitarbeiter an**zu**sprechen.　私はできるだけ多くの従業員に話しかける義務が自分にあると思う。
　［動詞］Ich **bemühe** mich (darum), das Problem mit dir **zu** besprechen.
　私はその問題について君と話し合おうと努力する。

これで、「zu 不定詞」の3つの用法が出揃いました。まとめておきましょう。
（1）名詞的用法…**名詞の働き**をして、主語・補語・目的語になる
　　　（＝「〜すること」と訳す場合）
（2）形容詞的用法…直前の名詞にかかる（＝**名詞を修飾**する）
（3）副詞的用法…直前の形容詞にかかる（＝**形容詞を修飾**する）

練習　「zu 不定詞」の用法を考え、訳してみましょう。　〔→解答は p.356〕

(5) Ich habe die Pflicht, neue Bücher zu besprechen.
　　[　　　　　　　　　　　　　　　　　　　　　　　　　　　]

(6) Seine Fähigkeit, Deutsch zu sprechen, ist fragwürdig.
　　[Fähigkeit　能力、　fragwürdig　疑わしい]
　　[　　　　　　　　　　　　　　　　　　　　　　　　　　　]

(7) Ist er wirklich fähig, Deutsch zu sprechen?
　　[wirklich　本当に、　fähig　能力がある]
　　[　　　　　　　　　　　　　　　　　　　　　　　　　　　]

(8) Es ist möglich, hier Deutsch zu lernen.
　　[möglich　可能な]
　　[　　　　　　　　　　　　　　　　　　　　　　　　　　　]

(9) Wir denken an die Möglichkeit, hier Deutsch zu lernen.
　　[Möglichkeit　可能性]
　　[　　　　　　　　　　　　　　　　　　　　　　　　　　　]

> 発展

「es」があっても、「zu 不定詞句」を受ける仮主語／仮目的語であるとは限りません。一筋縄ではいかないので、徐々に慣れていってください。

① **Es** ist eine gute Gelegenheit, Deutsch **zu** sprechen.
それはドイツ語を話すよい機会だ。
→文頭の「es」は何か既出のものを指しており、「zu 不定詞句」は直前の名詞「Gelegenheit」にかかっています。

② **Es** besteht die Möglichkeit, hier Deutsch **zu** lernen.
ここでドイツ語を学ぶ可能性がある。
→文頭の「es」は仮主語で、本当の主語は「die Möglichkeit」になります。「zu 不定詞」はこの主語にかかっています（つまり、主語が「die 〜 lernen」と非常に長いものになるので、仮主語を置いてバランスを取っている、というわけです）。

※）「es」の用法については、p.224以降を参照してください。

〔中級へのカギ〕よくある間違い（zu 不定詞）

「**zu 不定詞**」は中級の学習者でも苦手な人が多い分野です。よく見かける間違いをまとめてみましたので、参考にしてください。

(1) 主語を作ってしまう

「zu 不定詞」の根本的な発想は、**主語を置かない**ことにあります。そのために「不定形」を使っている、ともいえます（「定形」とは主語に応じて動詞が変化している形、「不定形」とは主語を定めない形をいうのでしたね）。

主語を置かないことから出発しているのですから、「zu 不定詞句」の中に**主語はありません**。「～が～すること」という意味にはならないのです。

［間違いの例］

① Es ist nötig, **die Kinder** zu begleiten.
　子どもたちに付き添うことが必要だ。
　→ 「子どもたち**が**付き添うこと」としてしまう

② Es ist nötig, **das Problem** zu besprechen.
　その問題を話し合うことが必要だ。
　→ 「その問題**が**話し合わ**れる**こと」としてしまう

＊「zu 不定詞句」の中にある**主語らしい語**は、1格ではなく**4格**です。
　1格と4格は同じ形のことが多いので、注意が必要です。
＊②ではさらに、4格を1格だと思い込んでしまったために、動詞を勝手に受動態に変えてしまう間違いまで犯しています。

(2) 「zu 不定詞句」内の名詞にかけてしまう

ドイツ語では、コンマからコンマまでが「zu 不定詞句」です。そしてその中には**主従関係（修飾関係）はありません**。ところが、英語の to 不定詞の影響からか、「zu 不定詞句」内の名詞にかけてしまう間違いが多く見られます。

［間違いの例］

③ Es ist nötig, die Kinder **zu begleiten**.
子どもたちに付き添うことが必要だ。
→ 「**付き添うべき**子どもたち」としてしまう

④ Es ist nötig, das Problem **zu besprechen**.
その問題を話し合うことが必要だ。
→ 「**話し合われるべき**問題」としてしまう

＊ドイツ語では、「zu 不定詞」の直前の名詞は**「zu 不定詞」の目的語**です。英語のように、to 不定詞が修飾する相手にはなりませんので、発想を切り替えてください。

＊④では上の②と同じように、「zu 不定詞」を勝手に受動態に変換してしまっています。

(3) 「〜のための」としてしまう

ドイツ語の「zu 不定詞」には、「〜のために」という**目的の意味はありません**。ところがやはり、英語の影響で、目的の意味を添えてしまう間違いが多くあります。

［間違いの例］

⑤ Er hat **die Pflicht**, die Kinder zu begleiten.
彼は子どもたちに付き添う義務がある。
→ 「子どもたちに付き添う**ための**義務」としてしまう

⑥ Er versucht, **das Problem** zu besprechen.
彼はその問題を話し合うことを試みる。
→ 「その問題を話し合う**ために**試みる」としてしまう

＊ドイツ語では**「um ＋ zu 不定詞」**の形にならない限り、「〜のために」という意味にはなりません。

（4）副詞的用法・絶対的用法　　CD Track 24

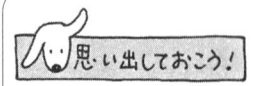

> 思い出しておこう！
>
> 「um + zu 不定詞」の形で、「〜するために」という目的を表すことができます。英語の「(in order) to +原形」に相当する表現で、**副詞句**を作ります（ほかに、ohne や statt などを使った表現もあります）。
>
> **um** Deutsch **zu sprechen**　　ドイツ語を話すために

➕ 基本パターン❶：「um + zu 不定詞」で目的を表す

Ich koche selber, **um** Geld **zu** sparen.
私はお金を節約するために自炊している。

　「zu 不定詞句」の前に「um」をつけるだけで、「〜するために」という副詞句ができます。「um」は「〜のまわりに」などの意味を持つ前置詞で、ここでは「〜を求めて」の意味で使われています。ただし、次に4格が続くという**前置詞としての機能はなく**、単純に「zu 不定詞句」にドッキングしているだけです。

　　um　＋　Geld zu sparen　＝　um Geld zu sparen
　　　　　　お金を節約すること　　　お金を節約するために

➕ 基本パターン❷：「ohne + zu 不定詞」の場合

Ich koche selber, **ohne** in einem Kochbuch nach**zu**schlagen.
私は料理の本で調べずに自炊している。

　「ohne」は「〜なしに」という意味の前置詞で、英語の「*without*」に相当します。これもやはり、「zu 不定詞」に直接つなげることができ、「〜しないで」という副詞句を作ります。

　　ohne　＋　in einem Kochbuch nachzuschlagen
　　　　　　　料理の本で調べること

= ohne in einem Kochbuch nachzuschlagen
　　　　料理の本で調べることなしに

＊英語では「*without*」のあとに「*to* 不定詞」を続けることができず、「*without looking up in a cookbook*」などのように、**動名詞**になります。

基本パターン❸：「statt + zu 不定詞」の場合

Ich koche selber, **statt** in einem Restaurant **zu** essen.
私はレストランで食べる代わりに自炊している。

　「**statt**」は「〜の代わりに」という意味の前置詞で、英語の「*in stead of*」に相当します。「um」や「ohne」と同じように「zu 不定詞」につなげることができ、**「〜する代わりに」「〜ではなくて」**という意味の副詞句となります（「**anstatt**」を使っても、同じ意味になります）。

　　statt　+　in einem Restaurant zu essen
　　　　　　　　レストランで食べること
　　=　statt in einem Restaurant zu essen
　　　　　　レストランで食べる代わりに

＊英語ではやはり、「*in stead of*」のあとは**動名詞**になります。
　*in stead of **eating** in a restaurant*

応用パターン❶：「um + zu 不定詞」で結果を表す

Ich habe den Tisch gedeckt, **um** gleich wieder alles weg**zu**räumen.
私は食卓の用意をしたが、すぐにまた全部片付けることとなった。

　「um + zu 不定詞」は目的だけでなく、「（〜したが）**〜という結果になった**」という意味を表すこともあります（英語の「*to* 不定詞」にも、「結果」を表す用法がありますね）。目的を表す場合と見た目が変わらないので、文脈で判断することになります。

応用パターン❷:「〜するにはあまりに…だ」

Der Tisch war zu klein, **um** alles darauf **zu** stellen.
そのテーブルは、すべてを載せるには小さすぎる。

「um +不定詞」の「〜するために」という意味を生かして、「〜するにはあまりに…だ」という構文を作ることができます。英語の「*too ... to 〜*」の構文と同じですね。ドイツ語では、「あまりに…だ」の部分は**「zu +形容詞／副詞」**となります。

  zu klein　　+　**um** alles darauf **zu** stellen
  あまりに小さい　　すべてをその上に載せるには
 （= ***too** small **to** put everything on*）

応用パターン❸:絶対的用法（挿入句）

Um die Wahrheit **zu** sagen, wir sind nicht zufrieden.
本当のことを言うと、私たちは満足していない。

最後に、「um + zu 不定詞」を使った**絶対的用法**を紹介しておきましょう。英語にも、「*to tell the truth*」のような**独立用法**がありましたね。「um」を使っていますが目的や結果の意味はなく、**ことわり書きなどを挿入**する役割を持っています。

＊絶対的用法はあくまで「挿入」しているだけなので、**まわりの語順に影響を与えません**。そのため、主文に先行しても、あとに続く主文は「主語→動詞」という語順になります。
＊それに対して「um + zu 不定詞」が**副詞句**の場合は、あとに続く主文は「動詞→主語」となります。
  Um Geld **zu** sparen, koche ich selber.　お金を節約するために、私は自炊している。

> **ワンポイントレッスン**
>
> 前置詞に「zu 不定詞句」をつなげる場合、「da[r] + 前置詞」という形を使うのが基本ですが、ここに挙げた「um」「ohne」「statt」「anstatt」に限り、そのまま「zu 不定詞句」を続けることができます。そしてこれらは、「前置詞 + zu 不定詞句」の形で**副詞句**を作ります。

練習 「zu 不定詞」を使って書きかえてみましょう。 〔→解答は p.356〕

(10) Ich spare Geld. Ich möchte ein Auto kaufen.
    私はお金を節約している。私は車を買いたい。
    → Ich spare Geld, [   ].

(11) Er besucht mich. Er ruft mich nicht an.
    彼は私を訪ねる。彼は私に電話しない。
    → Er besucht mich, [   ].

(12) Sie hat abgenommen. Sie hat aber gleich wieder zugenommen.
    彼女は体重が減った。しかし、すぐにまた増えてしまった。
    → Sie hat abgenommen, [   ].

〔中級へのカギ〕副文のコンマ、zu 不定詞のコンマ

ドイツ語の場合、**副文の前後はコンマ**で区切られます。そして、**「zu 不定詞句」の前後にもコンマ**があります。これらの決まりごとは、単独で使うときには見やすくて便利ですが、複数のパターンが重なると煩雑になってしまうことがあります。ここでは、いくつかの組み合わせを考えてみることにしましょう。

（1）副文の中に「zu 不定詞句」が入る場合

Ich bin nervös, **weil** es schwer ist, vor vielen Leuten **zu** sprechen. 大勢の前で話すことは難しいので、私は神経質になっている。

→「weil」から副文が始まります。副文の中に仮主語の「es」があり、その内容がコンマ以降の「zu 不定詞句」で述べられています。つまり、副文の中に「zu 不定詞句」が含まれている形になります。

Da ich weiß, **dass** es schwer ist, vor vielen Leuten **zu** sprechen, bin ich nervös. 大勢の前で話すことは難しいと知っているので、私は神経質になっている。

→「da」から副文が始まり、その中に「dass」で始まる副文が含まれ、さらに仮主語「es」の内容を「zu 不定詞句」で述べています。結局、「da」で始まった副文は、「zu 不定詞句」の終わりまで続くことになります。

Ich habe gehört, **dass** der Versuch, möglichst viele Mitarbeiter an**zu**sprechen, gescheitert ist. できるだけ多くの従業員に話しかけるという試みが失敗した、と私は聞いた。

→「dass」以下の副文に「zu 不定詞句」が挿入され、コンマのあとにまだ副文が続いています。「dass der Versuch ... gescheitert ist」という副文を切り裂く形で、「zu 不定詞句」が置かれています。

（2）「zu 不定詞句」の中に副文が入る場合
　Meine Pflicht ist, neue Bücher zu besprechen, die mir zugestellt werden.　私の義務は、自分に送られてくる新刊書を論評することだ。
　→「neue Bücher zu besprechen」が「zu 不定詞句」で、そのあとに副文が続いています。「zu 不定詞句」の中にある「Bücher」を先行詞とする関係文です。つまり、「zu 不定詞句」は副文の終わりまで続いていることになります。

　Meine Pflicht, neue Bücher zu besprechen, die mir zugestellt werden, ist nicht neu.　自分に送られてくる新刊書を論評するという私の義務は、新しいものではない。
　→「meine Pflicht」にかかる「zu 不定詞句」として「neue Bücher zu besprechen」があり、その中の名詞を先行詞とした関係文が続いています。上の文と同じように、「zu 不定詞句」は副文の終わりまで続くことになり、「ist」が主文の動詞になります。

　Meine Pflicht ist, neue Bücher, die mir zugestellt werden, zu besprechen.　私の義務は、自分に送られてくる新刊書を論評することだ。
　→ 2つ上の文とまったく同じですが、「zu 不定詞句」の中の副文の位置が違っています。「neue Bücher ... zu besprechen」の途中に副文が挟まれ、副文が終わったあとに「zu 不定詞句」の続きがあります。

（3）「zu 不定詞句」の中に「zu 不定詞句」が入る場合
　Ich freue mich, Gelegenheit zu haben, Deutsch zu sprechen.
私はドイツ語を話す機会があることがうれしい。
　→ 1つ目の「zu 不定詞句」が主文「ich freue mich」の内容を表し、その「zu 不定詞句」の中の「Gelegenheit」という名詞の内容を、2つ目の「zu 不定詞句」で述べています。一見すると2つの「zu 不定詞句」が並列しているようですが、階層が違いますので注意してください。

(5) コンマをつけない表現　　CD Track 25

> 思い出しておこう!
>
> 「zu 不定詞句」の前後はコンマで区切られるのが基本ですが、**コンマをつけない表現**もあります。
> ① 「zu 不定詞」が単独で使われるとき
> ② 「zu 不定詞句」が主語で文頭にあるとき
> ③ 特定の動詞と結びつくとき
> 　　Er scheint erfreut **zu** sein.＊　彼は喜んでいるようだ。
> ＊）下の【基本パターン③】を参照してください。

➕ 基本パターン❶：「zu 不定詞」が単独のとき

Er versuchte **zu** lachen.　彼は笑おうとした。

「zu 不定詞」に何も加えず、**単独で使用**する場合、前後にコンマはいりません。コンマが必要なのは、目的語や副詞などを添えて「zu 不定詞句」に拡大する場合です。

　× Er versuchte, **zu** lachen.
　○ Er versuchte, laut **zu** lachen.　彼は大声で笑おうとした。

➕ 基本パターン❷：主語で文頭にあるとき

Vor vielen Leuten **zu** sprechen(,) ist schwer.
大勢の前で話すことは難しい。

「zu 不定詞句」が**主語で文頭**にある場合は、コンマはなくても構いません（つけることも許容されているようです）。

➕ 基本パターン❸：特定の動詞と結びつくとき

Er scheint erfreut **zu** sein.　彼は喜んでいるようだ。

「**scheinen**」（〜のように見える）という動詞は英語の「*seem*」と同じ

で、「zu 不定詞」といっしょに使われます。このとき、コンマをつける必要はありません。

　　× Er scheint, erfreut **zu** sein.

➕ 基本パターン❹：brauchen と結びつくとき

Du brauchst morgen nicht **zu** kommen.
明日は来なくていいよ。

　「**brauchen**」（必要とする）は「zu 不定詞」と結びつく代表的な**動詞**ですが、英語の「*need*」とよく似ていて、「zu 不定詞」の「**zu**」が省略されることもあります。つまり、**助動詞**のような使いかたもできる、というわけですね。

　　× Du brauchst, morgen nicht **zu** kommen.　［コンマは不要］
　　○ Du brauchst morgen nicht kommen.　［zu の省略］
　　（＝ Du musst morgen nicht kommen.　［話法の助動詞］）

応用パターン❶：「sein ＋ zu 不定詞」（～されうる）

Die Temperatur **ist** folgendermaßen **zu** regulieren.
温度は次のように調節できます。

　「zu 不定詞」に「**sein**」を組み合わせると一種の**受動表現**となり、動作を行う**主体を隠す**ことができます（→ p.80を参照）。この文でも、「zu 不定詞」の内容を実行する人（＝「regulieren」する人）は表に出てきていませんね。主語は「die Temperatur」で、これは内容上、「zu 不定詞」の目的語になっています。つまり、「温度**を**調節する」＝「温度**が**調節**される**」という関係です。これに「**可能**」の意味合いが加わって、「sein ＋ zu 不定詞」は「**～されうる**」と訳すことになります。

＊通常の受動態では、次のように書きかえることができます。
　　Die Temperatur **kann** folgendermaßen reguliert **werden**.

> 応用パターン❷：「sein + zu 不定詞」（〜されなければならない）

Die Temperatur **ist** auf 20 °C **zu** halten.
温度は20℃に保たなければならない。
（「20℃」は、ドイツ語では「*zwanzig Grad Celsius*」と読みます）

　「sein + zu 不定詞」には、**「〜されなければならない」**という**「義務」**の意味もあります。やはり**受動表現**であり、主体が隠されていることは【応用パターン①】と同じです（個々の文でどちらの意味があてはまるかは、文脈で判断します）。

＊通常の受動態で書きかえると、次のようになります。
　　Die Temperatur **muss** auf 20 °C gehalten **werden**.
＊【応用パターン①】の例文を、「温度は次のように調節しなければなりません」と解釈することもできます。

> 応用パターン❸：「haben + zu 不定詞」（〜しなければならない）

Wir **haben** die Temperatur auf 20 °C **zu** halten.
私たちは温度を20℃に保たなければならない。

　「**haben + zu 不定詞**」は、「sein + zu 不定詞」と対をなす表現です。「sein + zu 不定詞」が受動表現だったのに対して、こちらは**能動的**になります。つまり、**「zu 不定詞」を実行する人**（=「halten」する人）**が文の主語**になるのです。そしてやはり、**「義務」**か**「可能」**の意味が加わります。

＊話法の助動詞で書きかえると、受動態にならないため、【応用パターン①②】との違いが明確になりますね。
　　Wir **müssen** die Temperatur auf 20 °C halten.
＊「義務」の意味では、ちょうど英語の「*have to*」に相当します。
　　We **have to** hold the temperature at 20 °C.

応用パターン❹:「haben + zu 不定詞」(〜するべき…がある)

Wir **haben** etwas mit dir **zu** sprechen.
私たちには君と話さなければならないことがある。

　ドイツ語では、「zu 不定詞句」内の名詞にかけて訳さないことが大原則 (→ p.96) でしたが、1つだけ例外があります。「**haben + zu 不定詞**」で特定の文脈を持つ場合にのみ、「zu 不定詞」を**直前の名詞にかけて**、「〜すべき…がある」と訳すことができるのです (この文の場合、「zu sprechen」は不定代名詞**「etwas」**にかかっています)。

＊【応用パターン③】のように解釈することもできます。
　→「私たちは君と、あることを話さなければならない」

「zu 不定詞句」にコンマをつけない表現には、次のようなものがあります。
　　brauchen + zu 不定詞　〜を必要とする【=基本パターン④】
　　pflegen + zu 不定詞　〜をする習慣である
　　scheinen + zu 不定詞　〜のように思われる【=基本パターン③】
　　wissen + zu 不定詞　〜するすべを知っている

練習「zu 不定詞」を使って書きかえてみましょう。〔→解答は p.357〕

(13) Er steht normalerweise um 7 Uhr auf.　彼はふつう7時に起きる。
　→ Er pflegt [　　　　　　　　　　　　　　　　].
(14) Wir können ein Haus vermieten.　私たちは家を貸すことができます。
　→ ① Wir haben [　　　　　　　　　　　　　　　].
　　② Ein Haus ist [　　　　　　　　　　　　　　].
(15) Ich muss sofort ausgehen.　私はすぐに出かけなければいけません。
　→ Ich habe [　　　　　　　　　　　　　　　　].

③ 副文で書きかえる

「zu 不定詞句」は、副文に準じた使いかたをするのでしたね（→ p.86）。どちらも独立した文ではなく、前後にコンマがあり、動詞が最後に置かれ、名詞や形容詞や副詞の働きをするところがよく似ています。

　ここでは逆に、**副文との違い**を考えてみましょう。「zu 不定詞句」が副文と違う点は、

　① **主語がない**
　② **動詞が活用していない**（＝定形になっていない）

ということにあります。「不定形」（＝主語を定めない形）を使うのですから、考えてみれば当然ですね。

つまり、「zu 不定詞句」を副文に書きかえるには、

　① **主語を補う**
　② **動詞を活用させる**

の2点を行えばよいことになります。そしてもう1つ、副文の形に整えるために、

　③ **従属接続詞**を選ぶ

ことが必要になります。

（1）「主文の主語」＝「副文の主語」の場合

「zu 不定詞句」の多くは、**主文の主語**を意味上の主語としています。そのため、副文に書きかえるときも、主文の主語を副文の主語とすることができます。

（a）名詞的用法

　Ich versuche, möglichst viele Mitarbeiter anzusprechen.
　私はできるだけ多くの従業員に話しかけることを試みる。
　→ Ich versuche, dass **ich** möglichst viele Mitarbeiter **anspreche**.

Ich bin stolz darauf, Deutsch gesprochen zu haben.
私はドイツ語を話したことを誇らしく思う。
→ Ich bin stolz darauf, dass ich Deutsch **gesprochen habe**.

Ich hoffe, von meinem Chef angesprochen zu werden.
私は上司に話しかけられることを期待している。
→ Ich hoffe, dass ich von meinem Chef **angesprochen werde**.

(b) 形容詞的用法

Hast du **Gelegenheit**, Deutsch zu sprechen?
君はドイツ語を話す機会がありますか？
→ Hast du Gelegenheit, dass du Deutsch **sprichst**?

Der Versuch, möglichst viele Mitarbeiter anzusprechen, ist gescheitert.
できるだけ多くの従業員に話しかけるという試みは、失敗した。
→ Der Versuch, dass ich möglichst viele Mitarbeiter **anspreche**, ist gescheitert.

Wir denken an die Möglichkeit, hier Deutsch zu lernen.
私たちは、ここでドイツ語を学ぶ可能性を考えている。
→ Wir denken an die Möglichkeit, dass wir hier Deutsch **lernen**.

(c) 副詞的用法

Ich koche selber, um Geld zu sparen.
私はお金を節約するために自炊している。
→ Ich koche selber, damit ich Geld **spare**.

Ich koche selber, ohne in einem Kochbuch nachzuschlagen.
私は料理の本で調べずに自炊している。
→ Ich koche selber, ohne dass ich in einem Kochbuch **nachschlage**.

(2)「主文の目的語」=「副文の主語」の場合

　例外的に、**主文の目的語**が「zu 不定詞句」の意味上の主語となることがあります。

　　Ich bitte Sie, sofort hierher **zu** kommen.　すぐにこちらへ来てください。
　→　Ich bitte Sie, dass Sie sofort hierher **kommen**.

　　Ich schlage Ihnen vor, mit uns **zu** reisen.
　　私たちといっしょに旅をすることをあなたに提案します。
　→　Ich schlage Ihnen vor, dass Sie mit uns **reisen**.

　　＊主文の目的語が**3格**のことも、**4格**のこともあります。

―応用編―

4. 接続法

（1） 形と意味　　　　　　　　　CD Track 26

> 思い出しておこう！
>
> 　接続法は事実を述べるのではなく、**頭の中の世界**を表す言いかたです。第1式と第2式があり、それぞれ動詞の不定形と過去形から作られるのでしたね（さらに、過去形と同じ人称語尾がつきます）。2つの形をしっかり区別しておきましょう。
> - 接続法**第1式**…**不定形**から「-n」を外す
> - 接続法**第2式**…**過去形**にウムラウトをつけ、「-e」を添える
> 　（規則動詞の場合は、過去形をそのまま使う）

基本パターン❶：接続法第1式で「要求話法」

Man **beachte** den Hinweis auf der Rückseite.
裏面にある指示に注意のこと。

　「**beachte**」は不定形「beachten」から最後の「-n」を外しただけの形なので、**接続法第1式**ですね（3人称単数では人称語尾がつきません）。ここでは「**要求話法**」になっています。**命令**のようなものです。直説法の現在形に直すと、事実を述べる言いかたになります。

Man beachtet den Hinweis auf der Rückseite.
人々は裏面にある指示に注意を払う。

基本パターン❷：接続法第1式で「間接話法」

Er sagt, er **sei** der reichste Mann der Stadt.
彼は自分が町でいちばんの金持ちだと言っている。

　「**sei**」もまた、不定形「sein」から最後の「-n」を外しただけなので、

111

接続法第1式ですね。ここでは**「間接話法」**です。直説法に直しても意味は変わりませんが、「sei」を使うと**伝聞**であることが明確になります。

　Er sagt, er ist der reichste Mann der Stadt.
　彼は自分が町でいちばんの金持ちだと言っている。

➕ 基本パターン❸：接続法第2式で「非現実話法」

Wenn ich mehr Geld **hätte**, **machte** ich eine Reise.
もし私にお金がもっとあったら、旅行をするのに。

　「**hätte**」は「haben」の過去形「hatte」にウムラウトをつけた形なので、**接続法第2式**ですね。「**machte**」は過去形と同形ですが、文脈上、これも接続法第2式であると判断できます（「machen」は規則動詞です）。そして2つとも、ここでは英語の**仮定法**にあたる、**「非現実話法」**になっています。直説法にするとやはり、事実を述べる（＝現実性が高い）言いかたになります。

　Wenn ich mehr Geld habe, mache ich eine Reise.
　私にお金がもっとあるときに、旅行をする。

➕ 基本パターン❹：接続法第2式で「婉曲話法」

Ich denke, er **wäre** der richtige Mann.
私は彼がふさわしい人ではないかと思う。

　「wäre」は「sein」の過去形「war」にウムラウトをつけた形なので、**接続法第2式**ですね（さらに、「-e」も添えてあります）。ここでは**「婉曲話法」**になっていて、**断定を避けた**やわらかい言いかたになっています。直説法では、ストレートに述べることになります。

　Ich denke, er ist der richtige Mann.
　私は彼が私にふさわしい人だと思う。

応用パターン❶：「würde ＋ 不定形」で代用できる

Wenn ich mehr Geld <u>hätte</u>, **würde** ich eine Reise **machen**.
もし私にお金がもっとあったら、旅行をするのに。

　接続法第2式は、**助動詞「würde」**を使って簡単に表現することもできます。「動詞の接続法第2式」＝「würde ＋動詞の不定形」、というわけです。例文は、【基本パターン③】とまったく同じ意味になります。

* 「würde」は助動詞「**werden**」の接続法第2式です。過去形「wurde」にウムラウトがついた形になっていますね。
* 「werden の接続法＋不定形」となるので、**未来形の接続法**としても使うことができます（→ p.133を参照）。

応用パターン❷：接続法第1式の完了形

Er sagt, er **sei** der reichste Mann der Stadt **gewesen**.
彼は自分が町でいちばんの金持ちだったと言っている。

　接続法に時制はないので、接続法で**過去**のことを言うには接続法の**完了形**を使います。「haben / sein ＋過去分詞」のうち、**「haben / sein」の部分が接続法**になるのです。例文では「sei ... gewesen」となっており、たしかに「sein の接続法第1式＋過去分詞」であることがわかりますね。

応用パターン❸：接続法第2式の完了形

Wenn ich mehr Geld **gehabt hätte**, **hätte** ich eine Reise **gemacht**.
もし私にお金がもっとあったら、旅行をしたのに。

　接続法第2式でも、**過去**のことは**完了形**で表します。「haben / sein ＋過去分詞」を接続法第2式にするのですから、**「hätte / wäre ＋過去分詞」**となりますね。

ワンポイントレッスン ①

　事実を述べる直説法に対して、接続法では頭の中の世界を表現することができます。ここでまとめておきましょう。
　（1）要求話法…命令・願望・取り決めなどを表す
　（2）間接話法…人の話を伝聞の形で伝える
　（3）非現実話法…現実とは違うことを想定する
　（4）婉曲話法…ストレートな言いかたをやわらげる

ワンポイントレッスン ②

　「接続法」は、文法用語でいう「法」の1種であり、**時制の1種ではありません**。ややこしいとは思いますが、階層が違うものとして理解してください。ドイツ語には次の3つの「法」があります。
　（1）直説法…事実を述べるためのもの。現在形などの時制を持つ。
　（2）接続法…頭の中の世界を伝えるためのもの。時制を持たない。
　（3）命令法…いわゆる「命令形」のこと。時制を持たない。

練習　下線の動詞を接続法にしてみましょう。　〔→解答は p.357〕

（1）suchen　さがす［規則動詞］
　① 接続法第1式　　［　　　　　　　　　］
　② 接続法第2式　　［　　　　　　　　　］

（2）schreiben　書く［過去形は schrieb］
　① 接続法第1式　　［　　　　　　　　　］
　② 接続法第2式　　［　　　　　　　　　］

（3）kommen　来る［過去形は kam］
　① 接続法第1式　　［　　　　　　　　　］
　② 接続法第2式　　［　　　　　　　　　］

（4）mögen　〜が好きだ［過去形は mochte］
　① 接続法第1式　　［　　　　　　　　　］
　② 接続法第2式　　［　　　　　　　　　］

〔中級へのカギ〕接続法とつきあうコツ

　接続法は文法の最後に習うことが多いので、頭に残りにくく、何となく苦手のまま引きずってしまう人がたくさんいるようですが、文法事項として、特に難しいわけではありません。得意になるコツをお教えしましょう。

(1) 暗記は不要です
　「時制やら受動態やら覚えたうえに、接続法まで覚えなくてはいけないの？」とパニックになる必要はありません。接続法は第1式も第2式も作りかたがきちんと決まっていて、簡単に自分で作れるからです。あの不規則な「sein」動詞でさえ、接続法第1式は「sei」、第2式は「wäre」と規則的に作ることができるのです。少しほっとしませんか？

　　＊作りかたをもう一度確認しておきましょう。
　　・接続法第1式…不定形から「-n」を外す
　　・接続法第2式…過去形にウムラウトをつけ、「-e」を添える
　　　　（規則動詞の場合は、過去形をそのまま使う）
　　→　いずれも、過去形と同じ人称語尾がつきます。

　　＊余裕がある人は、次の3つの重要動詞だけ覚えておきましょう。あとが楽になります！
　　・sein　→　sei / wäre
　　・haben　→　habe / hätte
　　・werden　→　werde / würde

(2)「接続法だ！」と気付きましょう
　実際の会話や文章などで、「これから接続法が出てきますよ」というサインがあるわけではありません。かなりさりげなく出てくるため、学習者に気付かれないことも多くあります。これでは、せっかく接続法で表現している意図がだいなしです。気付かなくては、始まりません。

気付くコツとしては、ふだんから**時制を意識する**ことが必要です。ある動詞が「現在形でも過去形でもない！」とわかれば、「接続法かな？」と気付くことができます。つねにアンテナを張っておいてください！

＊ドイツ語の時制は、**現在形と過去形が基本**です（現在完了形も、「haben / sein」の部分が現在形になっていますね）。この2つさえ覚えていれば、**「それ以外は接続法」**と判断することができます。

- Er **ist** reich.　彼は金持ちだ。［現在形］
- Er **war** reich.　彼は金持ちだった。［過去形］
- Er **ist** reich gewesen.　彼は金持ちだった。［現在完了形…「ist」の部分は現在形］
- Er **war** reich gewesen.　彼は金持ちだった。［過去完了形…「war」の部分は過去形］

- Er **sei** reich.　彼は金持ちだそうだ。［接続法第1式］
- Er **sei** reich gewesen.　彼は金持ちだったそうだ。［接続法第1式の完了形］
- Er **wäre** reich.　彼は金持ちかもしれない。［接続法第2式］
- Er **wäre** reich gewesen.　彼は金持ちだったかもしれない。［接続法第2式の完了形］

＊「接続法だ！」とわかったら、第1式と第2式のどちらなのかを調べます。これは難しくありませんね。**不定形に近ければ第1式、過去形に近ければ第2式**になります。
- **sei**　→　不定形「sein」に近いので、接続法第1式
- **wäre**　→　過去形「war」に近いので、接続法第2式

(3) 用法を考える

　接続法であることがわかったら、最後に用法を考えます。まずは基本を押さえ、出会った表現がどれにあたるのかを把握してみましょう。さまざまな表現を一度に覚えるのは難しくても、徐々に加えていくことはできると思います。そして、「頭の中の世界」を楽しんでみてください！

＊接続法の用法を大きく分類すると、次のようになります。
・接続法第１式　→　要求話法、間接話法
・接続法第２式　→　非現実話法、婉曲話法、[間接話法]
　（→ 詳しくは、次の課以降を参照してください）

（2）要求話法（接続法第1式）

Track 27

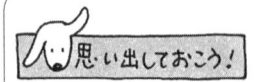

> 🐕 思い出しておこう！
>
> 　接続法第1式を使い、**命令・願望・取り決め**などを表すことができます。いずれも、話し手の頭の中にある世界ですね。「主語に対する命令」と考えることもできます。
> 　Man **beachte** den Hinweis auf der Rückseite.＊　裏面にある指示に注意のこと。
> 　＊）すぐ下の【基本パターン①】を参照してください。

➕ 基本パターン❶：主語に対する命令

Man **beachte** den Hinweis auf der Rückseite.
裏面にある指示に注意のこと。

　前項に出てきた例文を、もう一度考えてみましょう。主語は「man」です。これは不定代名詞で、「一般の人々」を指すのでしたね（→ p.78 を参照）。ここでは、「この文を読んでいるあなた」ということになります。そしてその「あなた」に対して、「beachten」することを**指図**しているのです。「あなたは注意するように」ということですね。

➕ 基本パターン❷：願望を表す

Gott **möge** dich beschützen.　神があなたを守ってくれますように。
　助動詞**「mögen」**の接続法第1式は、**願望**を表すのによく使われます。ちょうど英語の「*may*」にあたる言葉ですね。そしてやはり同じように、「mögen」を文頭に置くこともできます。

　Möge Gott dich beschützen.
　May *God protect you.*

＊ドイツ語では「mögen」がなくても、願望は表現できます。
Gott **beschütze** dich.　神があなたを守ってくれますように。
→「beschütze」が接続法第1式になっていますね。

基本パターン❸：取り決めを表す

Das **bleibe** unter uns.　それは私たちだけの秘密としよう。

要求話法では、**取り決め**を表すこともできます。これもやはり、発言者の頭の中にある世界ですね。「A は B であるとする」と勝手に決める言いかたです。命令や願望と同じように、**「主語が述語の内容になる」**ことを望んでいるのです。

応用パターン❶：「Sie」に対する命令形

Seien Sie bitte nicht böse!　どうか気を悪くなさらないでください。

ドイツ語の**命令形**は、命令する相手によって3種類を使い分けていましたね。そのうち、「du」と「ihr」に対する命令形は、「命令法」（→ p.114 を参照）とよばれる本来の命令形なのですが、**「Sie」に対する命令形**は、実はこの**「要求話法」**の転用なのです。

その証拠が、「Seien Sie ... !」という形に残っています。「sein」動詞の命令形だけ、現在形と同じ形を使わずに「sei<u>en</u>」とするのは、**接続法第1式**を使っていたのですね。

Kommen Sie zu uns!　私たちのところへ来てください。
　　［=「Sie kommen」という現在形と同じ形］
Seien Sie bitte nicht böse!
　　［=「Sie sind」という現在形と違う形］

応用パターン❷：「wir」に対する命令形

Gehen wir nach draußen!　外へ行きましょう。

ドイツ語ではさらに、**「wir」に対する命令形**にも「要求話法」を使います。英語の「*Let's 〜*」にあたる表現ですね。要求話法なので、「sein」

応用編 4・接続法

119

動詞を使うときには「sei̱en」というように**接続法第1式**になります。
　Seien wir gut zu ihm!　彼に親切にしよう。

応用パターン❸：受動態で

An dieser Stelle **sei** darauf **hingewiesen**, dass ...
ここで…ということを指摘しておこうと思う。

　論文などでよく見かける表現です。「sein＋過去分詞」で**受動態**という形をとっていますが（＝状態受動）、「sein」の部分が**接続法第1式**になっています。つまり、**要求話法**になっているわけで、ここには**書き手の意志**が表れています。「～されるべきだ」と言っているのです。

---

①

　　要求話法と**命令形**は意味ばかりか、形も互いによく似ています。【基本パターン①】を命令形で書きかえると、
　　　Beachte den Hinweis auf der Rückseite!
　　　裏面にある指示に注意しなさい。
となります。「du」に対する命令形は**動詞の語幹**（＋「-e」）を使い、要求話法は不定形から「-n」を外すのですから、結局同じになるのですね。

　　＊不規則動詞の一部は違う形になります。
　　　Spri̱ch leise!　静かに話しなさい。[＝命令形]
　　　Man spre̱che leise.　静かに話すこと。[＝要求話法]

> **ワンポイントレッスン ②**
>
> 要求話法でよく使われる言い回しを覚えておきましょう。いずれも「sein」動詞が **「sei」** という接続法第1式になっています。
>
> （1）*Gott **sei** Dank!* やれやれ、ありがたい。
> → 「Gott」が3格、「Dank」が1格で、直訳すると「神に感謝**あれ**」という意味になります。たしかに「要求」していますね。
>
> （2）***sei** es ..., **sei** es ...* …であれ、〜であれ
> → 副詞句として補足的に挿入されます。「〜で**あれ**」の部分が日本語でも要求話法になっていて、興味深いですね。
>
> （3）*wie dem auch **sei*** 事情がどうであれ
> → 「wie」で始まる副文です。これも日本語が「〜で**あれ**」となっていますね。
>
> （4）*es **sei** denn* 〜は別として
> → このあとには主文か、「dass」で始まる副文が続きます。訳文と結びつかないと思いますが、このまま覚えてしまいましょう。

練習 要求話法に書きかえ、意味も考えてみましょう。〔→解答は p.357〕

（5）Jeder sagt seinen Namen laut. だれもが自分の名前を大声で言う。
 → Jeder [   ].

（6）Der Junge gewinnt den ersten Preis. その少年が1等賞を取る。
 ［助動詞 mögen を使って］
 → Der Junge [   ].

(3) 間接話法（接続法第1式・第2式）

Track 28

思い出しておこう！

間接話法では、おもに**接続法第1式**を使うのでしたね。接続法は時制ではないので、英語のような「*時制の一致*」はいらない、という便利な決まりがありました。**過去**を表すには、接続法の**完了形**が使われます。

Er sagt: „Ich bin der reichste Mann der Stadt."
彼は「私が町でいちばんの金持ちだ」と言っている。[＝直接話法]

→ Er sagt, er **sei** der reichste Mann der Stadt.*
彼は自分が町でいちばんの金持ちだと言っている。[＝間接話法]

＊）すぐ下の【基本パターン①】を参照してください。

基本パターン❶：基本形

Er sagt, er **sei** der reichste Mann der Stadt.
彼は自分が町でいちばんの金持ちだと言っている。

　まずは、基本を押さえましょう。だれかが発言した内容をそのまま伝えることを**「直接話法」**、自分の頭の中にあるものとして**伝聞**の形で伝えることを**「間接話法」**といいます。直接話法から間接話法に変えるとき、次の3点に注意しなくてはいけません。

① 主語や目的語など、**人間関係**を示す語
② **時**を示す副詞
③ **動詞の形**

→ いずれも、英語の要領と変わりがありませんね。

　この例文では、発言内容の主語が「ich」から「er」に、動詞の形が「bin」（直説法の現在形）から**「sei」**（接続法第1式）に変えられています。

➕ 基本パターン❷：副文にする

Er sagt, dass er der reichste Mann der Stadt sei.
彼は自分が町でいちばんの金持ちだと言っている。

　英語の間接話法のように、「*that*節」＝「**dass で始まる副文**」にすることもできます。この場合、副文になるのですから、接続法になった動詞「**sei**」は**文末**に置かれます。副文にしても、文の意味は変わりません。

➕ 基本パターン❸：時制の一致は不要

Er sagte, er sei der reichste Mann der Stadt.
彼は自分が町でいちばんの金持ちだと言った。

　次は、**主文の動詞が過去**になる場合です。このようなとき、英語では間接話法の動詞が「*時制の一致*」を起こし、*過去形*になるのでしたね。ドイツ語では、「接続法第1式」という特別な形で「間接話法」であることを示しているので、わざわざ**過去形にする必要はありません**。「sei」という間接話法の形は、主文の動詞が現在形の場合と同じになります。

　　Er sagte: „Ich **bin** der reichste Mann der Stadt."
　→　Er sagte, er **sei** der reichste Mann der Stadt.

➕ 基本パターン❹：時間軸がずれると完了形

Er sagt, er sei der reichste Mann der Stadt gewesen.
彼は自分が町でいちばんの金持ちだったと言っている。

　それでは、**接続法の完了形**はどのようなときに使うのかというと、**主文の動詞よりも過去**のことを発言しているときになります。つまり、発言時点に比べて、**発言内容が過去**にずれている場合です。

　　Er sagt: „Ich **war** der reichste Mann der Stadt."
　→　Er sagt, er **sei** der reichste Mann der Stadt **gewesen**.
　　Er sagte: „Ich **war** der reichste Mann der Stadt."
　→　Er sagte, er **sei** der reichste Mann der Stadt **gewesen**.

応用パターン❶：質問の場合

Ich habe ihn gefragt, **warum** er so reich sei.
私は彼に、なぜそんなに金持ちなのかと尋ねた。

　質問を間接話法で伝える場合、**間接疑問文**になります（→ p.38以降を参照）。つまり、疑問詞か「ob」で始まり、副文になる、というわけですね。そしてもちろん、間接疑問文の動詞が**接続法第1式**になります。

　Ich habe ihn gefragt: „Warum sind Sie so reich?"
　→ Ich habe ihn gefragt, **warum** er so reich sei.
　Ich habe ihn gefragt: „Sind Sie der reichste Mann der Stadt?"
　→ Ich habe ihn gefragt, **ob** er der reichste Mann der Stadt sei.

応用パターン❷：命令の場合

Er sagte, ich **solle** ihn in Ruhe lassen.
彼は、放っておいてくれと言った。

　発言内容が**命令**の場合も、少し工夫が必要です。主語がない場合は**主語を補い**、命令形の動詞はそのまま接続法にせず、助動詞**「sollen」**（〜すべきだ）**の接続法第1式**を使います。

　Er sagte: „**Lass** mich in Ruhe!"
　→ Er sagte, ich **solle** ihn in Ruhe **lassen**.

応用パターン❸：名詞にかける場合

Die **Frage**, warum er so reich sei, war unnütz.
彼がなぜそんなに金持ちなのかという質問は、役に立たなかった。

　間接話法は、**名詞を説明する内容**となる場合もあります。例文では「warum ... sei」の部分が間接話法で、それが直前の名詞「die Frage」（質問）にかかり、その内容を示しています。

応用パターン❹：自分の意見ではない場合

Die Annahme, er **sei** der reichste Mann der Stadt, ist falsch.
彼が町でいちばんの金持ちだという想定は、間違っている。

間接話法は「伝聞」を表すと同時に、「だれかほかの人が言ったことだ」＝**「自分の意見ではない」**ということも暗に含みます。そのため、論文などで間接話法が出てきたら、「著者が自分の意見ではないものとして紹介している」と解釈する必要があります。

　例文では「er sei ... Stadt」の部分が間接話法で、直前の名詞「die Annahme」（想定）にかかってその内容を示していますが、あくまで**「他人の意見」**なので、間接話法を使っているのです（自分の意見を言うとしたら、事実を述べるための直接話法になるはずです）。

応用パターン❺：間接話法の独立用法

Er sagte, er **sei** beleidigt. Die anderen **seien** nicht anständig.
　彼は気を悪くしていると言った。ほかの人が礼儀を知らないのだそうだ。

　次は、ドイツ語ならではの用法です。ドイツ語では「接続法」という形がきちんと区別されているため、「〜と言った」という主文の動詞がなくても、**接続法だけを独立して**使えます。

　例文を見てください。「Die anderen ...」から始まる文は、一見するとふつうの文ですね。ところが、動詞が「seien」と**接続法**になっています。つまり、だれかが言ったことの**引用**である、ということです。ここを直説法にしてしまうと、事実を述べた文（もしくは書き手の意見）になってしまいます。ぜひ、一見ふつうの文でも、「接続法だ！」と気付いてくださいね。

　Er sagte, er sei beleidigt. Die anderen **sind** nicht anständig.
　彼は気を悪くしていると言った。ほかの人が礼儀を知らないのだ。
　［＝第2文が直説法の現在形］

応用パターン❻：接続法第2式を使うとき

Er meint, seine Eltern **hätten** ihm ein Vermögen hinterlassen.
　彼は、両親が彼に財産を残してくれたと言っている。

　最後に、間接話法に**接続法第2式**を使うときを見ていきましょう。原

125

則は、簡単です。接続法第1式を使って、接続法だとわかりにくい場合に、接続法第2式を使うのです。

例文では、接続法第1式を使うと、

　　Er meint, seine Eltern **haben** ihm ein Vermögen hinterlassen.

となり、**現在形との区別**がつきませんね。このようなときに、接続法第2式の**形だけ借りて**きて、「接続法」＝「間接話法」であることを示すのです（このとき、接続法第2式になっているからといって、「非現実話法」や「婉曲話法」の意味はありません）。

> **ワンポイントレッスン**
>
> **接続法第1式と直説法現在形**は、どのくらい似ているのでしょうか？わかりやすくするために、規則動詞の「machen」（〜をする）で比べてみましょう。
>
> ［接続法第1式］　　　　　　　　［直説法現在形］
> ich mache　　wir machen　　ich mache　　wir machen
> du machest　 ihr machet　　 du machst　　 ihr macht
> er mache　　 sie machen　　 er macht　　　sie machen
> （＝不定形から「-n」を外した形　（＝不定形から「-en」を外した語
> 　に、過去形の人称語尾を加える）　幹に、人称語尾を加える）
>
> → 網かけをした部分（「ich」「wir」「sie」の活用形）が共通ですね。「接続法だ！」とわかるのは、「du」「er」「ihr」の3ヵ所になります。そして、その中でも違いがはっきりしているのは「er」の活用形、つまり**3人称単数**ですね。接続法第1式は、3人称単数で使うときに、もっとも力を発揮するのです。

練習 間接話法に書きかえてみましょう。　〔→解答は p.358〕

(7) Sie sagte: „Ich komme nicht mit."　彼女は「私はいっしょに行きません」と言った。
   → Sie sagte, [　　　　　　　　　　　　　　　　　　　　　　　].
(8) Der Junge schrie: „Ich wusste es!"　その少年は「そうだと思ったよ！」と叫んだ。
   → Der Junge schrie, [　　　　　　　　　　　　　　　　　　　].
(9) Der Philosoph schreibt: „Ich habe die Wahrheit entdeckt."　その哲学者は「私は真実を発見した」と書いている。
   → Der Philosoph schreibt, [　　　　　　　　　　　　　　　　].
(10) Der Professor fragte mich: „Hatten Sie nicht vorher in Hamburg studiert?"　その教授は私に「それより前にハンブルクの大学にいませんでしたか？」と尋ねた。
   → Der Professor fragte mich,
      [　　　　　　　　　　　　　　　　　　　　　　　　　　　　].

(4) 非現実話法（接続法第2式）　Track 29

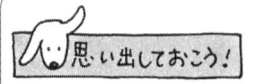

> 🐕 思い出しておこう！
>
> 　英語の仮定法にあたる「非現実話法」には、**接続法第2式**を使います。**現実に反した**架空の話をするのですから、まさに頭の中の世界ですね。英語では*過去形*（または*過去完了形*）を使い、ドイツ語では**過去形から作った接続法第2式**になります。感覚的にも近いですね。
> 　Wenn ich mehr Geld **hätte**, **machte** ich eine Reise.
> 　もし私にお金がもっとあったら、旅行をするのに。
> ＊）すぐ下の【基本パターン①】を参照してください。

➕ 基本パターン❶：「現在」に反する仮定

Wenn ich mehr Geld **hätte**, **machte** ich eine Reise.
もし私にお金がもっとあったら、旅行をするのに。

　英語の「*if*」が「**wenn**」にあたり、**条件を述べる**部分が**副文**になります。「**hätte**」が「haben」の接続法第2式ですね。つまり、現実には「お金がこれ以上ない」ことを示しています。**帰結部**でもやはり、動詞が「**machte**」と接続法第2式になっており（規則動詞のため過去形と同形）、「お金がないからできないけれど」という**非現実性**を表しています。

➕ 基本パターン❷：「würde＋不定形」で代用

Wenn ich mehr Geld hätte, **würde** ich eine Reise **machen**.
もし私にお金がもっとあったら、旅行をするのに。

　接続法第2式は、「**würde＋不定形**」で代用することもできましたね（→ p.113を参照）。この「würde」は英語の「*would*」にあたるもので、やはり英語と感覚的に近いことがわかります。
　*If I **had** more money, I **would make** a journey.*

＊「haben」や「sein」など、「würde ＋不定形」で代用される頻度が少ないものもあります。

➕ 基本パターン❸：「過去」に反する仮定

Wenn ich mehr Geld **gehabt hätte**, **hätte** ich eine Reise **gemacht**.
もし私にお金がもっとあったら、旅行をしたのに。

　「過去」の現実に反したことを仮定するには、接続法の**完了形**を使います。**「hätte / wäre ＋過去分詞」**となるのでしたね（→ p.113を参照）。こうなると、**過去のある時点**に視点が移り、あのとき「お金がこれ以上なかった」ので「旅行ができなかった」けれど（＝過去の現実）、「もしあったならば、旅行をしたのになあ」という、**実現しなかった事柄**を表すことができます。

➕ 基本パターン❹：「過去および現在」に反する仮定

Wenn ich den Preis **gewonnen hätte**, **hätte** ich nun mehr Geld.
賞を取っていたら、今もっとお金があるのに。

　「過去」に反する仮定は、「現在」にも影響を及ぼすことがあります。例文では、「wenn」で始まる部分が完了形になって、「過去」に反する仮定を述べていますが、帰結部は完了形ではなく、「hätte」という通常の接続法になっています。「現在」に反する事柄を表しているからですね。このように、**「仮定」と「帰結」の部分で時制がずれる**こともあるのです。

🍄 応用パターン❶：「wenn」を使わない仮定

An deiner Stelle **würde** ich es ihm nicht sagen.
私があなたの立場だったら、そのことを彼には言いません。

　さて、非現実話法が本当に難しくなるのは、文中に「wenn」が使われていない場合です。例文では「wenn」を使う代わりに、**「an deiner**

129

Stelle」という副詞句で、**仮定の条件**を述べています。そのまま訳せば「あなたの立場では」となりますが、仮定の文では**「私があなただったら」**という意味合いを含みます。これはもちろん、実際にはありえない、非現実的な仮定ですね。

さらに進んで、次のような文もあります。この場合は「ich」を強く読み、「私だったら」という意味合いを持たせます。
　Ich **würde** es ihm nicht sagen.　私だったら、そのことを彼には言いません。

応用パターン❷：帰結部の省略
Wenn ich es ihm nur sagen **könnte**!
彼にそのことを言うことができさえすればなあ。

　次は「wenn」部分のみを使い、**帰結部を省略**するパターンです。こちらは「wenn」が残っているので、まだわかりやすいかもしれませんね。英語の「*if only*」にあたる表現で、やはり**「nur」**（= *only*）がよく使われます。

応用パターン❸：「als ob」（あたかも〜のように）
Er spricht, *als ob* er alles **wüsste**.
彼はすべてを知っているかのように話す。

　「als ob」は英語の「*as if*」にあたり、非現実的な内容を述べるのに非常に便利な表現です。英語では仮定法、ドイツ語では**接続法第2式**が使われるのが基本ですが、接続法第1式の場合もあります（意味に変わりはありません）。

　Er spricht, *als ob* er alles **wisse**.（＝接続法第1式）

＊**「ob」を省略**することもできます。その場合は**副文にならず**、「als」の直後に動詞が続きます（文の意味は上と同じです）。
　Er spricht, *als* **wüsste** er alles.
　Er spricht, *als* **wisse** er alles.

130

応用パターン❹：「もうすぐ～するところだった」

Beinahe **hätte** ich es ihm gesagt.
もう少しでそのことを彼に言うところだった。

「もうすぐ～するところだった」という文は、裏を返せば、「～しないですんだ」ということですね。つまり、「～」の部分は**非現実**、ということになります。そのためやはり、非現実話法の接続法第2式が使われます。

応用パターン❺：「～すればよかったのに」

Ich **hätte** es ihm sagen **sollen**.　彼にそのことを言うべきだったのに。

話法の助動詞を使って、過去に起きたことの**逆を望む**文ができます。つまり、「過去に起きなかったこと」=「**非現実**」というわけですね。このとき、**「過去」**を表すのですから、話法の助動詞は**接続法第2式の完了形**になります。話法の助動詞は完了形で「haben」を使い、過去分詞は不定形と同じ形になるので、「hätte ... sollen」などのようになります。

　　Ich **hätte** es ihm sagen **müssen**.　彼にそのことを言わなくてはいけなかったのに。

　　Ich **hätte** es ihm sagen **dürfen**.　彼にそのことを言ってよかったのに。

　　Ich **hätte** es ihm sagen **können**.　彼にそのことを言えたのに。

　　Ich **hätte** es ihm sagen **wollen**.　彼にそのことを言いたかったのに。

応用パターン❻：否定に引きずられる場合

Es ist *nicht* so, dass ich es ihm gesagt **hätte**.
私がそのことを彼に言ったというわけではない。

文の前半に**否定語**があると、後続の部分が引きずられて、**非現実話法**になる場合があります。例文では、「私がそのことを彼に言った」ということを**否定**しているのですから、文法的には直説法でも問題がないはずですね（Es ist *nicht* so, dass ich es ihm gesagt habe.）。ところが、**否定語を強調**し、「結局起きなかったのだ」という**非現実感**を出すために、接続法第2式を使うことがよくあります。この例文でも、「彼に言った」ということは結果的に起きていないのですから、非現実話法でも構わないわけですね。

応用パターン❼：「ohne ＋接続法第2式」

Ich ging fort, *ohne* dass ich es ihm gesagt **hätte**.
私は彼にそのことを言わずに立ち去った。

　「**ohne**」（～しないで）も否定語の一種なので、後続の内容は結局起きなかったことを述べており、文法的には直説法で言い表せます（Ich ging fort, *ohne* dass ich es ihm gesagt habe.）。しかし、これをわざわざ**接続法第2式**にすることで、「**本当はしたほうがよかったのに**」という、直説法では出せないニュアンスが表現できます。接続法の「非現実感」が、ここで生きてくるわけですね。

ワンポイントレッスン

　接続法第2式は、過去形にウムラウトをつけて作ります。この、**ウムラウトをつける**、ということが、「**非現実感**」を表すのに重要になってきます。ウムラウトをつけることで**音が変わり**、響きが変わって、現実感が遠のいていくからなのです。音楽で言えば、シャープやフラットなどで雰囲気を変え、違う世界に行くような浮遊感、とでもいえるでしょうか。「音が変わって面倒くさい」などと思わずに、ぜひこの「響きの変化」を楽しんでみてください！

練習　接続法第2式を使って書きかえてみましょう。　〔→解答は p.358〕

(11) Die Adresse ist falsch. Der Brief kommt nicht an.　この住所は間違っている。手紙が届かない。
　① 非現実話法に
　　Wenn [　　　　　　　　　　　　　　　　　　　　　　],
　　[　　　　　　　　　　　　　　　　　　　　　　　　]. (a)
　② (a) を「würde」を使った非現実話法に
　　Wenn [　　　　　　　　　　　　　　　　　　　　　　],
　　[　　　　　　　　　　　　　　　　　　　　　　　　].

③ (a) を「過去」に反する非現実話法に
　　Wenn [　　　　　　　　　　　　　　　　　　　　],
　　　　[　　　　　　　　　　　　　　　　　　　　].
(12) Ich kann nicht schneller arbeiten.　私はこれ以上速く仕事ができない。
　① 「wenn ... nur」を使った表現に
　　Wenn [　　　　　　　　　　　　　　　　　　　　]!
　② 「du」を主語にし、「君だったら…」という文に
　　Du [　　　　　　　　　　　　　　　　　　　　].
　③ 「もっと速く仕事ができたのに」という文に
　　Ich [　　　　　　　　　　　　　　　　　　　　].

応用編　4・接続法

発展

「würde +不定形」を使って、**「過去から見た未来」**を表すこともできます。**未来形の接続法**、というわけですね。

　Ich wusste nicht, ob ich die Prüfung **bestehen würde**.
試験に受かるかどうか、私はわからなかった。
　→ 主文が過去形なので、**視点は過去**です。この時点から見ると、試験に受かるかどうかがわかるのは、これよりも「未来」ですね。

＊現在形の文に直すと、次のようになります。
　Ich weiß nicht, ob ich die Prüfung bestehen werde.　試験に受かるかどうか、私はわからない。
　→ 「bestehen werde」は**未来形**ですね。この文全体を過去にすると、「weiß」（現在形）が「wusste」（過去形）に、「bestehen werde」（未来形）が「bestehen würde」（未来形の接続法）になる、というわけです。

（5）婉曲話法（接続法第2式）

Track 30

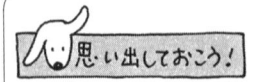

> 🐶 思い出しておこう！
>
> 　英語でも、**助動詞を過去形**にすることで、**丁寧な言いかた**をすることができましたね。ドイツ語でもやはり、過去形から作った**接続法第2式**を使って、**婉曲表現**ができます。このとき、ストレートな言いかたをワンクッション置いて発言するのですから、やはり**頭の中の世界**である、といえそうですね（一般的には**「外交的接続法」**とよばれています）。
>
> 　Ich denke, er **wäre** der richtige Mann.＊
> 　私は彼がふさわしい人ではないかと思う。
>
> ＊）下の【基本パターン④】を参照してください。

➕ 基本パターン❶：丁寧な依頼

Würden Sie es bitte tun?　それをしてくださいますか？

　婉曲表現を使うと、相手に対してへりくだった、**丁寧な言いかた**をすることができます。**「würde ＋不定形」**という形をとっているからといって、非現実的な内容を示しているわけではありません。ちょうど英語の「*Would you 〜 ?*」にあたる表現になります。

＊接続法を外すと、
　Tun Sie es bitte!　それをしてください。
　というシンプルな命令文になります。
＊**「würde」**という**接続法第2式**の部分に、**「もしよろしければ」**という「非現実話法」に近い**仮定**が、ニュアンスとして含まれています。

➕ 基本パターン❷：丁寧な質問

Dürfte ich mitkommen?　ごいっしょしてもよろしいでしょうか？

　「dürfen」は**許可**を表す話法の助動詞でしたが、これを**接続法第2式**に

して、丁寧に許可を請うことができます。英語でも、「*May I ~ ?*」よりも「*Might I ~ ?*」のほうが丁寧ですね。

＊接続法を外すと、ストレートに許可を請う文になります。
　Darf ich mitkommen?　ごいっしょしてもいいですか？

基本パターン❸：丁寧な助言

Du **könntest** mich wenigstens anrufen.
少なくとも私に電話することはできるでしょう。
　「können」は**可能**を表す話法の助動詞でしたね。**接続法第2式**にすることで、ストレートな物言いを避け、やわらかな表現に変えることができます。

＊接続法を外すと、ストレートな助言になります。
　Du kannst mich wenigstens anrufen.　少なくとも私に電話することはできるよね。

基本パターン❹：断定を避ける

Ich denke, er **wäre** der richtige Mann.
私は彼がふさわしい人ではないかと思う。
　ストレートな物言いを避けることは、**断定を避ける**ことにもつながります。あいまいな表現でお茶を濁す…というのは、日本語にも通じるところがありますね。接続法を外し、直説法でストレートで述べるには強すぎるとき、あるいは事実として言い切る自信がないときなどに使われます。

基本パターン❺：控えめな願望

Wir **möchten** dir helfen.　私たちは君を助けてあげたい。
　話法の助動詞**「mögen」**は、**接続法第2式**にすることによって、**控えめな願望**を表すことができます。「もしできたら」というニュアンスが入っているので、控えめになるのですね。

＊「möchte」は名詞の4格のみを続けて使うこともできます。
　Wir **möchten** ein neues Auto.　新しい車がほしいなあ。
＊「強い願望」や「意志」を表すときには「wollen」を使います。
　Wir wollen dir helfen.　私たちは君を助けよう。

基本パターン❻：控えめな推量
Es **könnte** bald regnen.
ひょっとしたら、もうすぐ雨になるかもしれない。

　話法の助動詞を使った**推量表現**では、**接続法第2式**を使うことで、推量の度合いが**控えめ**になるのでしたね（→ p.52を参照）。例文では「können」が接続法第2式になって、現実性がとても低い推量を表しています。

応用パターン❶：「wenn」を使う
Es **wäre** schön, wenn Sie vorbeikommen **könnten**.
お立ち寄りいただければ、うれしいのですが。

　この文は一見すると、非現実話法のようですね。「あなたがもし立ち寄ることができるのであれば、うれしいことだろうに」と訳せば、「本当は立ち寄ることができない」という現実が隠れていることになります。もちろん、そのような文脈で使われることもありますが、ここでは非現実話法ではなく、**婉曲話法**として考えてみましょう。すると、
　Es ist schön, wenn Sie vorbeikommen können.　お立ち寄りいただけるのであれば、それはうれしいです。
という**直説法**の文が浮かび上がってきて、ストレートな気持ちが見えてきます。この気持ちを、「無理かもしれないけれど、もしできるのであれば」という接続法第2式のオブラートで包んで、**遠回しの表現**にしているのです。

応用パターン❷：控えめな提案
Wie **wäre** es, wenn wir uns morgen treffen **würden**?

明日会うことにしたらどうでしょうか？

　この文にも「wenn」が使われています。非現実話法だと解釈して、「もし私たちが明日会うとしたら、どんなだろうか？」と訳すこともできますが、ここでは**婉曲話法**を使って、

Wie ist es, wenn wir uns morgen treffen?　明日会うのはどう？

というストレートな表現を避け、相手を驚かさないように、**慎重に提案**を行っています。

応用パターン❸：「hätte」を使った控えめな願望

Wir **hätten** gern ein neues Auto.　新しい車がほしいなあ。

　【基本パターン⑤】に出てきた「möchte」は、**「hätte」**を使って表現することもできます。「haben」の接続法第2式ですから、「今は持っていないけれど、持つことができたらいいなあ」というニュアンスが含まれるわけですね。副詞の**「gern」**（喜んで）とセットで、

　　möchte　＝　hätte gern

と覚えておきましょう。

応用パターン❹：「hätte」を使った完了表現

Wir **hätten** dir gern **geholfen**.　私たちは君を助けてあげたい。

　すぐ上で見たように、「möchte」と「hätte gern」は等価なのですが、**動詞を続ける**ときに違いが出てきます。「hätte」は話法の助動詞ではないので、「möchte」のように動詞の不定形を使うことができません。**過去分詞**を使い、**完了形**にする必要があります。

　○　Wir **möchten** dir (gern) helfen.
　×　Wir **hätten** dir gern helfen.
　○　Wir **hätten** dir gern **geholfen**.

＊見かけ上は「完了」になりますが、「過去」の意味はなく、**「現在」の願望**を述べる表現になります。
＊例文を非現実話法として、「私たちは君を喜んで助けてあげたのに」と訳すこともできます。完了形なので、「過去」に反する内容になりますね。

応用パターン❺：「wäre」を使った完了表現

Wir wären gern vorbeigekommen. ぜひ立ち寄りたいのですが。

すぐ上の【応用パターン④】と原理的には同じですが、完了形にするときに「sein」を使う動詞では、やはりこちらも「hätte」ではなく**「wäre」**を使います。見かけ上は「完了」ですが、「現在」の願望を述べた表現になります。

＊上と同じように、「ぜひ立ち寄りたかったのですが」という非現実話法として訳すこともできます。

ワンポイントレッスン

話法の助動詞の接続法第2式を、おさらいしておきましょう。いずれも婉曲話法でよく使う形です。

- können → könnte
- müssen → müsste
- dürfen → dürfte
- mögen → möchte
- wollen → wollte＊
- sollen → sollte＊

＊）「wollen」と「sollen」にはウムラウトがつかず、過去形と同形になります。

練習 接続法第2式を使って書きかえてみましょう。　〔→解答は p.359〕

(13) Rufen Sie uns an!　私たちに電話してください。
　①「würde」を使った丁寧な依頼に
　　　[　　　　] Sie [　　　] bitte [　　　　　　]?
　②「können」を使った丁寧な助言に
　　　Sie [　　　　　　　　　　　　　　　　].

③「wenn」を使った文に
　　Es wäre schön, wenn [　　　　　　　　　　　　　　　].
(14) Ich will in Deutschland arbeiten.　私はドイツで働きたい。
　① 「möchte」を使った控えめな願望に
　　Ich [　　　　　　　　　　　　　　　].
　② 「hätte」を使った控えめな願望に
　　Ich [　　　　　　] gern [　　　　　　　　].
　③ 「dürfen」を使った丁寧な質問に
　　[　　　　　　] ich [　　　　　　　　　　]?

〔中級へのカギ〕接続法を見つけよう！

実際の文中では、接続法のみが出てくるわけではありません。また、接続法だということをわざわざ示してあるわけでもないので、**自分で気付く**必要があります（気付きさえすれば、こちらのものです！）。

以下の問題文で、接続法になっている動詞を**見つけて**ください。見つけたら、第1式・第2式の**区別を判定**し、**用法も考えて**みてください。

1.

Ich habe den Zug verpasst. Ich habe den Zug nicht erreichen können. Ich hätte gar nicht gedacht, dass es so laufen würde. Ich hätte früher aufstehen sollen. Meine Mutter hatte mir geraten, dass ich mir Zeit nehmen solle. Die Straßen seien voll, und man komme nur langsam vorwärts. Wie könnte ich nun weiterkommen? Wie würde meine Zukunft aussehen?

① [　　　　　　] ＝接続法第 [　] 式、[　　] 話法
② [　　　　　　] ＝接続法第 [　] 式、[　　] 話法
③ [　　　　　　] ＝接続法第 [　] 式、[　　] 話法
④ [　　　　　　] ＝接続法第 [　] 式、[　　] 話法
⑤ [　　　　　　] ＝接続法第 [　] 式、[　　] 話法
⑥ [　　　　　　] ＝接続法第 [　] 式、[　　] 話法
⑦ [　　　　　　] ＝接続法第 [　] 式、[　　] 話法
⑧ [　　　　　　] ＝接続法第 [　] 式、[　　] 話法

2.

－ Was würdest du tun, mein Kind, wenn du groß wirst?
－ Wenn ich es wüsste!
－ Aber du sollst es wissen.
－ Wusstest du als Kind, was du tun würdest, Vater?

① [　　　　　　　　] ＝接続法第 [　] 式、[　　　　] 話法
② [　　　　　　　　] ＝接続法第 [　] 式、[　　　　] 話法
③ [　　　　　　　　] ＝接続法第 [　] 式、[　　　　] 話法

【解答と訳】
1. 接続法でない動詞は、第 1 文の「habe ... verpasst」、第 2 文の「habe ... erreichen können」、第 5 文の「hatte ... geraten」の 3 つです。
   ① hätte (... gedacht) ＝接続法第 2 式、非現実話法【応用⑥：否定に引きずられる場合】
   ② (laufen) würde ＝接続法第 2 式、非現実話法【発展：過去から見た未来】
   ③ hätte (... aufstehen sollen) ＝接続法第 2 式、非現実話法【応用⑤：「～すればよかったのに」】
   ④ (nehmen) solle ＝接続法第 1 式、間接話法【基本②③・応用②】（「忠告」の内容なので、要求話法と解釈することもできます）
   ⑤ seien ＝接続法第 1 式、間接話法【応用⑤：独立用法】
   ⑥ komme ＝接続法第 1 式、間接話法（⑤と同じ）
   ⑦ könnte (... weiterkommen) ＝接続法第 2 式、婉曲話法【基本④⑥】
   ⑧ würde (... aussehen) ＝接続法第 2 式、婉曲話法（⑦と同じ）

141

訳：
　私は電車に乗り遅れてしまった。私は電車に間に合うことができなかった。こんなふうになるなんて（②）、まったく思わなかった（①）。もっと早く起きるべきだった（③）。母が、時間に余裕を見るように（④）忠告していたっけ。道が混んでいて（⑤）、ゆっくりしか進めないからって（⑥）。さて、私はこれから先どうしたらいいんだろう？（⑦）　私の将来はどうなってしまうんだろう？（⑧）

2. 接続法でない動詞は、1行目の「wirst」、3行目の「sollst ... wissen」、4行目の「wusstest」の3つです。
　① würdest (... tun) ＝接続法第2式、婉曲話法【基本④】（「wenn」以下が直説法なので、非現実話法にはなりません）
　② wüsste ＝接続法第2式、非現実話法【応用②：帰結部の省略】
　③ (tun) würdest ＝接続法第2式、非現実話法【発展：過去から見た未来】

訳：
「子どもよ、大きくなったら何をしたいと思っているんだい？（①）」
「それがわかっていたらなあ！（②）」
「でも、わかっているはずだよ」
「お父さんは子どものとき、何をしようか（③）わかっていたの？」

第2部

名詞・代名詞の使いかた

―基礎編―
1. 名詞の格変化

（1） 1格の用法

> 思い出しておこう！
>
> 1格とは、**主語になる格**でしたね。英語の**主格**にあたります。名詞自体は変化しないので、**冠詞で格を見分ける**のでしたね。
> ☆ 定冠詞の1格：**der**（男性）、**die**（女性）、**das**（中性）、**die**（複数）
> ☆ 不定冠詞の1格：**ein**（男性・中性）、**eine**（女性）、複数形なし

➕ 基本パターン❶：主語になる

Der Vermieter wohnt hier.　家主はここに住んでいます。

男性名詞の「Vermieter」に定冠詞の「der」がついて、**1格**になっています。**「1格＝主語」**なので、この文では「der Vermieter」が主語になります。英語と違って、「文頭にあるから主語」というわけではありません。

➕ 基本パターン❷：主語が動詞のあと

Hier wohnt **der Vermieter**.　ここに家主が住んでいます。

ドイツ語では、必ずしも文頭の語が主語になるのではありませんでしたね。**「定形第2位」**という大原則があり、主語以外の語で文が始まった場合は「（主語以外の語）→**動詞**→**主語**」となって、**主語が動詞のあとに置かれます。**例文は「hier」という副詞で始まり、動詞のあとに「der Vermieter」という1格の名詞があるので、こちらが主語になります（**冠詞が1格になっているので、「主語である」**ことが明確にわかります）。

基本パターン❸：補語になる

<u>Der Mann dort</u> <u>ist</u> **der Vermieter**. あそこにいる男の人が家主です。

英語でいういわゆる「*SVC*」の文型では「*S = C*」、つまり「**主語＝補語**」の関係が成り立つため、**補語は主語と同格**になります。主語は1格なので、**補語も1格**というわけですね。

ワンポイントレッスン

名詞の格を見分けるには、名詞の前についている冠詞で判断するわけですが、すべての名詞に冠詞がつくわけではありません。**無冠詞**の場合もあります。冠詞がついていないときは、**文脈で判断**することになります。

① 主語が無冠詞

　Hier <u>wohnt</u> **Hans**. ここにハンスが住んでいます。
　　無冠詞の代表例といえば、**固有名詞**が挙げられますね。

② 補語が無冠詞

　Hans ist **Polizist** geworden. ハンスは警察官になった。
　　職業名を補語として使うとき、無冠詞になります。

③ 複数形の場合

　Autos stehen vor dem Haus. 車が何台も家の前に止まっている。
　　不定冠詞（ein、eine）**に複数形がない**ため、複数形の名詞は無冠詞で使われることが多くなります。

練習　1格の名詞を見つけ、主語か補語かを判断してください。

〔→解答は p.360〕

(1) Der Kuchen ist fertig, und die Kinder warten.
(2) Wenn das Lied gesungen wird, wird der Kuchen gegessen.
(3) Vater Hans ist heute der Chef.

（2） 4格の用法

CD Track 32

> 📖 思い出しておこう！
>
> 4格は**目的語**になります。英語でいう*直接目的語*にあたり、「**〜を**」と訳すことが多い格です。冠詞は、定冠詞・不定冠詞ともに**男性**だけが1格と違うのでしたね（ほかは1格と共通です）。
> ☆ 定冠詞の4格：**den**（男性）、**die**（女性）、**das**（中性）、**die**（複数）
> ☆ 不定冠詞の4格：**einen**（男性）、**eine**（女性）、**ein**（中性）、複数形なし

➕ 基本パターン❶：動詞の目的語になる

Ich schreibe jetzt **einen Brief**.　私は今、手紙を書いています。

　男性名詞の「Brief」に「einen」という不定冠詞がついているので、これは**4格**ですね。動詞「schreiben」の目的語になっているので、「手紙**を**」と訳すことができます（動詞「schreiben」は、4格を目的語にとる**他動詞**です。英語でいう「*SVO*」の文型になります）。

➕ 基本パターン❷：文頭に出る場合

Einen Brief schreibe ich jetzt.　手紙を今、私は書いています。

　ドイツ語は**目的語で文を始める**こともできました。つまり、**4格で始まる**文もある、ということになります。「einen Brief」の場合は男性名詞なので、4格だとすぐにわかりますね。

➕ 基本パターン❸：目的語の補語になる

Warum nennen Sie mich **ein Genie**?
なぜあなたは私を天才とよぶのですか？

　4格の目的語を2つとる動詞では、2つ目の目的語も4格になります。英語でいえば「*SVOC*」の「*C*」にあたりますね。「*O = C*」の関係が成り

立つので、2つとも4格になるのは納得できると思います。動詞の例は多くないのですが、「nennen」(名付ける、よぶ)はよく使われるので、覚えておきましょう。

＊「Genie」はフランス語読みをするので「ジェニー」となり、アクセントは後半にあります。

➕ 基本パターン❹：形容詞の目的語になる

Ich bin **das Schreiben** gewohnt. 　私は書くことに慣れています。

　一部の**形容詞**は、**4格の目的語**をとります。「satt」(〜にうんざりしている)、「wert」(〜の価値がある)など、「〜を」となるものが少ないので、感覚的につかみにくいかもしれませんね(形容詞の目的語は、つねに**形容詞よりも前**に置かれます)。

応用パターン❶：時を表す副詞になる

Ich schreibe **den ganzen Tag**. 　私は一日中、書いています。

　4格が副詞として使われる例です。「〜を」という意味はありません。男性名詞の「Tag」に「den」という定冠詞がついているので、形はたしかに**4格**なのですが、動詞「schreiben」の目的語になっているわけではなく、ここでは**副詞**です(動詞「schreiben」は、この文では4格の目的語をとらない**自動詞**です)。

応用パターン❷：前置詞の目的語になる

Ich schreibe für **die ganze Welt**.
私は全世界のために書いています。

　4格は、**前置詞につなげる形**としても使われます。このときもやはり、「〜を」という意味はありません。「für」のような**4格支配**の前置詞では、続く名詞が必ず4格になります。ここでは女性名詞「Welt」に「die」という定冠詞がついて、たしかに4格になっていますね(女性名詞の

「die」は1格と共通です)。

> **ワンポイントレッスン**
>
> 4格が目的語として使われるとき、必ずしも「〜を」と訳せるわけではありません。日本語の感覚とずれる場合もあります。
>
> 例1：fragen （4格）に質問する
> 　Ich frage mal **den Mann** dort.
> 　あそこにいる男の人に、ちょっと聞いてみるよ。
>
> 例2：anrufen （4格）に電話する
> 　Ich habe gestern **den Schuldirektor** angerufen.
> 　私は昨日、校長先生に電話しました。

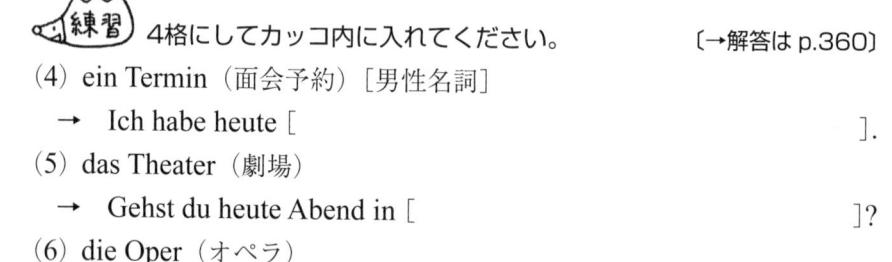

練習 4格にしてカッコ内に入れてください。　　〔→解答は p.360〕

(4) ein Termin（面会予約）［男性名詞］
　→　Ich habe heute [　　　　　　　　　　].
(5) das Theater（劇場）
　→　Gehst du heute Abend in [　　　　　　　　　　]?
(6) die Oper（オペラ）
　→　Nein, [　　　　　　　　　　] sehe ich heute.

（3） 3格の用法

Track 33

> 📖 思い出しておこう！
>
> 3格も**目的語**になります。英語の*間接目的語*にあたる働きをするほか、単独で動詞の目的語になったり、文中でほかの語と結びついたりと、活用範囲が広い格です。日本語では「～に」と訳すことが多くなります。
> 冠詞は男性と中性で「-m」となるのが特徴で、女性と複数も1・4格とは異なる形になります。
> ☆ 定冠詞の3格：**dem**（男性）、**der**（女性）、**dem**（中性）、**den**（複数）
> ☆ 不定冠詞の3格：**einem**（男性）、**einer**（女性）、**einem**（中性）、複数形なし

➕ 基本パターン❶：動詞の目的語になる

Der Hof gehört **der Firma** nebenan.
その中庭は隣の会社に属している。

　一部の動詞は4格ではなく、**3格の目的語**をとります。「gehören」（～に属している）はその代表的な例です。この文には「der」が2カ所あり、2つとも主語（＝1格）に見えてしまうかもしれませんが、「der」がついて1格になるのは男性名詞だけです。「Firma」は**女性名詞**なので、「der」がつくと**3格**になります。そのため、「隣の会社**に**」となるのです。

➕ 基本パターン❷：文頭に出る場合

Der Firma nebenan gehört der Hof.
隣の会社にその中庭は属しています。

　ドイツ語は目的語で文を始めることができるので、当然、**3格で始まる文**もあります。女性名詞の場合は3格が「der」となり、男性1格（＝主語）に見えてしまうことがあるので、特に注意しましょう。

基本パターン❸：動詞の間接目的語になる

Ich zeige **dem Besucher** den Hof.
私は訪問者にその中庭を見せる。

　英語でいう「SVOO」の構文で、1つ目の「O」を間接目的語といいましたね。ドイツ語ではこれを**3格**で表します。ちょうど**「〜に」**にあたる部分です。

基本パターン❹：形容詞の目的語になる

Der Hof war **dem Publikum** bekannt.
その中庭は世間に知られていた。

　形容詞にも、**3格の目的語**をとるものがあります。「ähnlich」（〜に似ている）、「gehorsam」（〜に従順だ）など、「〜に」と訳せるものが多いので、感覚的にわかりやすいですね。

基本パターン❺：「〜のために」

Ich kaufe **den Kindern** eine Ansichtskarte.
私は子どもたちのために絵はがきを買う。

　【基本パターン③】で見た「SVOO」の文型によく似ていますが、こちらは構文的に3格が必須ではなく、**「自由な3格」**とよばれるものです。「〜のため**に**」「〜**に**とって」など、文脈によってさまざまな訳しかたが可能です。

＊「Kinder」は**複数形**なので、「den」という複数3格の定冠詞がついています。
　複数形が3格になると、**名詞にも語尾**がついて、**「-n」**となります。

応用パターン❶：「〜から」

Den Spruch habe ich **einem Roman** entnommen.
その格言を私はある小説から借用しました。

　同じ3格でも、今度は「〜に」とならず、**「〜から」**となる例です。「〜

に与える」のではなく、「〜から離す」ことになるので、発想としては一般の3格の逆ですね。**「分離の3格」**としてとらえると、わかりやすくなります。

応用パターン❷：所有の3格「〜の」

Er klopfte **dem Freund** auf die Schulter.
彼は友人の肩を軽くたたいた。

3格にはさらに、**「所有の3格」**という特殊な用法もあります。3格なのに、**「だれだれの」**という意味になってしまうのです。これは主に、**体の一部**をいうときに限られます。例文では、「Schulter」（肩）の持ち主が「Freund」（友人）なので、**「dem** Freund」と3格になっているのです。

応用パターン❸：前置詞の目的語になる

Er ging mit **einer Tasche** zurück.　彼はカバンを持って引き返した。

前置詞につなげる形として、3格も非常に多く使われます。**3格支配**の前置詞は数も多く、使われる頻度も高いので、早くになじんでおくといいですね。

ワンポイントレッスン ①

ドイツ語では、目的語としての**3格と4格を厳密に区別**します。特に「4格かどうか？」は重要で、**他動詞と自動詞の区別**にかかわってきます。他動詞とは、4格を目的語にとる動詞のみをいうからです。

☆ 他動詞…4格を目的語にとる動詞
☆ 自動詞…4格を目的語にとらない動詞
　　　　　（＝補語をとる動詞、2格・3格を目的語にとる動詞、目的語をまったくとらない動詞 → p.73を参照）

基礎編　1・名詞の格変化

ワンポイントレッスン ②

女性3格の定冠詞は**「der」**、複数3格は**「den」**となり、それぞれ男性1格・男性4格と同じなので、紛らわしいですね。見分けかたのコツを覚えておきましょう。

① 「der」…**男性名詞**なら1格、**女性名詞**なら3格（または2格）
　→ 当たり前のようですが、慌てていると間違えてしまいます。つねに冷静に、名詞の性に集中してください！

② 「den」…**男性名詞**なら4格、**複数形**なら3格
　→ 今度は「単数か複数か？」の問題になってきます。**女性名詞**か**中性名詞**が複数形になっているのであれば、迷うことなく3格ですが、**男性名詞**で単複同形の場合は、名詞に「-n」がついていれば**複数3格**、なければ単数4格です。

　　例：Ich spreche **den Lehrer** an.　その教師に話しかける。
　　　　（＝男性［単数］4格）　［ansprechen は他動詞］
　　　　Ich helfe **den Lehrern**.　教師たちを手伝う。
　　　　（＝複数3格）　　　　［helfen は3格をとる自動詞］

練習　3格にしてカッコ内に入れてください。　　〔→解答は p.360〕

(7) die Schüler（生徒たち）［複数形］
　→　Der Film gefällt [　　　　　　　　　　　　　　].

(8) die Mutter（母）
　→　Das Kind ist [　　　　　　　　　　] ähnlich.

(9) der Berg（山）
　→　Über [　　　　　　　　　　　　] hängt der Mond.

（4）　2格の用法

Track 34

思い出しておこう！

2格は**所有**を意味することが多く、この場合は英語でいう*所有格*にあたり、「〜の」と訳すことになります。また、動詞や形容詞の**目的語**にもなります。冠詞は男性と中性に「-s」がつき、女性は3格と同じ、複数は女性と同じ形になります。

☆ 定冠詞の2格：**des**（男性）、**der**（女性）、**des**（中性）、**der**（複数）
☆ 不定冠詞の2格：**eines**（男性）、**einer**（女性）、**eines**（中性）、複数形なし

基本パターン❶：所有を表す

Der Onkel **der Schülerin** ist berühmt.
その女子生徒のおじは有名です。

まずはいちばん基本的な、「〜の」と訳す例です。英語のように、所有格が名詞の前に来ることは少なく、2格は**うしろから修飾**するのでしたね。そのため語順としては、「of 〜」と感覚が近くなります。

例文中の2格は「der Schülerin」です。「**der**」がついていますが**女性名詞**なので、1格ではありませんね。「その女子生徒**の**」となって、直前の名詞「der Onkel」を修飾しています。

＊女性は3格も同じ「der」を使いますが、この例ではうしろから修飾しているので、語順から2格であると判断できます。

基本パターン❷：名詞にも「-s」がつく

Der Onkel **des Schülers** ist berühmt.
その男子生徒のおじは有名です。

男性名詞と**中性名詞**は、2格になると**名詞も変化**します。「**-s**」という**格変化の語尾**がつくのです（「-es」となることもあります）。

153

例文では「der Schüler」という男性名詞が2格になって、「des Schülers」という形に変化していますね。

➕ 基本パターン❸：固有名詞の2格

Peters Onkel ist berühmt.　ペーターのおじは有名です。

　固有名詞も2格にできます。この場合は冠詞がつかないので、名詞のみ変化します。つまり、名詞の最後に「-s」をつけるだけです（英語の所有格と違って、「s」の前の「'」は不要です）。

＊固有名詞が2格になる場合、**名詞の前から修飾**します。このとき、「Onkel」につける**冠詞を省略**します。

＊固有名詞が女性の場合も「s」をつけます。
　　Annettes Onkel ist berühmt.　アンネッテのおじは有名です。

＊**定冠詞**を使い、**固有名詞を変化させない**言いかたもあります。
　　Der Onkel **des Peter** ist berühmt.
　（固有名詞が複数の語から成っている場合や、最後に「-s」がつけにくい場合に使います）

➕ 基本パターン❹：動詞の目的語になる

Wir bedürfen **eines Lehrers**.　私たちには教師が必要だ。

　動詞の中には、3格でも4格でもなく、**2格を目的語**にとるものがあります。例文ではたしかに「eines Lehrers」と2格になっていますね。そして、所有を表す「〜の」のように、前後にほかの名詞がありません。つまり、2格が単独で、動詞の目的語として使われているのです。

＊2格の目的語は古めかしく感じられるらしく、現代ドイツ語では徐々に、ほかの格や前置詞句で言いかえられるようになってきています。

➕ 基本パターン❺：形容詞の目的語になる

Wir sind **des Ordens** nicht würdig.
私たちはその勲章にふさわしくない。

　形容詞でも、**2格を目的語**にとるものがあります。やはり古めかしい印象を与えるようで、代わりにほかの格や前置詞句が使われるようになってきています。

応用パターン❶：副詞になる

Eines Tages ging er plötzlich weg.
ある日、彼は突然いなくなってしまった。

　4格と同じように、**2格も副詞**になります。2格としての意味はなく、2格の形を使用しているだけで、文中のほかの要素とのつながりはありません。

応用パターン❷：述語になる

Ich bin **der Meinung**, dass es richtig war.
私はそれが正しかったと思います。

　一般的には、英語でいう「*SVC*」の文型において**述語部分**（＝補語）は1格になりますが（→ p.145を参照）、**2格**になる言い回しもあります。

応用パターン❸：前置詞の目的語になる

Trotz **des Regens** brechen wir auf.
雨にもかかわらず、私たちは出発する。

　3格・4格と同じように、2格も**前置詞につなげる形**として使われます。数が少ないので、早いうちに覚えてしまうといいでしょう。

ワンポイントレッスン ①

【基本パターン②】で見たとおり、男性名詞と中性名詞の場合、2格になると名詞自体にも語尾に「-s」がつくわけですが、**男性名詞なのに2格の語尾がつかない**グループがあります。これを、**男性弱変化名詞**とよんでいます（「弱変化」とは、「-s」のような強い語尾がつかない、という意味です）。

男性弱変化名詞の特徴は、
① 単数2格で「-(e)n」という語尾がつく
② 単数2〜4格、複数1〜4格ですべて同じ形になる

という2点にあります。1格以外は、単数なのに複数形に見えてしまうので、注意してください。

例：Patient（患者）
☆ 単数… der Patient, des Patient**en**, dem Patient**en**, den Patient**en**
☆ 複数… die Patient**en**, der Patient**en**, den Patient**en**, die Patient**en**

ワンポイントレッスン ②

辞書では見出しのあとに、「-s/-e」のような記号があります。これはスラッシュの前が**単数2格**の形を、スラッシュのあとが**複数1格**の形を示しています。いくつか例を見てみましょう。

例1：Abend（晩）「-s/-e」
　　→単数2格が「Abends」、複数1格が「Abende」
例2：Tag（日）「-es(-s)/-e」
　　→単数2格が「Tages」または「Tags」、複数1格が「Tage」
例3：Regen（雨）「-s/-」
　　→単数2格が「Regens」、複数1格が「Regen」
例4：Patient（患者）「-en/-en」
　　→単数2格が「Patienten」、複数1格が「Patienten」
　　（＝男性弱変化名詞）

＊男性名詞で「-(e)n/-(e)n」とあれば、弱変化名詞です。

練習 2格にしてカッコ内に入れてください。 〔→解答は p.360〕

(10) die Schule（学校）
→ Wer ist der Begründer [   ]?

(11) der Begründer（創設者）「-s/-」
→ Wir gedenken [   ].

(12) ein Polizist（警察官）「-en/-en」
→ Statt [   ] kam ein Wächter.

〔中級へのカギ〕「同格」の意味

ドイツ語でいう「**同格**」とは、ずばり、「**格が同じ**」であることをいいます。1格なら1格と、2格なら2格と…という意味です。この非常に厳密な世界を、ちょっと覗いてみましょう。

(1) 等位接続詞でつなぐ場合

「und」「aber」「oder」など、**並列させる**ための接続詞を**等位接続詞**（または並列接続詞）といい、2つ以上のものを**同等の資格でつなぐ**ときに使います。文単位であれば主文は主文と、副文は副文と、語単位であれば動詞は動詞と、名詞は名詞と、副詞は副詞と…などのようにつなげていけるわけですが、名詞のときはさらに、主語は主語と、目的語は目的語と…というように、**文中での要素**にも注意しなくてはいけません。このときに、「**格**」が大きな意味を持ってきます。つまり、等位接続詞は「**同じ格**」の名詞をつなぐ、というわけです。

Der Junge und **das Mädchen** warten vor der Schule.　少年と少女が学校の前で待っている。
　→「und」は **1格**同士をつなぎ、主語になっています。

Wir sehen **den Jungen** und **das Mädchen** dort stehen.　私たちは少年と少女がそこに立っているのが見える。
　→「und」は **4格**同士をつないでいます。

　＊「Junge」は弱変化をする男性名詞なので、単数4格でも名詞のあとに「-n」がついています（→ p.156 を参照）。
　＊知覚動詞「sehen」を使った構文で、「(4格) が (不定形) をしているのが見える」となります。

Die Schule **des Jungen** und **des Mädchens** ist groß.　少年と少女の学校は大きい。

→「und」は**2格**同士をつないでいます。「und」で結ばれた同じ資格を持つ2格なので、どちらも直前の名詞「die Schule」を修飾しています。

Viele Schüler gehen an **dem Jungen** und **dem Mädchen** vorbei.
たくさんの生徒が少年と少女のそばを通っていく。
→「und」は**3格**同士をつないでいます。1つ目の「dem Jungen」が**前置詞「an」**と結びついた3格なので、2つ目の「dem Mädchen」も同等のものとして解釈します。つまり2つとも前置詞「an」にかけて訳すことになります。

(2) 比較の対象となる場合
「**als**」(〜として)や「**wie**」(〜のように)は前置詞のように名詞につなげて使うことができますが、前置詞ではないので、あとに続く**格が決まっていません**。文脈によって、**比較する語と同じ格**になります。

Der Junge spricht wie **ein Lehrer**.　少年は教師のように話す。
→「wie」のあとは**1格**です。**主語と比較**していることになります。つまり、「少年=教師のように」という関係が成り立ちます。

Der Junge behandelt das Mädchen wie **einen Jungen**.　少年は少女を少年のように扱う。
→「wie」のあとは**4格**です。文中の**4格の語「das Mädchen」**と比較していることがわかります。つまり、「少女=少年のように」という関係になります。

Der Junge hilft dem Mädchen wie **einem Nachbarn**.　少年は少女を隣人を助けるように助ける。
→「wie」のあとは**3格**です。文中の**3格の語「dem Mädchen」**と比較しています。「少女=隣人のように」というわけです。

＊「Nachbar」も弱変化をする男性名詞です。そのため、3格で「-n」と

いう語尾がついています。

　Der Junge hilft dem Mädchen als **ein Nachbar**.　少年は少女を隣人として助ける。
　→「als」のあとは**1 格**です。**主語と比較**しています。「少年＝隣人として」となるのです。

（3）同格のコンマ
　ある名詞を説明したいときに、**コンマを入れて説明語句を挿入**することがあります。このコンマを**「同格のコンマ」**とよんでいます。文字どおり「同じ格」になるのですから、細心の注意が必要です。

　Der Bahnhof, **das größte Gebäude** der Stadt, liegt dort.　町でいちばん大きな建物である駅は、あそこにあります。
　→ 挿入句を外すと、「Der Bahnhof liegt dort.」（駅はあそこにあります）となります。挿入句は**「der Bahnhof」**を**説明**するためなので、直後に**コンマ**が入り、「das größte Gebäude」は「der Bahnhof」と**同じ 1 格**になっています。挿入句のあとにもう一度**コンマ**を入れ、もとの文に戻る、という仕掛けになっているのです。

　＊前から順番に訳し、「駅は町でいちばん大きな建物で、それはあそこにあります」とすることもできます。

　Wie kommt man zu dem Bahnhof, **dem größten Gebäude** der Stadt?　町でいちばん大きな建物である駅には、どうやって行くのですか？
　→ 挿入句を外すと、「Wie kommt man zu dem Bahnhof?」（駅にはどうやって行くのですか？）となります。今度は**「dem Bahnhof」**と同格になるため、コンマの直後も**同じ 3 格**になっています。

　Verstehst du die Theorie des Autors, **das Thema** des Seminars?　このゼミのテーマである著者の理論を、君は理解できますか？

→ コンマの直後は「das Thema」となっており、これは**1格か4格**の形です。ということは、直前の**2格**の名詞「des Autors」とは、同格ではありませんね。同格なのはさらに前の名詞「die Theorie」（= 4格）です。このように、格を厳密に見ていくことで、どの名詞と同格なのか（= どの名詞の説明をしているのか）がわかります。

Verstehst du die Theorie des Autors, **des Philosophen**?　哲学者である著者の理論を、君は理解できますか？
→ 今度はコンマのあとが「des Philosophen」（= **2格**）となっています。つまり、直前の**2格**の名詞「des Autors」と同格である、ということになります。

(4) コンマを入れない同格の説明
　固有名詞を説明する場合に、コンマを入れないで、同格で**説明を先行**させることがあります。

Der Schriftsteller Hesse interessierte sich für Indien.　作家のヘッセはインドに興味を持っていた。
→ 固有名詞の「Hesse」が、先行する名詞「der Schriftsteller」と同格になっています。

＊固有名詞を先行させる場合は、同格のコンマが必要になります。
Hesse, **der Schriftsteller,** interessierte sich für Indien.

Ich interessiere mich für **den Schriftsteller Hesse**.　私は作家のヘッセに興味を持っています。
→ 今度は4格支配の前置詞「für」に続くため、先行する名詞も固有名詞も、ともに4格になっています。

＊固有名詞を先行させると、やはりコンマが必要になります。
Ich interessiere mich für Hesse, **den Schriftsteller**.

161

—基礎編—
2. 冠詞の分類と格変化

（1） 定冠詞と定冠詞類
CD Track 35

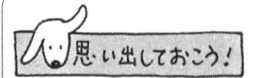

> 🐾 思い出しておこう！
>
> **定冠詞**は英語の「*the*」にあたるもので、ドイツ語では性・数・格によって何通りにも変化します。
>
> | | 男性 | 女性 | 中性 | ∥ | 複数 |
> |---|---|---|---|---|---|
> | 1格 | der | die | das | | die |
> | 2格 | des | der | des | | der |
> | 3格 | dem | der | dem | | den |
> | 4格 | den | die | das | | die |
>
> *すべての形で特徴的な語尾がつきます。
> *「dieser」（この）などの**定冠詞類**は、定冠詞と同じ変化をします。

➕ 基本パターン❶：1格の場合

Dieses Haus hat zwei Türen.　この家にはドアが2つある。

　定冠詞類の語尾は、**定冠詞と同じ**になります。例文では中性1格なので、定冠詞で書きかえると「**Das** Haus hat zwei Türen.」となって、たしかに同じ「-s」がついていますね（ただし、母音が「das」から「dieses」に変わるので、注意してください）。

　＊定冠詞類「dieser」の**1格**を、定冠詞と比べてみましょう。それぞれ語尾が対応しているのがわかりますね。

der	die	das	∥	die
dieser	diese	dieses		diese

➕ 基本パターン❷：4格の場合

Diesen Rock möchte ich haben.　このスカートを私はほしい。

　定冠詞類でも、**4格では男性だけが1格と違う形**になり、女性・中性・複数では1格と共通です。定冠詞の男性4格は「den」でしたが、定冠詞類でも「-n」がついていますね。

＊定冠詞類「dieser」の**4格**を、定冠詞と比べてみましょう。今度も語尾が対応していますね。

	den	die	das	//	die
	diesen	diese	dieses		diese

➕ 基本パターン❸：3格の場合

In **dieser** Wohnung wohnen fünf Leute.
この住宅には5人が住んでいます。

　定冠詞の**3格**では男性と中性に「-m」がつきました。女性では男性1格と同じ「-r」がつくのでしたね。例文でも「dieser」となって、たしかに男性1格と同じ形になっています。

＊定冠詞類「dieser」の**3格**を、定冠詞と比べてみましょう。

	dem	der	dem	//	den
	diesem	dieser	diesem		diesen

➕ 基本パターン❹：2格の場合

Wo liegt die Jacke **dieses** Kindes?　この子の上着はどこですか？

　定冠詞の**2格**では男性と中性で「-s」がつき、名詞のうしろにも「-(e)s」がつきました。定冠詞類でもまったく同じで、「dieses Kindes」というように**名詞も変化**しています。女性は3格と同じ「-r」、複数も女性と同じ「-r」がつくのでしたね。

＊定冠詞類「dieser」の**2格**を、定冠詞と比べてみましょう。

	des	der	des	//	der
	dieses	dieser	dieses		dieser

応用パターン❶：そのほかの定冠詞類

Welchen Rock möchten Sie haben?
どのスカートをご希望ですか？

　定冠詞類には「dieser」のほかに、「jener」（あの）、「jeder」（各々の）、「welcher」（どの）などがあり、いずれも「dieser」と同じ格変化をします。例文では男性4格なので、「welchen」というように、【基本パターン②】の「diesen」と同じ語尾がついていますね。

応用パターン❷：形容詞が続く場合

Diesen *schönen* Rock möchte ich haben.
このすてきなスカートを私はほしい。

　ある冠詞が**定冠詞類かどうか**がわかっていると、次の2つのことに応用できます。
　① その冠詞の格変化ができる
　② **形容詞の語尾変化パターン**がわかる
このうち、①については【基本パターン①〜④】で見てきました。②の詳細はあとから学びますが（→ p.263以降を参照）、3種類ある形容詞の語尾変化パターンのうち、どれにあてはまるかが判断できます。今のうちに、①に慣れておいてください！

応用パターン❸：名詞的用法（＝指示代名詞になる）

Diesen möchte ich haben.　こちらを私はほしい。

　定冠詞類を独立させて、冠詞としてではなく、**代名詞として使う**用法があります。例文では「diesen」という男性4格の形が、名詞を伴わずに使われていますね。「diesen」の語1つで、名詞の代わりをしているのです（＝指示代名詞）。
　どの名詞の代わりをしているかは、「diesen」のあとに名詞を補って考えるとわかります。ここでは男性4格なので、何か**男性名詞の代わり**をしているわけですね（すぐ上の【応用パターン①】に対する返答であ

ると考えれば、「diesen Rock」と言う代わりに「diesen」を使っていることになります）。

＊定冠詞でも、名詞を伴わずに**指示代名詞**として使う用法があります（→ p.187 以降を参照）。

ワンポイントレッスン

代表的な**定冠詞類**を紹介しておきます。次項で出てくる不定冠詞類とは分けて、覚えておいてください。

　　dieser（この）　　　　　　jener（あの）
　　welcher（どの）　　　　　jeder（各々の）
　　aller（すべての）　　　　 mancher（多くの）
　　solcher（そのような）

練習 ふさわしい格にしてカッコ内に入れてください。〔→解答は p.361〕

(1) dieser Termin（面会予約）
　　→ ［　　　　　　　　　　　］ möchte ich nicht versäumen.

(2) jedes Buch（本）
　　→ Auf ［　　　　　　　　　　　］ steht ein Stempel.

(3) manche Leute（人々）
　　→ Das Einkommen ［　　　　　　　　　　　］ hat sich gesteigert.

〔中級へのカギ〕 **jener** の使いかた

　定冠詞類に属し、指示代名詞としても使える「jener」は、便宜的に**「あの」**という訳語があてられていますが、英語の「*that*」の意味で使うことはあまりありません。日常語としては、**遠いものを指すときでも定冠詞を使うこと**のほうが多いようです。

　　　Do you see that man?　あの男の人が見えますか？
　→△　Siehst du **jenen** Mann?
　　○　Siehst du **den** Mann dort?

　それでは、どのようなときに「jener」を使うのでしょうか？　英語の「*that*」と重なり合う部分もありますが、「jener」が活躍するのは、**意識的に遠いものを指すとき**です。そしてそこには、**話し手と聞き手の共通理解としての目的物**があります。どういうことなのか、実例を見ていきましょう。

(1) 共通理解としての「jener」
　話し手が「jener」と言ったときに、聞き手が何のことかわからなくては困ります。そのため、「jener」は必ず、**何を指すのか自明の事柄**について使います。

　　　An **jenem** Tag hatte ich Kopfschmerzen.　あの日は頭が痛かったんだ。

と言うとき、聞き手はもちろん、どの日を指すのかがわかっている、というわけですね。

(2)「例の」と訳す場合
　話し手と聞き手の共通理解には、**「みんなが知っている、例の～」**という意味合いも含まれます。いずれにしても、「あの」と言えば、「ああ、あれね」ということが相手に伝わることを前提にしています。

　　　Wie hieß **jener** Spruch?　あの格言、何ていうんだったっけ？

と言うとき、「あの」格言とは、何らかの形で「遠くにある」格言、という意味ではなく、「みんなの共通理解としての、みんなが知っているはずの、

例の」格言を指しているのです。

(3) 関係代名詞が続く場合

　自分ではわかっていても、「jener」が指す内容が相手に伝わりにくい場面もあります。このようなとき、**「jene」を先行詞にして関係代名詞を続け**、うしろから詳しく規定します。

　　Das ist typisch für **jene** Leute, *die* ein gutes Gehör haben.　それは耳がいい人たちに典型的です。

　この文では、「jene」に「あの」という意味はまったくありません。コンマまでの部分を「それは**あの人たちに典型的です**」と訳してみても、どの人たちを指すのか不明だからです。
　そして、この**不明な部分を補うのが、後続の関係文**です。ここに、「**あの人たちとは、どんな人たちか**」という内容が詳しく書いてあります。つまり、「jene Leute」と言ったときに、話し手は何を指しているのかが自明なので、「ほら、あの人たちだよ」という意味合いで「jene」を使っているのですが、聞き手にはこの時点ではまだ具体的な中身がわからないので、関係代名詞を使って説明している、ということなのです。

　＊「jener」のあとに関係代名詞が続く場合、「jener」を**「あの」と訳す必要はありません**。「あの」＝「関係文の内容」となるので、二重に訳すことになってしまうからです。

(4)「前者」と訳す場合

　(1)～(3) の例では、「jener」は意識的に遠いものを指していましたが、今度は「発言の順番が遠い」ものを指す使いかたです。いわゆる「前者／後者」のうちの「**前者**」にあたります。

　　Hans und Peter laufen beide schnell. *Dieser* gewann den ersten Preis, und ***jener*** den zweiten.　ハンスとペーターは2人とも走るのが速い。後者（＝ペーター）は1等賞を、前者（＝ハンス）は2等賞をもらった。

最初の文に、ハンスとペーターという2人の人物が登場しています。この2人を区別するために、発言の順番が近いほう（＝あとから言及したほう）を**「dieser」（＝後者）**、発言の順番が遠いほう（＝先に言及したほう）を**「jener」（＝前者）**としているのです。

(2) 不定冠詞と否定冠詞［＝不定冠詞類①］

CD Track 36

> 🐕 思い出しておこう！
>
> **不定冠詞**は英語の「a / an」にあたるもので、ドイツ語ではやはり、性と格によって何通りにも変化します（不定冠詞「ein」には複数形がないので、下の表には不定冠詞類「kein」の複数形を載せてあります）。
>
> | | 男性 | 女性 | 中性   ∥ | ［複数］ |
> | --- | ------ | ----- | -------- | ---------- |
> | 1格 | ein | eine | ein | ［keine］ |
> | 2格 | eines | einer | eines | ［keiner］ |
> | 3格 | einem | einer | einem | ［keinen］ |
> | 4格 | einen | eine | ein | ［keine］ |
>
> ＊**男性1格**と**中性1・4格**で、冠詞に語尾がつきません（→この3カ所に**語尾がない**ことが、不定冠詞（類）の大きな特徴になります）。
> ＊上記3カ所以外では、定冠詞と同じ語尾がつきます。
> ＊**否定冠詞**「kein」と**所有冠詞**は**不定冠詞類**に属し、不定冠詞と同じ変化をします。

➕ 基本パターン❶：不定冠詞を否定する

Das Auto hat **keine** Klimaanlage.
この車にはエアコンがついていません。

　不定冠詞と否定冠詞は、形がよく似ています。**不定冠詞の語頭に「k」**をつけるだけで、**否定冠詞**のできあがりですね。文法的にも、この2つはよく似ています。**不定冠詞の部分を否定冠詞に入れ替える**だけで、その名詞を否定する文ができてしまうのです。

＊もとの肯定文と比較してみましょう。
　Das Auto hat **eine** Klimaanlage.　この車にはエアコンがついています。

169

➕ 基本パターン❷：無冠詞の語を否定する

Ich trinke keinen Wein.　私はワインは飲みません。

　否定冠詞「kein」は、**無冠詞の語を否定**することもできます。このとき、続く名詞の性・数・格をよく考えて、語尾をつけなくてはいけません。例文では、「Wein」は**男性**名詞です。動詞「trinken」の目的語になるので**4格**ですね。そのため、男性4格の「keinen」という形になっています。

　＊もとの肯定文は次のようになります。
　Ich trinke Wein.　私はワインを飲みます。

➕ 基本パターン❸：複数形の語を否定する

Haben Sie keine Ideen?　あなたは考えがないんですか？

　不定冠詞「ein」には複数形がありませんが、否定冠詞「kein」にはあります。そのため、**複数形を否定**するとき、肯定文ではついていなかった冠詞を、新たにつけなくてはいけません。【基本パターン②】と同じように、続く**名詞の格**をよく考えて、形を決定します。例文では「haben」の目的語になるので**4格**ですね。

　＊もとの肯定文は次のようになります。
　Haben Sie Ideen?　あなたは考えがありますか？

応用パターン❶：主語を否定する

Kein Mensch hat daran gedacht.　だれもそのことを考えなかった。

　【基本パターン①〜③】はすべて、目的語を否定していましたが、主語を否定することもできます。「だれもいない」「何もない」ことが主語になって、やはり否定文になります。それ以外に否定語が文中にないため、主語についた「k」を見落とさないようにしてください。

＊もとの肯定文は次のようになります。
　Ein Mensch hat daran gedacht.　一人の人間がそのことを考えた。

応用パターン❷：形容詞が続く場合

Kein *anderer* Mensch hat daran gedacht.
それ以外の人は、だれもそのことを考えなかった。

　形容詞の語尾変化パターンは、定冠詞（類）と不定冠詞（類）とで異なります。この違いがいちばん明確になるのが、**不定冠詞（類）が無語尾**になる場合です。不定冠詞（類）に語尾がつかないのは、男性1格と中性1・4格でしたね。

　不定冠詞（類）には語尾がつきませんが、次に続く**形容詞**には、**男性（あるいは中性）を示す語尾**がつきます。例文では男性1格なので、「anderer」という、「der」と同じ語尾がついていますね（形容詞の語尾変化パターンの詳細は、p.263以降を参照してください）。

＊もとの肯定文は次のようになります。
　Ein *anderer* Mensch hat daran gedacht.　ある別の人がそのことを考えた。
＊定冠詞（類）をつけると、形容詞の語尾から「r」が消えます。
　Dieser *andere* Mensch hat daran gedacht.　この別の人がそのことを考えた。

応用パターン❸：名詞的用法（＝不定代名詞になる）

Keiner hat daran gedacht.　だれもそのことを考えなかった。

　不定冠詞（類）も、やはり**名詞的に使う**ことができます。このとき、**格変化のパターンは定冠詞（類）と同じ**になります。例文でも「kein」ではなく、「keiner」となっていますね。

　この「keiner」は、「kein Mensch」（＝男性1格）の代わりをしています。「keine Frau」（＝女性1格）の代わりであれば「**keine**」、「kein Kind」（＝中性1格）の代わりであれば「**keines**」というように、それぞれ性・数・格に応じた形になります。

＊もとの肯定文は次のようになります。

　Einer hat daran gedacht.　一人がそのことを考えた。

ワンポイントレッスン

　否定冠詞「kein」は、不定冠詞「ein」（または無冠詞の名詞）を否定するためのものです。そのため、**定冠詞（類）の否定はできません**。

　Ich habe *das* Buch gelesen.　私はその本を読みました。
- → × Ich habe **kein** Buch gelesen.　私は本を読んでいません（＝どの本も読んでいません）。
- → ○ Ich habe *das* Buch **nicht** gelesen.　私はその本を読んでいません。

＊同じ不定冠詞類ではありますが、**所有冠詞の否定もできません**。
　Das ist *mein* Buch.　これは私の本です。
- → ○ Das ist **nicht** *mein* Buch.　これは私の本ではありません。

練習　否定文にしてみましょう。　　　　　〔→解答は p.361〕

(4) Ich habe heute einen Termin.　今日、私は面会予約があります。
　→　Ich habe heute [　　　　　　　　　　　　　　　　　].

(5) Ich habe heute Zeit.　今日、私は時間があります。[Zeit …女性名詞]
　→　Ich habe heute [　　　　　　　　　　　　　　　　　].

(6) Haben Sie Kinder?　お子さんはいらっしゃいますか？
　→　Nein, ich habe [　　　　　　　　　　　　　　　　　].

（3）所有冠詞［＝不定冠詞類②］ Track 37

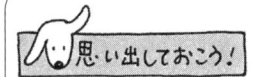

> **思い出しておこう！**
>
> 「だれだれの」という言いかたを、**所有冠詞**といいます（英語では*所有代名詞*といいましたね）。冠詞なので、**続く名詞の性・数・格に応じて格変化**をします。
>
> | | 男性 | 女性 | 中性 | ／／ | 複数 |
> |---|---|---|---|---|---|
> | 1格 | mein | meine | mein | | meine |
> | 2格 | meines | meiner | meines | | meiner |
> | 3格 | meinem | meiner | meinem | | meinen |
> | 4格 | meinen | meine | mein | | meine |
>
> ＊不定冠詞（類）とまったく同じ語尾がつきます。
> ＊大文字の「Sie」（2人称敬称）に対する所有冠詞「Ihr」（あなたの／あなたがたの）は、文中でも大文字で始めます。

➕ 基本パターン❶：「私の」「君の」

Wo ist meine Brille?　私のメガネはどこ？

「私の」は**「mein」**、「君の」は**「dein」**となりますが、英語のように自動的に名詞にくっつけるわけにはいきません。必ず**性・数・格**を考えて、冠詞の形を決定します。例文の「Brille」は**女性名詞**です。**主語**になっているので**1格**ですね。そのため、女性1格の「meine」という形になっています。

➕ 基本パターン❷：「彼の」「その」

Das Kind hat Angst vor seinem eigenen Schatten.
その子どもは自分の影を怖がっている。

「er」と「es」に対応する所有冠詞は、どちらも**「sein」**になります。そしてやはり、**続く名詞の性・数・格に応じて**形が変わります。例文では「Schatten」が**男性名詞**で、前置詞「vor」のあとは**3格**になっています。

＊「sein」を使っている理由は、主語の「das Kind」が中性で、これを受けているからです。「Schatten」が男性名詞だからではありません。

基本パターン❸：「彼女の」「彼らの／それらの」

Hast du **ihren** Hund gesehen?　彼女の（彼らの）犬、見た？

　人称代名詞の「sie」には2通りの意味がありましたね。そのどちらの意味でも、所有冠詞は**「ihr」**になります。「ihr」を見たら、**「彼女の」**なのか、**「彼らの／それらの」**なのか、**文脈で判断**しなくてはなりません。そしてさらに、「ihr」のあとに**格変化の語尾**がつくことになります。例文では「Hund」が**男性**名詞で**4格**です。

基本パターン❹：「私たちの」「君たちの」

Die Tante **unserer** Mutter war Dichterin.
私たちの母のおばは詩人だった。

　「私たちの」は**「unser」**、「君たちの」は**「euer」**となり、このあとに格変化の語尾がつきます。すぐ上の「ihr」もそうですが、基本形が「r」で終わるので、格変化の語尾の「r」と取り違えないようにしてください。例文では「Mutter」が**女性**名詞で**2格**になっているので、「unserer」というように、「r」のあとにさらに「-er」が続きます。

　＊「euer」は規則どおりに語尾をつけると発音しにくくなる場合があるので、少し縮めた形が使われます。
　　× euere Mutter　→　○ **eure** Mutter（＝女性1・4格）　など

基本パターン❺：「あなたの／あなたがたの」

Was haben Sie **Ihren** Kindern gekauft?
お子さんに何を買いましたか？

　大文字の「Sie」は**2人称敬称**で、単数にも複数にも使えるのでしたね。動詞の活用形は3人称複数と共通でしたが、所有冠詞も同じで、「彼らの」を表す「ihr」と同形になります。そしてやはり、**「Ihr」**というように**大文字**で書き始めます。例文では「Kinder」が**複数形**で、「-n」と

語尾がついているので**3格**ですね。

応用パターン❶：形容詞が続く場合

Das ist **unser** *ältester* **Sohn.** こちらが私たちのいちばん上の息子です。

　所有冠詞も**不定冠詞類**のグループに入るので、**男性1格**と**中性1・4格**では**無語尾**になります。そのため、所有冠詞と名詞の間に**形容詞**が入る場合、不定冠詞のときと同じように、形容詞のほうに、**男性（あるいは中性）を示す語尾**がつきます（→ p.273を参照）。

　例文では男性1格なので、「**unser** Sohn」というように冠詞は無語尾ですが、間に入る形容詞が「ältester」となって、「der」と同じ語尾がついていますね。

応用パターン❷：形容詞的変化をする場合

Sie holt ihren Mann, und ich hole den **meinen**.
彼女は彼女の、私は私の夫を連れてくる。

　「**定冠詞＋所有冠詞**」の組み合わせで、「だれだれのもの」という**名詞を省略**した言いかたができます。このとき、所有冠詞は定冠詞に続くので、「定冠詞に続く**形容詞**」と同じ**変化**をします（→ p.268以降を参照）。

　例文では、「den meinen」は男性4格ですね。名詞を省略せずに言うと、
Sie holt ihren Mann, und ich hole **meinen** Mann.
となります。

＊「den meinen」を1格にすると、「der meine」となって、本来の所有冠詞の形（「mein」）と異なるのがわかりますね。

応用パターン❸：定冠詞類の変化をする場合

Das ist nicht dein Hund, sondern **meiner**.
それは君の犬ではなくて、私のだ。

　所有冠詞は単独で、「だれだれのもの」という意味を表すこともできま

175

す。この場合、前に冠詞もつかず、あとに名詞も続かないので、所有冠詞が**定冠詞類と同じ形**になります。例文では「mein Hund」（＝男性1格）を「mein_er_」という1語で表しています。これは「dies_er_」と同じ形ですね。

ワンポイントレッスン ①

所有冠詞は、**縮めて発音**されることがあります。このとき省略されるのは「e」の音です。表記上も**「e」が省略**されることがあるので、自分の頭で補ってみてください（ドイツ語で省略されたり補ったりする音は、つねに「e」です！）。

unser_e_ Mutter　→　unsre Mutter（＝女性1・4格）
unser_e_m Vater　→　unserm Vater（＝男性3格）

ワンポイントレッスン ②

人称代名詞と同じく、所有冠詞は**「物」を受ける**こともできます。男性名詞と中性名詞は「sein」、女性名詞と複数形は「ihr」で受けることになります。

Der Berg ändert ständig **seine** Farbe.　その山は絶え間なく色を変える。
→「seine」は「der Berg」という男性名詞を受けています。

Die Augen haben **ihren** Glanz verloren.　目が輝きを失った。
→「ihren」は「die Augen」という複数形を受けています。

練習　ふさわしい格にしてカッコ内に入れてください。〔→解答は p.361〕

(7) deine Frau（妻）
　→　Wie heißt die Tante [　　　　　　　　　　　]?
(8) sein PC（パソコン）
　→　Was ist falsch mit [　　　　　　　　　　　]?
(9) ihre Aufgabe（課題）
　→　Ist sie zufrieden mit [　　　　　　　　　　　]?

── 基礎編 ──
3.代名詞と格変化

（1）人称代名詞

CD Track 38

> **思い出しておこう！**
>
> 　1～3人称に対応した代名詞を、**人称代名詞**といいます。**名詞の代わり**をするので、**格変化**もします。
>
> | | 単数 | | | | | ∥ | 複数 | | |
> |---|---|---|---|---|---|---|---|---|---|
> | | 1人称 | 2人称 | 3人称 | | | | 1人称 | 2人称 | 3人称 |
> | 1格 | ich | du | er | sie | es | | wir | ihr | sie |
> | 3格 | mir | dir | ihm | ihr | ihm | | uns | euch | ihnen |
> | 4格 | mich | dich | ihn | sie | es | | uns | euch | sie |
>
> ＊**2格**は特殊な場合にしか使わないので、省略してあります。
> ＊**2人称の敬称**は、3人称複数を大文字にした形を使います。

基本パターン❶：1格は主語になる

Wer hat das getan? **Du**?　だれがやったんだ？　君か？

　1格は、主語になる格でしたね。人称代名詞になっても、それは変わりません。

基本パターン❷：1人称と2人称の単数

Der Rock steht **dir** gut.　そのスカート、君に似合っているね。

　1人称と2人称の単数では、**3格と4格で違う形**を使います。例文では「dir」となっているので、3格ですね。「mir」「dir」と「-r」で終わっていれば3格、「mich」「dich」と「-ch」で終わっていれば4格です。

基本パターン❸：3人称の単数

Wann siehst du ihn?　彼にはいつ会うの？

3人称単数は一見複雑で、苦手な人も多いかと思います。でも、仕組みを知ってしまえば難しくありません。なんと、**定冠詞の格変化と同じ語尾**なのです！

下の表で見比べてみましょう。**1格**でさえも、「-r」「-e」「-s」という語尾が共通ですね。**3格**は男性と中性で「-m」がつきます。**4格**は男性のみ「-n」となり、女性と中性は1格と共通でしたね。

例文では「ihn」なので、「den」と同じ**男性4格**だと、すぐにわかりますね。

	男性	女性	中性
1格	der – er	die – sie	das – es
3格	dem – ihm	der – ihr	dem – ihm
4格	den – ihn	die – sie	das – es

基本パターン❹：1人称と2人称の複数

Der Wagen gehört uns.　その車は私たちのものです。

1人称と2人称の複数では、**3格と4格の形が共通**です。そのため、文脈で見分ける必要があります。例文では、動詞「gehören」が3格を目的語にとるので、「uns」は**3格**、ということになりますね。

基本パターン❺：3人称の複数

Ihnen fehlt die Leidenschaft.　彼らには情熱が欠けている。

3人称複数も、**定冠詞の格変化と同じ語尾**になります。例文では「ihnen」なので、「den」と同じ**3格**ですね。

複数1格	die – sie
3格	den – ihnen
4格	die – sie

➕ 基本パターン❻：2人称の敬称

Ihnen fehlt die Leidenschaft.　あなたには情熱が欠けている。

　2人称の敬称「Sie」は、**文中でも大文字**で書き始めるのでしたね。3格と4格でも、それは変わりません。そしてやはり、**3人称の複数形**を借りてくるので、3格は「Ihnen」、4格は「Sie」となります。例文のように「Ihnen」が文頭にあると、【基本パターン⑤】との区別がつきにくくなりますが、文脈で判断することになります。

＊2人称の敬称ではさらに、**単数も複数も同じ形**を使うので、こちらも文脈での判断が必要です。例文は、「あなたがたには情熱が欠けている」と訳すこともできます。

🍄 応用パターン❶：「物」を受けるとき

Er steht dir gut.　それ、君に似合っているね。

　ドイツ語の人称代名詞は、「人」だけを受けるのではありません。**「物」**に関しても、**性と数に応じた人称代名詞**を使います。例文で「er」となっているのは、だれか男の「人」を指すのではなく（そういう場合もありますが）、何か**単数の男性名詞**の「物」を指しているのです（たとえば【基本パターン②】と同じ文脈であれば、「er」＝「der Rock」として解釈できますね）。

応用パターン❷：「da[r]＋前置詞」の形

Ich bin **damit** zufrieden.　私はそれに満足しています。

　人称代名詞が**「物」**を指す場合、**「前置詞＋人称代名詞」**は**「da[r]＋前置詞」**という形になります。「da[r]」の部分が人称代名詞の代わりをするわけですが、指す「物」の**性・数にかかわらず**、そして前置詞が支配する**格にかかわらず**、いつでも「da[r]-」という形をとります（前置詞が子音で始まる場合は「da-」、母音で始まる場合に「dar-」となります）。

179

例文を、名詞を使って書いてみましょう。4通りの例が考えられますが、すべて「damit」で置きかえられることになります。

　　Ich bin mit diesem Rock zufrieden.　私はこのスカートに満足しています。（＝男性名詞）

　　Ich bin mit dieser Brille zufrieden.　私はこのメガネに満足しています。（＝女性名詞）

　　Ich bin mit diesem Glas zufrieden.　私はこのグラスに満足しています。（＝中性名詞）

　　Ich bin mit diesen Blumen zufrieden.　私はこれらの花に満足しています。（＝複数形）

＊人称代名詞が「人」を指す場合は「da［r］＋前置詞」とならず、前置詞に人称代名詞をそのまま続けます。
　　Ich bin mit ihm zufrieden.　私は彼に満足しています。

＊2格支配の前置詞では、別の形をとります。
　　stattdessen　その代わりに
　　deswegen　それが原因で　　　　など

応用パターン❸：「wo［r］＋前置詞」の形

Womit bist du zufrieden?　君は何に満足しているんだい？

前置詞を使った疑問文で、答えが**「物」**になることが予想される場合、**「前置詞＋was」**の部分が**「wo［r］＋前置詞」**の形になります。ちょうど、【応用パターン②】の「da［r］＋前置詞」に対応する表現ですね。次のように対置させて覚えておくと、いいかもしれません。

　　Womit bist du zufrieden?　— **Damit**.　君は何に満足しているんだい？
-- それに満足しているんだよ。

＊答えが「人」になることが予想される場合は、前置詞に疑問詞をそのまま続けます。
　　Mit wem bist du zufrieden?　君はだれに満足しているんだい？

ワンポイントレッスン ①

人称代名詞は**比重が軽い**ため、文中でなるべく**先に言う**傾向があります。そのため、主語となる名詞よりも先に出てくることもあります。

　　Gestern hat meine Schwester mich besucht.　昨日、妹が私を訪ねてきた。（＝正規の語順）

　→ Gestern hat **mich** meine Schwester besucht.

ワンポイントレッスン ②

「**es**」が**4格**のとき、文頭に置くことはできません。置きたい場合は、指示代名詞の「das」で代用します。

　　× Es habe ich nicht erwartet.

　→ **Das** habe ich nicht erwartet.　それを私は期待していなかった。

練習

下線部の名詞を人称代名詞に書きかえてみましょう。〔→解答は p.362〕

(1) Was ist mit deinem Mann los?　あなたのだんなさん、どうしたの？
　→ Was ist 〔　　　　　　〕 los?

(2) Was ist mit deinem PC los?　あなたのパソコン、どうしたの？
　→ Was ist 〔　　　　　　〕 los?

(3) Ich sehe die Leute marschieren.　人々が列を組んで歩いているのが見える。
　→ Ich sehe 〔　　　　〕 marschieren.

> 発展

人称代名詞の**2格**を紹介しておきましょう。所有冠詞とよく似ていますが、「〜の」という**所有の意味はなく**、2格の目的語をとる動詞や形容詞、前置詞と組み合わせるときに使います。

単数				複数			
1人称	2人称	3人称		1人称	2人称	3人称	
meiner	deiner	seiner	ihrer	seiner	unser	euer	ihrer

例：Wir gedenken **deiner**.　私たちは君のことを思う。
　　Ich bin **ihrer** nicht würdig.　私は彼女にふさわしくない。
　　Statt **seiner** kam die Mutter.　彼の代わりに母親が来た。

(2) 再帰代名詞

Track 39

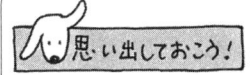

「自分自身に／自分自身を」という意味になる代名詞を、**再帰代名詞**というのでしたね。1人称と2人称では人称代名詞と同じものを使い、3人称で特別な形になります。

	単数			複数		
	1人称	2人称	3人称	1人称	2人称	3人称
3格	mir	dir	sich	uns	euch	sich
4格	mich	dich	sich	uns	euch	sich

＊2格はありません。
＊2人称の敬称は、「sich」を小文字のまま使います。

基本パターン❶：1人称と2人称

Ich habe schon lange nichts von **mir** hören lassen.
私はもう長いこと何の消息も知らせていなかった。

　1人称と2人称では、再帰代名詞に**人称代名詞をそのまま**使います。見分け方は、簡単です。代名詞が**主語と同じ**人を指すなら再帰代名詞、違う人を指すのであれば人称代名詞です。例文では主語が「ich」なので、「mir」と同じ人ですね。つまり、この「mir」は人称代名詞ではなく、再帰代名詞なのです。

基本パターン❷：3人称

Er hat schon lange nichts von **sich** hören lassen.
彼はもう長いこと何の消息も知らせていなかった。

　3人称の場合、何を指すのか、だれを指すのかという可能性は1つではありません。発言している自分［たち］（＝1人称）と、話しかけている相手（＝2人称）以外は、すべて3人称だからです。

183

再帰代名詞は3人称のときに、もっとも力を発揮します。「**sich**」とあれば自動的に、「**主語を指す**」ことが瞬時にわかるからです（この「sich」は、3人称であれば**性・数にかかわらず**、そして**3格か4格かにかかわらず**、つねに「sich」という形をとります）。

➕ 基本パターン❸：2人称の敬称

Warum haben Sie lange nichts von **sich** hören lassen?
なぜあなたは長いこと何の消息も知らせてこなかったのですか？

　2人称の敬称「Sie」は、文中でもつねに大文字で書き始めるのでしたね。これは人称代名詞でも、所有冠詞でも同じでした。ところが、再帰代名詞のときのみ、大文字で書き始める必要はありません。3人称の「sich」と同じように、**小文字のまま**使います。

➕ 基本パターン❹：再帰動詞（4格と）

Wir müssen **uns** beeilen.　私たちは急がなくてはならない。

　再帰代名詞は、動詞とセットになって**再帰動詞**を作ります。再帰代名詞が**4格**の場合は、「自分自身を急がせる」→「急ぐ」というように、**他動詞を自動詞に変換**する働きをするのでしたね（→ p.28を参照）。

➕ 基本パターン❺：再帰動詞（3格と）

Wir werden **uns** das Datum merken.　日付を覚えておこう。

　再帰動詞では、再帰代名詞が**3格**になることもあります。この場合、ほかに必ず**4格のものが文中**にあるので、3格と4格が同じ形の人称でも、再帰代名詞が3格だとわかります。例文では「uns」は3格にも4格にもなりますが、「das Datum」が4格なので、「uns」は3格、ということですね。

＊【基本パターン④・⑤】の主語を変えてみましょう。3格と4格の違いが明確にわかると思います。
　Ich muss **mich** beeilen.（＝4格）
　Ich werde **mir** das Datum merken.（＝3格）

184

応用パターン❶:「お互いに」

Wann sehen wir uns?　いつ会いましょうか？

　再帰代名詞は「自分自身を／自分自身に」と訳すのが基本ですが、**主語が複数**の場合に、**「お互いに」**と訳すこともあります。例文ではもちろん、「私たちが自分たちに会う」のではなく、「私たちがお互いに会う」わけですね。

応用パターン❷:所有の3格「自分自身の」

Er klopfte sich auf die Schulter.　彼は自分の肩を軽くたたいた。

　体の一部をいうときに、ドイツ語では**「だれだれの」**の部分が**3格**になってしまうのでしたね（→ p.151を参照）。こうした**「所有の3格」**の用法は、再帰代名詞でも使えます。例文では、主語の「er」が「die Schulter」（肩）の上をたたいています。だれの肩かというと、肩の所有者は**「sich」**。これは主語を指しているので、「sich」=「er」となり、**自分の肩**をたたいているのですね。

＊所有冠詞を使っても意味は通じますが、子どもっぽい表現になってしまいます。
　△ Er klopfte auf **seine** Schulter.

応用パターン❸:「lassen sich」で「〜されうる」

Die Schuhe lassen sich gut kombinieren.
この靴は合わせやすい。

　「lassen」は使役の助動詞ですが、これに**再帰代名詞を加えて**、「自分自身を〜させる」=「〜される」という**受動表現**に変えることができます（→ p.79を参照）。このとき、「〜できる」という**可能**の意味が入ります。

＊「〜してもらう」という意味になることもあります。
　Ich lasse **mich** oft massieren.　私はよくマッサージしてもらう。

ワンポイントレッスン ①

再帰代名詞も**比重が軽い**ので、なるべく**先に言って**しまいます（→ p. 30を参照）。その結果、主語よりも先に出てくることがあります。

　　Auf den Sonntag haben sich die Kinder gefreut.　日曜日を子どもたちは楽しみにしていた。

＊主語が代名詞の場合は、「sich」が先に出ることはありません。
　× Auf den Sonntag haben sich sie gefreut.
　○ Auf den Sonntag haben sie sich gefreut.　日曜日を彼らは楽しみにしていた。

ワンポイントレッスン ②

再帰代名詞を使った慣用句もあります。「sich」に意味はありませんので、このまま覚えましょう。
　　an sich　それ自体
　　〔＝ an und für sich〕
　　von sich aus　自発的に

練習　カッコ内にふさわしい再帰代名詞を入れてください。〔→解答は p.362〕

(4) Ich habe [　　　　　] geirrt.　間違えちゃった。
(5) Du sollst [　　　　　] das unbedingt merken.　これを絶対覚えていないといけないよ。
(6) Warum haben Sie [　　　　　] geirrt?　なぜ間違われたのですか？
(7) Danach haben sie [　　　　　] die Hände gewaschen.
　　そのあと彼らは手を洗った。

（3） 指示代名詞

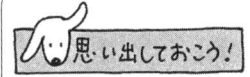

> **思い出しておこう！**
>
> **指示代名詞**は、**指し示す力が強い**代名詞です。定冠詞とよく似ており、定冠詞の独立用法ともいえます。
>
> | | 男性 | 女性 | 中性 | // | 複数 |
> |---|---|---|---|---|---|
> | 1格 | der | die | das | | die |
> | 2格 | *dessen* | *deren* | *dessen* | | *deren* |
> | 3格 | dem | der | dem | | *denen* |
> | 4格 | den | die | das | | die |
>
> ＊すべての2格と複数3格のみ、定冠詞と形が違います。
> ＊定冠詞と違い、文中で**アクセント**をつけて強く読みます。
> ＊定冠詞類のうち、「dieser」「jener」「solcher」も指示代名詞として使えます。
> ＊このまま**関係代名詞**として使えます（→ p.192以降を参照）。

基本パターン❶：指示を強調する

Suchst du deine Brille? **Die** ist hier.
君のメガネをさがしているのかい？　それならここにあるよ。

　指示代名詞は人称代名詞と同じように、**名詞の代わり**をします。そのため、文法上は人称代名詞と入れ替えが可能です。ただし、指示代名詞にすることで、**指し示す力が強く**なり、**対象物への思い入れ**が強く表現されます。

＊人称代名詞を使って書きかえてみましょう。
　Suchst du deine Brille? **Sie** ist hier.　君のメガネをさがしているのかい？　ここにあるよ。
　→「sie」という人称代名詞に思い入れはなく、ただ単純に、名詞の

187

代わりに使っているだけです。

＊名詞を補って考えると、「die」＝「die Brille」(または「deine Brille」)のことですね。2つの「die」は同じに見えますが、指示代名詞の場合は名詞があとに続かないために**強く読み**、定冠詞の場合はアクセントをつけずに弱く読みます。

➕ 基本パターン❷：近くの名詞を指す

Mein Kollege hat einen Bruder. Mit **dem** verstehe ich mich gut.

私の同僚には弟がいる。この弟と、私は話が合う。

　指示代名詞は指し示す力が強いため、**すぐ近くの名詞**を引き寄せて指すことができます。例文では「dem」が指示代名詞です。これは男性か中性の3格ですね。指し示す候補をさがすと、「Kollege」(同僚)と「Bruder」(弟)の2つが見つかります。文法的には両方とも可能ですが、ここでは指示代名詞なので、すぐ近くのもの(＝「Bruder」)が正解になります。

＊**前の文の主語を指す**ときには、**人称代名詞**を使います。

Mein Kollege hat einen Bruder. Mit **ihm** verstehe ich mich gut.　私の同僚には弟がいる。この同僚と、私は話が合う。

　(→ただしこの文では、「ihm」が指すのはどちらなのか、かなりあいまいになります)

➕ 基本パターン❸：2格の場合

Mein Kollege hat einen Bruder. **Dessen** Namen habe ich vergessen.

私の同僚には弟がいる。この弟の名前を忘れてしまった。

　指示代名詞の2格も、指し示す力が強く、すぐ近くのものを指す、という特徴は変わりません。例文ではやはり、「dessen」は「Bruder」を指すことになります。

＊2格で多い間違いとして、「dessen Namen」全体が2格になる、と勘違いしてしまうことが挙げられます。そうではなく、**2格なのは「dessen」のみ**で、ここに「Bruder」をあてはめ、「dessen」＝「この弟の」となります。そのうえで、「dessen Namen」全体が名詞として文中で何らかの役割を持ちます（ここでは4格になっています）。

＊「dessen」の代わりに**所有冠詞**を使うと、**前の文の主語を指す**ことになります。
Mein Kollege hat einen Bruder. **Seinen** Namen habe ich vergessen.
私の同僚には弟がいる。同僚の名前を忘れてしまった。
（→ただし上と同じように、この文では「seinen」がどちらを指すのか、かなりあいまいになります）

➕ 基本パターン❹：名詞の反復を避ける

Dieser Bahnhof ist **dem** meiner Heimat ähnlich.
この駅は私の故郷の駅に似ている。

指示代名詞には、純粋に**名詞の代わり**をするだけの用法もあります。例文では、

Dieser Bahnhof ist **dem Bahnhof** meiner Heimat ähnlich.

と言っても間違いではないのですが、「Bahnhof」が2回続いてくどいですね。このような場合に、**名詞の反復を避ける**ために、定冠詞だけを残し、指示代名詞として名詞の代わりをさせるのです。このとき、指示代名詞の「dem」は、直前の名詞「dieser Bahnhof」を指しているわけではありません。つまり、「この駅」と「故郷の駅」は別のもの、ということになります。

応用パターン❶：「das」は複数形も受ける

Bratwurst, Schnitzel und Linseneintopf – **das** sind meine Lieblingsspeisen.
焼きソーセージ、カツレツにレンズマメのスープ煮…これが私の大好物です。

　指示代名詞は性・数に応じて形を変えるのが基本ですが、**中性単数の「das」**だけは例外で、**性・数に関係なく**名詞を受けることができます。例文では3つのものを「das」で受けていますね（ただし、受けている内容が複数なので、**動詞は複数形**になっています）。

＊〔ワンポイント・レッスン〕も参照してください。

応用パターン❷：「das」は句や文も受ける

Sie kommt mit? **Das** ist schön.　彼女も来るって？　それはいいね。

　指示代名詞の「das」は名詞だけでなく、**句や文を受ける**こともできます。例文では、前文の「彼女も来る」という内容を「das」で受けていますね。

応用パターン❸：関係代名詞と紛らわしい場合

Ich sehe dort Kinder, **die** warten auf ihren Bus.
あそこに子どもたちが見えます。彼らはバスを待っています。

　指示代名詞は**関係代名詞と形が同じ**なので、紛らわしい場合もあります。特にこの例文のように、**コンマのあとに指示代名詞**があると、関係代名詞だと思ってしまう人も多いようです。

　見分けかたは、単純です。「コンマ＋（指示・関係）代名詞」で始まる文が、**副文になっていれば関係代名詞**、なっていなければ指示代名詞です。例文では、動詞「warten」が文末にないので、これは副文ではありませんね。つまり、「die」は指示代名詞、ということになります。

＊コンマのあとが副文になっていれば、「die」は関係代名詞です。
Ich sehe dort Kinder, **die** auf ihren Bus warten.　あそこに、バスを待っている子どもたちが見えます。

ワンポイントレッスン

「こちらは〜です」と紹介するときに使うのが、指示代名詞の「das」です。性・数に関係なく、つねに「das」を使います（紹介する対象が**複数**のときは、**動詞の形を複数形**にします）。

Das ist mein Mann.　こちらが私の夫です。
Das ist meine Mutter.　こちらが私の母です。
Das sind meine Kinder.　こちらが私の子どもたちです。

練習
カッコ内にふさわしい指示代名詞を入れてください。〔→解答は p.362〕

(8) Siehst du die Frau dort? Mit [　　　] arbeite ich zusammen.
あそこにいる女の人が見えますか？　私はあの人といっしょに仕事をしているんです。

(9) Meine Kollegin trifft sich heute mit ihrer Tochter und [　　　] Freundin.　私の女性の同僚は今日、娘さんとその友人に会う約束があります。

(10) Meine Aufgabe ist nicht so schwierig wie [　　　] der anderen.　私の課題は、ほかの人の課題ほど難しくはない。

発展

指示代名詞の**複数2格**に、**「derer」**という特別な形があります。これは**関係代名詞の先行詞**となる形で、**「〜する人々の」**という意味になります（通常の「deren」は、「その人たちの」という意味です）。

Das ist die Aufgabe **derer**, die gestern gefehlt haben.
これが、昨日欠席した人たちの課題です。

―応用編―
1.関係代名詞

（1） 基本的な使いかた

Track 41

> 思い出しておこう！
>
> 関係代名詞は、**指示代名詞と同じもの**を使います。関係代名詞で始まる文は、**副文**になるのでしたね（→ p.40を参照）。
>
> | | 男性 | 女性 | 中性 // | 複数 |
> |---|---|---|---|---|
> | 1格 | der | die | das | die |
> | 2格 | *dessen* | *deren* | *dessen* | *deren* |
> | 3格 | dem | der | dem | *denen* |
> | 4格 | den | die | das | die |
>
> ＊定冠詞とも似ていますが、すべての*2格*と複数*3格*で形が違います。
> ＊指示代名詞と同じく、文中で**アクセント**をつけて読みます。

基本パターン❶：コンマのあとが副文になる

Der Autor, **der** diesen Artikel geschrieben hat, lebt nicht mehr.

この記事を書いた著者は、もう生きていない。

　関係代名詞で始まる文は、**副文**になります。副文とは、①**前後がコンマで区切られ**、②副文の**目印となる語**で始まり、③**動詞で終わる**文のことでしたね（→ p.35を参照）。例文は、「der ... hat」までがコンマで区切られ（①）、「der」という関係代名詞で始まり（②）、「hat」という動詞で終わっているので（③）、ちゃんと副文になっていますね。

　つまりこの「der」は、定冠詞でも指示代名詞でもないことになります。**副文の始まり**にある定冠詞らしきものは、**関係代名詞**なのです。

➕ 基本パターン❷：性・数が先行詞と一致

Die Autorin, **die** diesen Artikel geschrieben hat, lebt nicht mehr.
　この記事を書いた著者の女性は、もう生きていない。

　関係代名詞を、もう少し詳しく見ていきましょう。まずは、**何を指しているか**という問題です。関係代名詞が指しているものを**先行詞**といいますが、これは**関係代名詞の性・数と一致**します。例文の「die」は先行詞の「die Autorin」と同じ、**女性単数**になっていますね。

＊【基本パターン①】の関係代名詞「der」は男性単数です。先行詞の「der Autor」と同じですね。

➕ 基本パターン❸：格は関係文の中での役割

Der Autor, **den** wir einladen wollen, lebt nicht mehr.
私たちが招待したいと思っている著者は、もう生きていない。

　次に、**関係代名詞の格**を考えてみましょう。こちらは関係文の中での役割を示しています。そのため、先行詞と一致しなくても構いません。先行詞が1格なのに関係代名詞が4格…などということは、よくあることです。
　例文では関係代名詞が「den」になっていますね。これは**男性4格**です。「4格」になっているのは、関係文の中で動詞「einladen wollen」の**目的語**になっているからです。

＊「男性」の4格になっているのは、先行詞が男性名詞だからですね。
＊【基本パターン①・②】の関係代名詞は、ともに**1格**です。関係文の中で**主語**になっているからです。

193

応用パターン❶：1格か4格か？－女性単数の場合

Die Autorin, **die** wir einladen wollen, lebt nicht mehr.
私たちが招待したいと思っている著者の女性は、もう生きていない。

　見分けかたで迷う関係代名詞を見ていきましょう。まずは、**女性1格と女性4格**の場合です。ともに同じ「die」を使いますね。【基本パターン②】の「die」は1格、こちらの例文では4格ですが、「Die Autorin, die」まではまったく同じですね。

　見分けるには、**ほかに主語があるかどうか**を調べます。こちらの例文では「wir」という1格（＝主語）がありますが、【基本パターン②】では、ほかに主語になりそうな語は、関係文の中にはありませんね。ほかに主語があれば、関係代名詞の「die」は4格になり、ほかに主語がなければ、関係代名詞の「die」が主語になります。

＊**中性1格と4格**は「das」、**複数1格と4格**は「die」で、それぞれ同じ形をしています。同じ要領で見分けていくことになります。

応用パターン❷：女性か複数か？－1格の場合

Die Autoren, **die** diesen Artikel geschrieben haben, leben nicht mehr.
この記事を書いた著者たちは、もう生きていない。

　次に、1格である「die」が**女性か複数か**を見分けてみましょう。**主語が単数か複数か**という問題になるので、**動詞の形**を見ればよいことになります。【基本パターン②】では先行詞が女性単数なので、関係代名詞の「die」も女性単数です。つまり、動詞の形が**3人称単数**になる、というわけです。たしかに「hat」となっていますね。

　それに対し、こちらの例文では先行詞が複数形なので、関係代名詞の「die」も複数です。これが1格であれば、動詞の形は**3人称複数**になります。こんなところでも、動詞の知識が役立ってくるのです。

応用パターン❸：どちらが主語？-「die」と「sie」

Die Autorin, **die** sie einladen wollen, lebt nicht mehr.
彼らが招待したいと思っている著者の女性は、もう生きていない。

関係代名詞が1格なのか4格なのか迷ったときは、ほかに主語があるかどうかを調べればいいのでしたね（→【応用パターン①】）。ところが、**関係代名詞以外の語が本当に主語なのか**どうか、迷う場合もたくさんあります。女性名詞や中性名詞、名詞の複数形は、つねに1格と4格が共通でしたね。

例文では、関係代名詞の「die」も、続く人称代名詞の「sie」も、ともに主語になれる形です。このようなときは、1つずつ分解して調べていきます。

まずは、**副文の動詞**がどうなっているのかを調べます（①）。例文では、「wollen」と複数形になっていますね。つまり、「die」と「sie」のいずれかが複数形であれば、それが主語、ということになります。ここでは「die」の先行詞は「die Autorin」で女性単数なので、複数形ではありません。自動的に、人称代名詞の「sie」が複数で主語、と判断できます。

動詞だけで判断できないときは、**文意に整合性があるか**を考えます（②）。例文では、「どちらがどちらを招待したいと思っているのか？」ということを、文脈から読み取って判断することになります。

＊コラム〔中級へのカギ〕「どちらが主語？／どちらが先行詞？」（p.197）も参照してください。

ワンポイントレッスン

英語では、*目的格の関係代名詞を省略*することもできますが、ドイツ語では**省略できません**。必ず関係代名詞で副文を始めます。

× Der Autor, wir einladen wollen, lebt nicht mehr.
○ Der Autor, **den** wir einladen wollen, lebt nicht mehr.　私たちが招待したいと思っている著者は、もう生きていない。

練習 関係代名詞を使って1つの文にしてみましょう。 〔→解答は p.363〕

(1) Ich habe mir einen Rock gekauft. Der Rock steht mir ganz gut. 私はスカートを買った。そのスカートは私にとてもよく似合う。
    → Ich habe mir einen Rock gekauft,
      [   ].

(2) Das Geschäft war neu. Das Geschäft habe ich gefunden. そのお店は新しかった。そのお店を僕が見つけたんだ。
    → Das Geschäft, [   ],
      war neu.

(3) Da kommt mein Freund. Ich will ihm diese Zeichnung zeigen. そこに僕の友だちがやって来る。彼にこのスケッチを見せたいんだ。
    → Da kommt mein Freund,
      [   ].

発展

関係代名詞にはもう1つ、**「welcher」**という形があります。**定冠詞類と同じ格変化**をし、見た目が違うだけで、ふつうの関係代名詞とまったく同じように使えます（主に文章語で使います）。

Der Autor, **welcher** diesen Artikel geschrieben hat, lebt nicht mehr.　この記事を書いた著者は、もう生きていない。

〔中級へのカギ〕どちらが主語？／どちらが先行詞？

（1）どちらが主語？

　【応用パターン③】で見たように、**1格と4格が共通の形である場合**、見分けかたの判断にはコツがいります。このときに気を付けるのは、次の2点でしたね。
　① 副文の動詞はどうなっているか？
　② 文意に整合性はあるか？

(a) Die Autorin, **die** sie einladen wollen, lebt nicht mehr.　彼らが招待したいと思っている著者の女性は、もう生きていない。
　→【応用パターン③】の例文です。副文の動詞が「wollen」なので複数形です。「die」は先行詞が単数なので、「sie」を複数であると解釈するしかなく、こちらが主語になるのでしたね。

(b) Die Autorin, **die** sie einladen wollte, lebt nicht mehr.　彼女が／を招待したいと思っていた著者の女性は、もう生きていない。
　→ (a) と違い、**副文の動詞が「wollte」で単数形**です。「die」は先行詞が単数なので、主語であると解釈することができます。しかし、「sie」もまた、女性単数の1格（＝主語）かもしれません。この文に出ている情報だけでは、「彼女（sie）が著者の女性（die）を招待したい」「著者の女性（die）が彼女（sie）を招待したい」という両方ともに、文意の整合性があり、矛盾なく内容が成り立ちます。

＊「die」が主語であるとすると、「sie」は単数である必要はありません。「著者の女性（die）が彼ら（sie）を招待したい」という文も成り立ちます。

(c) Die Autoren, **die** sie einladen wollten, leben nicht mehr.　彼らが／を招待したいと思っていた著者の女性は、もう生きていない。
　→ 今度は**先行詞が「die Autoren」で複数形**になっています。副文の動詞もやはり「wollten」で複数形です。そのため、関係代名詞の

197

「die」が主語である、と解釈することができます。しかしここでも、「sie」が主語である可能性は、排除できません。「sie」が指すものが複数形であれば、こちらも主語になることができます。

(d) Die Autorin, **die** sie einladen will, lebt nicht mehr.　彼女が招待したいと思っている著者の女性は、もう生きていない。
　→　最後は、少々意地悪な例文です。**副文の動詞は「will」で単数形**ですね。先行詞が「die Autorin」と単数形なので、関係代名詞の「die」は主語になりえますし、続く人称代名詞「sie」が1格でもおかしくありません。ここまでは、単純に文法上の問題です（＝①）。
　それでは、**文意の整合性**（＝②）はどうでしょうか？　関係代名詞の「die」が主語であるとすると、この人は「もう生きていない」のに、「彼女を招待したいと思っている」（＝現在形）ことになります。これでは整合性がありません。文法から離れ、さらには文脈上の判断からも離れた、ほとんど「常識」に属するような事柄をもフル活用しなくてはならないのです。

＊少し練習してみましょう。関係文の主語をさがしてください。
（1）Das Haus, das das Kind gefunden hat, war klein.
　　［finden　見つける］
（2）Das Haus, das das Kind angelockt hat, war klein.
　　［anlocken　引きつける］
（3）Die Häuser, die die Kinder gemalt haben, sind bunt.
　　［malen　描く］

＊解答：(1) 主語は「das Kind」（その子どもが見つけた家は小さかった）。(2) 主語は関係代名詞の「das」（その子どもを引きつけた家は小さかった）。(3) 主語は「die Kinder」（子どもたちが描いた家は色とりどりだ）。

(2) どちらが先行詞？

次は、**先行詞を見つける**練習をしてみましょう。【基本パターン②】で見たように、関係代名詞の先行詞は、**性・数が関係代名詞と一致**します。英語の関係代名詞は単複の区別がなく、もちろん性の区別もないので、基本的に直前の語が先行詞になることが多いですが、ドイツ語ではそうとは限りません。**性と数を厳密に区別**できるので、**少し遠い語を指す**こともできるのです。

(a) Der Leiter der Gruppe, **die** den Berg besteigen will, ist noch jung.　その山に登りたいと思っているグループのリーダーは、まだ若い。
　→ 関係代名詞は「die」なので、先行詞は**女性名詞か複数形**のはずです。そのため、「der Leiter」（男性名詞）ではなく、「der Gruppe」（女性名詞）が先行詞になります。

(b) Der Leiter der Gruppe, **der** sich angemeldet hat, ist noch jung.　届け出をしてきたグループのリーダーは、まだ若い。
　→ 関係代名詞は「der」なので、これは**男性1格か女性3格**です。関係文を見ると、ほかに主語がないことがわかるので、**「der」は1格**、ということになります。つまり、先行詞は女性名詞の「Gruppe」ではなく、**男性名詞**の「Leiter」ですね。

(c) Die Leiter der Gruppe, **die** den Berg besteigen will, sind noch jung.　その山に登りたいと思っているグループのリーダーたちは、まだ若い。
　→ 今度は文全体の主語が「die Leiter」となり、複数形になっています。関係代名詞は「die」なので、先行詞は「die Leiter」（複数形）でも「der Gruppe」（女性名詞）でも可能、ということになりますね。ここまでで判断できないときは、**副文の動詞**を見ます。「will」となっているので、単数形ですね。つまり、関係代名詞の「die」は**女性1格**です。先行詞は「Gruppe」ですね。

199

(d) Die Leiter der Gruppen, **die** sich <u>angemeldet haben</u>, <u>sind</u> noch jung.　届け出をしてきた諸グループのリーダーたちは、まだ若い。

　→　「die Leiter」と「der Gruppen」の両方が複数形になっています。こうなると、関係代名詞の「die」（複数形）はどちらを指すことも可能になり、文法上は判断ができません。「届け出をしてきた」のは「諸グループ」なのか、「リーダーたち」なのか、この文脈だけではわからないことになります。

(2) 2格の場合

Track 42

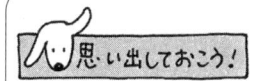

思い出しておこう！

関係代名詞の2格は、**先行詞の性・数**によって2通りの形があります。いずれも、定冠詞より少し長くなっていますね。

	男性	女性	中性	複数
2格	dessen	deren	dessen	deren

基本パターン❶：「2格＋名詞」がセットになる

Das ist mein Nachbar, **dessen** Schwester eine Wohnung sucht.
こちらが、妹さんが住まいをさがしている私の隣人です。

　関係代名詞の格は、関係文の中での役割を示すのが基本ですが、2格の場合は事情が異なります。**関係代名詞の2格**は、関係文の中で2格の役割を持つのではなく、次に来る**名詞とセット**になって使われるので、「2格」という役割は、関係文の中では失われてしまうのです。

　例文では、「dessen」が2格の関係代名詞です。「dessen」という形なので、**先行詞は男性か中性**ですね。ここでは、男性名詞の「Nachbar」が先行詞になります。

　さて、**「dessen」＝「Nachbar」**という関係が成り立つので、先行詞である「Nachbar」を**「dessen」**にあてはめてみます。「隣人の」となりますね。つまり、「dessen Schwester」は**「隣人の妹」**という意味になるのです。

＊「dessen」が2格だからといって、「妹の（隣人）」としてはいけません。「dessen」はすぐあとの名詞を2格にするのではなく、**先行詞を2格にして関係文にあてはめる**ためのものです。

基本パターン❷：続く名詞の性・数とは無関係

Das ist mein Nachbar, **dessen** Bruder eine Wohnung sucht.

こちらが、弟さんが住まいをさがしている私の隣人です。

今度の例文も、大丈夫ですね。「dessen」が2格の関係代名詞で、先行詞が男性か中性、ということになり、「Nachbar」という男性名詞を「dessen」にあてはめて考えます。「dessen Bruder」は「隣人の弟」ということですね。

ここで、関係代名詞の2格について、例外的な特性を見ておきましょう。**「dessen」が男性か中性**である、というのは、**先行詞が男性か中性**である、という意味です。そのため、「dessen」に**続く名詞の性・数とは関係がありません**。【基本パターン①】では「Schwester」という女性名詞が続き、この例文では「Bruder」という男性名詞が続いていますが、どちらも「dessen」という関係代名詞を使っていますね。

基本パターン❸：先行詞が女性か複数の場合

Das ist meine Nachbarin, **deren** Schwester eine Wohnung sucht.

こちらが、妹さんが住まいをさがしている私の隣人女性です。

次は、関係代名詞の2格に「deren」を使う場合です。「deren」は女性か複数なので、**先行詞が女性か複数**、ということですね。ここでは、女性名詞の「Nachbarin」が先行詞です。「Nachbarin」を「deren」にあてはめて、「**隣人女性の妹**」となりますね。

＊「deren」もやはり、続く名詞の性・数とは関係がないので、男性名詞や中性名詞が続くときも、先行詞が女性か複数である限り、「deren」のままです。
Das ist meine Nachbarin, **deren** Bruder eine Wohnung sucht.
こちらが、弟さんが住まいをさがしている私の隣人女性です。

基本パターン❹:「2格+名詞」が主語になる

Das ist meine Nachbarin, **deren** Eltern eine Wohnung suchen.
こちらが、ご両親が住まいをさがしている私の隣人女性です。

今度はいかがでしょうか。関係代名詞は「deren」で、先行詞は女性名詞の「Nachbarin」ですね。これをあてはめると、**隣人女性の両親**となって、ここまでは問題ないと思います。

実は、今まで見てきた**「2格+名詞」のセット**は、すべて**関係文の主語**になっています。これまでの感覚でいえば、主語には*1格を示す冠詞*がつくもの、と決まっていましたね。ところが、関係代名詞の2格がつく名詞には、すでに関係代名詞がついているので、このほかに*冠詞*をつける*余地がない*のです。そのため、「2格+名詞」のセットが何格かは、**文脈**で**判断**することになります。

例文では、「deren Eltern」も「eine Wohnung」も1格になることができる形ですが、動詞が「suchen」と複数形なので、主語は「deren Eltern」1つに絞られます。

＊【基本パターン①〜③】では動詞が「sucht」と単数形なので、文法上は「eine Wohnung」も主語になることができます。まさに、「文意の整合性」で判断しなくてはなりません（→ p.197を参照）。

応用パターン❶:「2格+名詞」が4格になる

Das ist mein Nachbar, **dessen** Schwester du kennst.
こちらが、あなたが妹さんを知っている私の隣人です。

【基本パターン①】と、途中までまったく同じ文です。「dessen」が関係代名詞の2格で、先行詞が「Nachbar」なので、「**隣人の妹**」となります。ここまでは大丈夫ですね。

これまでの【基本パターン①〜④】と違うのは、*関係代名詞の2格がついた名詞が主語なのではなく、ほかに「du」という主語があることで*

す。動詞も「kennst」という2人称単数の形になっているので、「dessen Schwester」が主語でないことは、すぐにわかりますね。

　この例文では、「dessen Schwester」は**4格の目的語**になっています。主語になる場合と同じく、4格を示す冠詞をつける余地がないため、**純粋に文脈で判断**するしかありません。ここでは、「du kennst」の目的語として4格になっている、というわけですね。

応用パターン❷：「2格＋名詞」が3格になる

Das ist mein Nachbar, **dessen** Schwester ich vieles verdanke.

こちらが、私が妹さんにたくさんお世話になっている私の隣人です。

　今度も、途中までは今までの例文とまったく同じです。違うのは、「ich」が主語になっている点ですね。つまり、「dessen Schwester」はここでも主語ではないことになります。

　では何格なのでしょうか？　さっそく文脈を見てみましょう。副文の動詞は「verdanken」です。これは、「(3格)に (4格) を負うている」という構文をとります。副文の中をじっくり見ると、「vieles」という4格がありますね。ということは、足りないものは3格です。「dessen Schwester」は**3格**になっているのです。

応用パターン❸：「2格＋名詞」に前置詞がつく

Das ist mein Nachbar, mit **dessen** Schwester ich heute ausgehe.

こちらが、私が今日、妹さんと外出する私の隣人です。

　最後に、「**前置詞＋2格＋名詞**」のパターンを見ていきましょう。前置詞はつねに、関係代名詞よりも先に来ます（→ p.206を参照）。例文でも「mit」がコンマの直後にありますね。

　前置詞が入っても、基本は変わりません。「dessen」が関係代名詞の2格で、先行詞が「Nachbar」です。**隣人の妹**となるのでしたね。そしてこれに、前置詞「mit」がかかるので、「隣人の妹**といっしょに**」という意味になります。

＊前置詞「mit」は**3格支配**なので、「dessen Schwester」は3格、ということですね。ここでは前置詞の種類が、格判断の根拠になります。

> **ワンポイントレッスン**
>
> 「2格＋名詞」には冠詞がつけられないので、格を見分けるには文脈で判断しなくてはいけないのですが、**名詞の形で見分けられる**場合があります。格変化をする際に名詞にも語尾がつくものが、ありましたね。
>
> (1) **男性および中性2格**の名詞には「-(e)s」がつく
>
> 　Das ist mein Nachbar, um **dessen** *Bruders* willen ich zu Hause bleiben soll.　こちらが、弟さんのせいで私が家にいなくてはならない私の隣人です。
> ＊「um ... willen」は間に2格を挟み、「～のせいで」という意味を表します。
>
> (2) **複数3格**の名詞には「-n」がつく
>
> 　Das ist mein Nachbar, mit **dessen** *Kindern* ich heute ausgehe.
> こちらが、私が今日、お子さんたちと外出する私の隣人です。

練習 関係代名詞を使って1つの文にしてみましょう。〔→解答は p.363〕

(4) Der Autor hält morgen einen Vortrag. Sein Buch habe ich mehrmals gelesen.　その著者が明日講演をします。私は彼の本を何度も読みました。

　→　Der Autor, 〔　　　　　　　　　　　　　　　　　　　〕,
　　　hält morgen einen Vortrag.

(5) Ich habe Blumen gekauft. Der Duft dieser Blumen war so süß.　私は花を買ってきました。これらの花の香りがとても甘かったのです。

　→　Ich habe Blumen gekauft,
　　　〔　　　　　　　　　　　　　　　　　　　　　　　　　〕.

205

（3）前置詞を伴う場合

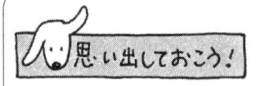

CD Track 43

> 🐕 思い出しておこう！
>
> 　関係代名詞が前置詞を伴う場合、**前置詞が必ず先**に来ます。図式化すると、次のようになります。
>
> 　　　　［副文の開始］　　　　　　　　　　　　　　　文末
> 　　　, 前置詞 ＋ 関係代名詞 → 主語 → … → 動詞 ,

➕ 基本パターン❶：副文が前置詞で始まる

Der Mitarbeiter, *mit* **dem** ich zusammenarbeite, ist nett.
私がいっしょに仕事をしている従業員は、親切です。

　副文は必ず、①前後がコンマで区切られ、②副文の目印となる語で始まり、③動詞で終わると決まっていましたが（→ p.35を参照）、**関係代名詞が前置詞を伴う場合**に限り、この原則が崩れます。関係代名詞よりも**先に前置詞が来てしまう**ので、**副文が前置詞で始まる**ことになります。つまり、②の例外、というわけですね。

　例文では、「dem」が関係代名詞です。「dem」なので、先行詞は男性か中性ですね（ここでは先行詞は「der Mitarbeiter」なので男性名詞です）。

　この「dem」という関係代名詞の前に、前置詞「mit」があります。先行詞をあてはめて読むと、「**その従業員といっしょに**」という意味になります。「dem」が**3格**になっているのは、前置詞「mit」が**3格支配**だからです。

➕ 基本パターン❷：前置詞の格支配にしたがう

Der Mitarbeiter, *für* **den** ich eine Überraschungsparty plane, ist nett.
私がサプライズ・パーティーを計画している従業員は、親切です。

　関係代名詞の性と数は先行詞と一致し、格は関係文の中での役割を示

206

すのでしたね。前置詞を伴うとき、関係代名詞の格は、**前置詞の格支配にしたがい**ます。例文では、前置詞「für」が**4格支配**なので、「den」という男性**4**格の形が使われています。

➕ 基本パターン❸：「2格＋名詞」が続く場合

Der Mitarbeiter, *für* **dessen** Schwester ich schwärme, ist nett.
　私が妹さんに夢中になっている従業員は、親切です。

　前の課の【応用パターン③】（→ p.204）と同じで、**「前置詞＋関係代名詞の2格＋名詞」**のパターンです。前置詞のあとに関係代名詞が続く点は、【基本パターン①・②】と同じですね。ただし、ここでは4格になっているのは関係代名詞ではなく、「関係代名詞の2格＋名詞」のセットが4格になっています（→ p.201以降を参照）。

💭 応用パターン❶：「wo[r]＋前置詞」になる場合

Der Mitarbeiter hat sich etwas ausgedacht, **wovon** ich nichts weiß.
　その従業員はあることを考えだしたのだが、私はそのことについて何も知らない。

　不定関係代名詞の「was」（→ p.210以降を参照）が前置詞を伴うと、**「wo[r]＋前置詞」**という形になります。これは、「前置詞＋ was」の融合形でしたね（→ p.180および p.339を参照）。
　「was」は特殊なものを先行詞にとります。例文では「etwas」が先行詞になっていて、これを「wovon」にあてはめると、「そのあることについて」となります。

💭 応用パターン❷：「物」が先行詞の場合

Der Mitarbeiter hat eine Idee, **wovon** ich nichts weiß.
　その従業員には考えがあるのだが、私はそのことについて何も知らない。

　ふつうに「前置詞＋関係代名詞」を使うべきパターンでも、**先行詞が**

「物」の場合に、「**wo[r]＋前置詞**」が使われることがあります。例文では「eine Idee」が先行詞なので、本来であれば、

　Der Mitarbeiter hat eine Idee, *von* **der** ich nichts weiß.

となるべきですが、代わりに「wovon」を使っています。

応用パターン❸：関係副詞で書きかえられる場合

Die Stadt, *in* **der** er geboren wurde, liegt im Norden.
彼が生まれた町は北にある。

　「前置詞＋関係代名詞」が**場所や時を表す副詞句**になる場合、**関係副詞**（→ p.218以降を参照）**で言いかえる**ことができます。例文では、関係代名詞の「der」は「die Stadt」を先行詞にとっているので、「in der」＝「その町で」という意味になります。これは、場所を表す副詞句ですね。関係副詞で言いかえると、次のようになります。

　Die Stadt, **wo** er geboren wurde, liegt im Norden.

ワンポイントレッスン

英語では、関係代名詞が前置詞を伴う場合に、*前置詞を文末に置く*ことができますが、ドイツ語ではできません。「前置詞＋関係代名詞」は必ずセットになり、切り離すことはできないのです。

　× Der Mitarbeiter, **dem** ich zusammenarbeite *mit*, ist nett.
　× Der Mitarbeiter, **dem** ich *mit* zusammenarbeite, ist nett.
→　ドイツ語では関係文が副文になるので、前置詞を切り離しても、置く場所に困ることが明白ですね。

練習 関係代名詞を使って1つの文にしてみましょう。〔→解答は p.364〕

(6) Das ist das Grab der Großmutter. Nach ihr wurde das Kind benannt.
これが祖母の墓です。彼女の名を取って、その子は名付けられました。

→ Das ist das Grab der Großmutter,
[   ].

(7) Er hat viele Pläne. Niemand weiß von den Plänen. 彼にはたくさんの計画があります。だれも、それらの計画について知りません。

→ Er hat viele Pläne,
[   ].

（4） 不定関係代名詞の was

Track 44

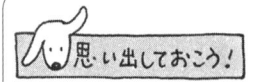

> 思い出しておこう！
>
> **特殊なものが先行詞**になるとき、関係代名詞は**「was」**という形をとります。一定のイメージを持たず、具体的な「物」を指さないため、**「不定」**関係代名詞とよばれます。「was」という形から類推できるとおり、**先行詞は中性単数形**になります。
>
> （1）指示代名詞および不定代名詞
>   　 das, etwas, nichts, alles, vieles など
> （2）形容詞が中性名詞化されたもの（主に最上級）
>   　 das Einzige, das Beste など

基本パターン❶：指示代名詞を先行詞にとる

Ich finde *das*, **was** ich dort gesehen habe, fürchterlich.
私がそこで見たものは、ひどいと思う。

　まずは、**指示代名詞「das」**を先行詞にとるパターンです。「das」とだけ言われても、何のことを言っているのか、ピンと来ませんね。一般の名詞や代名詞と違って、具体的なイメージがわかず、**指す内容があいまい**です。このようなときに、冠詞とよく似た関係代名詞ではなく、「不定」関係代名詞である「was」を使うのです。

＊指示代名詞の「das」は、「それ」「そのこと」などの意味がありますが、ここでは何か既出のものを指しているわけではありません。続く関係代名詞の「was」と一体になって、**「〜のもの／こと」**という意味を表します。

基本パターン❷：不定代名詞を先行詞にとる

Er zeigte mir *etwas*, **was** ich nicht verstehen konnte.
彼は私に、私が理解できないものを見せた。

先行詞が**不定代名詞**になっている場合も、【基本パターン①】と同様に考えます。「etwas」(何かあるもの)と言われても、具体的な「物」は思い浮かびませんね。そのため、一般的な関係代名詞は使えず、「was」で受けることになります。

➕ 基本パターン❸：形容詞の中性名詞化を先行詞にとる

Das Einzige, **was** mir gefiel, war der Anfang.
私が気に入った唯一のものは、冒頭だった。

形容詞を名詞化するとき、**中性名詞**は「人」ではなく**「物・こと」**を表します(→ p.300を参照)。定冠詞を伴っているため、一般的な名詞のように見えますが、「唯一のもの」「唯一のこと」と訳してみても、具体的な内容ははっきりしませんね。そのためやはり、関係代名詞は「was」を使います。

➕ 基本パターン❹：先行詞をとらない場合

Ich habe gefunden, **was** ich gesucht habe.
私はさがしていたものを見つけた。

関係代名詞の「was」は、**先行詞をとらない場合**もあります。「was」だけで、**「～というもの／こと」**という意味を表せるのです。このとき、この「was」は、**先行詞を含んだ関係代名詞**と解釈します。例文では、「was」以下が「私がさがしていたもの」となり、副文全体が**主文の目的語**になっています。

＊本来あったはずの**先行詞「das」を省略**したもの、と考えることもできます。
例文は、次の文とまったく同じ意味になります。
Ich habe *das* gefunden, **was** ich gesucht habe.

➕ 基本パターン❺：「人」には「wer」を使う

Wer mich sucht, wird mich im Vorhof finden.
私をさがしている人は、私を前庭で見つけるでしょう。

先行詞をとらない用法では、**「人」**を表す言いかたもあります。先行

応用編 1・関係代名詞

詞を含んだ関係代名詞として、「was」ではなく、**「wer」**を使うことになります。例文では「wer」以下の副文が、**主文の主語**になっています。

> 応用パターン❶：「wo[r] ＋前置詞」になる場合

Er zeigte mir *etwas*, **wovon** ich keine Ahnung hatte.
彼は私に、それについて私が何の知識も持っていないあるものを見せた。

　不定関係代名詞の「was」が**前置詞を伴う場合**、**「wo[r] ＋前置詞」**という形になります（→ p.207を参照）。例文でいえば、「von + was」＝「wovon」ということですね。一般の関係代名詞のように、「von dem」などのようにはなりませんので、注意してください。

　× Er zeigte mir *etwas*, **von was** ich keine Ahnung hatte.

> 応用パターン❷：間接疑問文と紛らわしい場合

Ich verrate dir nicht, **was** ich suche.
私がさがしているものを、君には教えないよ。

　さて、**「was」で始まる副文**には、もう1種類ありました。**間接疑問文**です（→ p.38以降を参照）。**疑問詞で始まり**、動詞で終わるのでしたね。
　例文は、**どちらにも解釈できる**例です。「was」が関係代名詞であると考えれば、先行詞がないパターンなので、「～というもの／こと」と訳せますし、「was」を疑問詞であると考えれば、次のようになります。

Ich verrate dir nicht, **was** ich suche.　私が何をさがしているのか、君には教えないよ。

＊「was」が先行詞をとる場合は、間接疑問文にはなりません。
＊「wo[r] ＋前置詞」で始まる副文も、間接疑問文にできます。
　Ich weiß nicht, **wovon** er redet.
　① 彼が話している内容が私にはわからない。（＝関係代名詞）
　② 彼が何について話しているのか、私にはわからない。（＝疑問詞）

応用パターン❸：前文全体を先行詞とする場合

Der Lehrer lobte mich vor der ganzen Klasse, **was** mich glücklich machte.
　教師はクラス全員の前で私を褒めた。そのことで私は幸せな気分になった。

　英語の「*which*」のように、関係代名詞の「was」は**前文全体を先行詞**とすることができます。英語の*非制限用法*と同じで、あとから補足的な説明を加える言いかたになります。

ワンポイントレッスン

「was」の用法がたくさん出てきましたね。混乱しないように、まとめておきましょう。
① 疑問文を作る…「何が？」「何を？」
② 間接疑問文を作る…「何が／何を～なのか」
③ 不定関係代名詞になる
　(a) 特殊な先行詞をとる（→〔思い出しておこう！〕）
　(b) 先行詞をとらない（＝先行詞を含む）（「人」の場合は「wer」）
　(c) 前文全体を先行詞とする
＊すべての場合で、前置詞を伴う場合は「wo[r]＋前置詞」となる

練習 関係代名詞を補い、文の意味を考えてみましょう。〔→解答は p.364〕

(8) Ich habe nichts, 〔　　　〕 ich dir geben könnte.
(9) Das Beste, 〔　　　〕 wir jetzt tun können, ist warten.
　　［tun する、　warten 待つ］
(10) 〔　　　〕 kommen will, wird eingeladen.
　　［einladen 招待する］

コラム 〔中級へのカギ〕「was / wer」で始まる副文の格

先行詞をとらない「was / wer」で始まる副文は、それ自体が**主語**になったり**目的語**になったりします（→【基本パターン④・⑤】）。このとき、**格を明示**するために、**指示代名詞「der」の助け**を借りることがあります。

(1) 主語になる場合

「was / wer」で始まる副文が**主語**になる場合は、格関係がそれほど複雑になりません。そのため、指示代名詞の助けを借りなくても十分に表現できます。

(a) **Was** ich gesucht habe, war noch in der Tasche.　私がさがしていたものは、まだカバンの中にあった。
　→「was」からコンマまでが副文で、これ全体が**主語**になっています。これを「war」という動詞で受けて、主文が続いていますね。

(b) **Was** ich gesucht habe, *das* war noch in der Tasche.　私がさがしていたものは、まだカバンの中にあった。
　→ 今度は、**指示代名詞の助け**を借りた文です。「was」で始まる副文を言い終えてから、それを受けて**「das」**で言い直しています。そしてこの「das」は中性単数で、**1格**になっています。つまり、
　　「was ich gesucht habe」＝「das」＝ 1 格
　という図式を使って、冒頭の副文が主語であることを明示しているのです。
　　＊あえて「das」も訳してみると、
　　　私がさがしていたもの、**それは**まだカバンの中にあった。
　　のようになります。

(c) **Wer** mich sucht, wird mich im Vorhof finden.　私をさがしている人は、私を前庭で見つけるでしょう。
　→「wer」で始まる副文も、原理は同じです。「wer」からコンマまでが副文で、ここではこれ全体が主語になっています。これを受ける

動詞が「wird ... finden」です。

(d) **Wer** mich sucht, *der* wird mich im Vorhof finden.　私をさがしている人は、私を前庭で見つけるでしょう。
　→ **指示代名詞の助け**を借りて表現すると、今度は「人」なので、中性の「das」は使えません。「wer」に対応する指示代名詞は、**男性形の「der」**になります。そしてやはり、「wer」で始まる副文を言い終えてから、それを受けて「der」と言い直し、直前の副文が **1 格**であることを明示しているのです。
　　　「wer mich sucht」＝「der」＝ 1 格

（2） 4 格の目的語になる場合

「was / wer」で始まる副文が **4 格**になる場合、指示代名詞の助けを借りることが多くなります。副文が主文よりも先に来るときは、**格を明示**したほうが親切だからです。

(a) **Was** ich gesucht habe, habe ich endlich gefunden.　さがしていたものを、私はついに見つけた。
　→「was」から始まる副文が、**4 格**になっています。ただし、4 格であることは、主文の最後まで読まないと判明しません。最後まで読んではじめて、冒頭の副文が「habe ... gefunden」の目的語（＝ 4 格）になっている、ということがわかるのです。

(b) **Was** ich gesucht habe, *das* habe ich endlich gefunden.　さがしていたものを、私はついに見つけた。
　→ **指示代名詞の助け**を借りると、副文が 4 格であることが、もう少し早い段階で判明します。副文が終わり、「das」で受けた時点で選択肢が **1 格か 4 格**に限られ（＝ 2 格や 3 格ではない）、「habe ich」を読んだ時点で 4 格だとわかります。
　　　「was ich gesucht habe」＝「das」＝ 4 格

(c) **Wer** mich sucht, *den* werde ich auch finden.　私をさがしている人を、私も見つけるでしょう。
→ 「wer」で始まる副文を、「den」という**男性4格**の形で受けています。直前の副文が**4格**だということが、一目でわかりますね。
　　　「wer mich sucht」=「den」= 4格

(3) 3格の目的語になる場合
　副文が**3格**になる場合、主文との格関係が見えにくくなるので、必ず指示代名詞の助けを借りることになります。

(a) **Was** ich suche, *dem* kann ich mich immer noch nicht nähern.　私がさがしているものに、いまだに近づけない。
→ 「was」で始まる副文をいったん**「dem」**という**中性3格**の形で受けています。続く主文の冒頭に置くことで、副文が**3格の目的語**になることを明示しています。
　　　「was ich suche」=「dem」= 3格

(b) **Wer** mich sucht, *dem* werde ich helfen.　私をさがす人に、私は助けを与えるでしょう。
→ 今度は「wer」で始まる副文を「dem」で受けています。これは「人」なので、**男性3格**ですね。そしてやはり、続く主文の冒頭に置かれ、**3格の目的語**になっています。
　　　「wer mich sucht」=「dem」= 3格

☆ 頭を整理しよう！☆

＊副文が何格になるかということと、副文の中で「was / wer」が何格かということは、連動しません。**「was / wer」の格は、副文の中での役割を示します。**

- (1) - (a) (b) 副文は1格、「was」は4格
- (1) - (c) (d) 副文は1格、「wer」は1格
- (2) - (a) (b) 副文は4格、「was」は4格
- (2) - (c) 副文は4格、「wer」は1格
- (3) - (a) 副文は3格、「was」は4格
- (3) - (b) 副文は3格、「wer」は1格

＊「was / wer」で始まる副文を受ける「das」などの指示代名詞と、**先行詞となる指示代名詞**は、役割が違います。

① *Das*, **was** ich gesucht habe, war noch in der Tasche.　私がさがしていたものは、まだカバンの中にあった。(→ (1) - (b))

② *Das*, **was** ich gesucht habe, habe ich endlich gefunden.　さがしていたものを、私はついに見つけた。(→ (2) - (b))

　→ いずれも**「das」は先行詞**で、主文の主語（または目的語）になっています。

217

（5）関係副詞

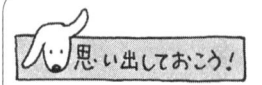

思い出しておこう！

時や場所などを表す語が先行詞となる場合は、**関係副詞**も使えます。関係代名詞と同じように**副文を作る**ことになります。

wo（時、場所）　　wie（様態、方法）　　wenn（条件）　　など

➕ 基本パターン❶：場所を表す「wo」

Die Stadt, **wo** er geboren wurde, liegt im Norden.
彼が生まれた町は北にある。

　関係副詞は、**関係文の中で副詞**になります。代表的なものは**「wo」**で、これは「場所」か「時」を表し、**場所か時を表す語句が先行詞**になります。
　例文では「die Stadt」（町）が先行詞になり、それを関係副詞の「wo」で受けています。この「wo」は、ここでは**場所**を表すので、「その場所で」＝**「その町で」**という意味になります。

＊先行詞が一般名詞の場合は、「前置詞＋関係代名詞」で置きかえることができます（→ p.208を参照）。
　Die Stadt, *in* **der** er geboren wurde, liegt im Norden.

➕ 基本パターン❷：時を表す「wo」

Ich erinnere mich oft an die Tage, **wo** wir auf dem Berg waren.
私はよく、私たちが山で過ごした日々を思い出す。

　疑問詞の「wo」は「どこ？」の意味しかありませんが、関係副詞の「wo」は場所だけでなく、**「時」**も表します。例文では「die Tage」が先行詞なので、「wo」は「そのときに」＝**「それらの日々に」**という意味になります。

＊やはり「前置詞＋関係代名詞」で書きかえることができます。
Ich erinnere mich oft an die Tage, *an* **denen** wir auf dem Berg waren.

➕基本パターン❸：時を表す「als」

Ich erinnere mich oft an die Tage, **als** wir auf dem Berg waren.

私はよく、私たちが山で過ごした日々を思い出す。

「時」を表す関係副詞で正式なものは「wo」ですが、「〜したとき」という意味の接続詞**「als」**も、関係副詞として使うことがあります。

＊次のような文では、「als」が①接続詞なのか、②関係副詞なのかがあいまいになります。
Ich habe mich an die Tage erinnert, **als** wir auf dem Berg waren.
① 私たちが山で過ごしていたとき、私はあの日々を思い出した。
② 私たちが山で過ごした日々を、私は思い出した。

➕基本パターン❹：様態・方法を表す「wie」

Auf die Weise, **wie** man jetzt lebt, lebten die Menschen vor hundert Jahren nicht.

人々が今生きているようには、100年前の人々は生きていなかった。

「どのように？」という意味を持つ疑問詞の**「wie」**は、やはり**「様態」**や**「方法」**を表す語句を先行詞として、関係副詞になることができます。例文では「die Weise」（方法）を受けて、「そのように」＝**「その方法で」**という意味になります。

💭応用パターン❶：副詞を先行詞にとる「wo」

Der Junge ist *dort* stehen geblieben, **wo** man ihn angehalten hat.

その少年は、呼び止められた場所で立ち止まった。

関係副詞の「wo」は、**副詞を先行詞**にとることもできます。例文で

は「**dort**」=「wo」となっています。「dort」には「そこで」という意味がありますが、ここでは「wo」以下の副文を受けて、**「〜した場所で」**と訳すことになります。

＊「wo」以下の副文がなければ、「dort」は「そこで」と訳します。
　Der Junge ist *dort* stehen geblieben.　少年はそこで立ち止まった。

応用パターン❷：副詞を先行詞にとる「wenn」

Ich rufe dich nur *dann* an, **wenn** ich dich brauche.
僕が君に電話をするのは、君が必要なときだけだよ。

　「wenn」は**「条件」**（もし〜なら）と**「時」**（〜するとき）を表す接続詞で、関係副詞としても使えます。例文では**「dann」**（それなら、そのとき）という副詞と呼応し、「dann」=「wenn」となって、**「〜する場合／時に」**という意味になります。

応用パターン❸：副詞を先行詞にとる「wie」

Er lebt *so*, **wie** er will.　彼は、生きたいように生きている。

　「so」は「そのように」という意味の副詞で、その内容を**「wie」**以下の副文で具体的に表すことができます。「so」=「wie」ということですね。

応用パターン❹：先行詞をとらない場合

Der Junge ist stehen geblieben, **wo** man ihn angehalten hat.
　その少年は、呼び止められた場所で立ち止まった。

　副詞が先行詞になる場合、その**先行詞を省略**することができます。すると、関係副詞は先行詞をとらないことになり、先行詞を含んだ形の「was / wer」と同じように解釈することになります（→ p.211を参照）。例文は、【応用パターン①】とまったく同じ意味になります。

220

＊【応用パターン②・③】も、先行詞をとらない形に書きかえてみましょう。
　Ich rufe dich nur an, **wenn** ich dich brauche.　僕が君に電話をするのは、君が必要なときだけだよ。
　Er lebt, **wie** er will.　彼は、生きたいように生きている。

> **ワンポイントレッスン**
>
> 関係副詞の「wo」は、先行詞が一般名詞の場合は「前置詞＋関係代名詞」で置きかえることができますが（→【基本パターン①】）、先行詞が**地名などの固有名詞**のときは、「wo」のみが使われます。
> 　× Sie wohnt in Berlin, *in* **dem** sie arbeitet.
> 　○ Sie wohnt in Berlin, **wo** sie arbeitet.　彼女は、仕事をしているベルリンに住んでいる。

練習　関係副詞を補い、文の意味を考えてみましょう。〔→解答は p.364〕

(11) Ich stellte mich hinter ihn, [　　　] ich mich am bequemsten fühlte.　[sich stellen 立つ、am bequemsten 最も快適に、fühlen 感じる]

(12) Jetzt, [　　　] du volljährig bist, darfst du das Haus verlassen.　[volljährig 成年の、verlassen 去る]

(13) Ihr kommt immer dann vorbei, [　　　] ich keine Zeit habe.　[vorbeikommen 立ち寄る、Zeit 時間]

〔中級へのカギ〕**wie** を使った関係文

関係副詞としての「**wie**」は、人称代名詞を伴って、「〜のような」という関係文を作ることができます。「**wie＋人称代名詞**」は、正式な関係代名詞ではありませんが、「**関係代名詞のようなもの**」として理解しておくと、文の流れがつかみやすくなります。

(1) 人称代名詞が主語の場合

直前に出てきた名詞を、「wie＋人称代名詞の1格」で受けます。「wie＋人称代名詞」のセットは原則として文頭にあり、離れません。

Das Kind malte einen Engel, **wie** *er* in einem Bilderbuch vorkommt.　その子は、絵本に出てくるような天使の絵を描いた。
- →「einen Engel」が**男性名詞**なので、「**er**」で受けています。これは**1格**なので、「wie」以下の副文の主語になります。「wie」があるため、「実際に絵本に出てきてはいないけれど、それに似ている」というニュアンスになります。

＊関係代名詞を使うと、「特定」することになります。

Das Kind malte einen Engel, **der** in einem Bilderbuch vorkommt.　その子は、ある絵本に出てくる天使の絵を描いた。

(2) 人称代名詞が4格の場合

直前に出てきた名詞を、「wie＋人称代名詞の4格」で受けることになります。「wie」と「人称代名詞」の間に、副文の主語が入るなどして、このセットが離れてしまうこともあります。

Der Engel, **wie** sie *ihn* malte, kommt mir bekannt vor.　彼女が描いたような天使は、私には見覚えがある。
- →「der Engel」が**男性名詞**なので、これを受ける人称代名詞は「sie」ではなく、「**ihn**」です。これは4格ですね。「wie」以下の副文の主語

が「sie」で、「ihn」は4格の目的語になっています。「wie + ihn」の間に、主語の「sie」が入ってしまっていますね。

*関係代名詞を使うと、やはり「特定」することになります。
　Der Engel, **den** sie malte, kommt mir bekannt vor.　彼女が描いた天使は、私には見覚えがある。

*人称代名詞はなるべく先に言う傾向があるので、「wie」以下の副文の主語が名詞の場合は、「wie + 人称代名詞の4格」が離れないこともあります。
　Der Engel, **wie** *ihn* das Kind malte, kommt mir bekannt vor.
その子が描いたような天使は、私には見覚えがある。

〔練習問題〕人称代名詞を補い、意味を考えてみましょう。
1) Ich möchte mir einen Schirm kaufen, wie [　　　] meine Schwester hat. 〔Schirm　傘〕
2) Wir haben sehr warme Tage, wie [　　　] bei uns nur selten vorkommen. 〔warm 暑い、 selten まれに、 vorkommen 起こる〕

〔解答〕
1) ihn (「Schirm」は男性名詞です。「einen」となっていますね。「wie」以下の主語は「meine Schwester」なので、補うべき人称代名詞は男性4格になります)
　訳：姉が持っているような傘を、私は買いたい。
2) sie (「Tage」は複数形になっています。「wie」以下の主語になるので、複数1格が入ります)
　訳：このあたりではまれにしかないような非常に暑い日々が続いている。

―応用編―
2. esを使った構文

（1）人称代名詞としての es
Track 46

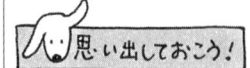

> 🐾 思い出しておこう！
>
> 　人称代名詞の「es」は、英語の「*it*」と同様、さまざまな使いかたがあります。まずは基本に立ち返って、**人称代名詞としての用法**から確認していきましょう。
>
> ☆ **中性名詞の1・4格**として
> 　① 「es」＝中性名詞を指す
> 　② 「es」＝中性以外の名詞を指す
> 　③ 「es」＝句や文を指す
> 　④ その他

➕ 基本パターン❶：中性名詞を指す（1格）

　Dort siehst du sein Haus. **Es** ist sehr groß.
　あそこに彼の家が見えるよ。とても大きいね。

　人称代名詞としての「es」は、**3人称単数の中性**を指す形でしたね（→ p.177を参照）。この意味では「er」「sie」といったほかの3人称の形と同等です。つまり、指したい名詞が男性であれば「er」、女性か複数であれば「sie」、中性であれば「es」を使うことになります。

　また、「es」という形は**1格と4格**にのみ使えます。2格は「seiner」、3格は「ihm」となるので、「es」という形にはなりません。

　例文では、「sein Haus」が**中性名詞**なので、それを**中性1格**の「es」で受けて第2文の**主語**としています。

🞤 基本パターン❷：中性名詞を指す（4格）

Dort siehst du sein Haus. Wie findest du **es**?
あそこに彼の家が見えるよ。あの家、どう思う？

　次は、「es」が4格になる場合です。やはり「sein Haus」という中性名詞を「es」で受けているのですが、第2文で**4格**になり、目的語として使われています。

🞤 基本パターン❸：漠然と指す場合

Siehst du **es**? あれが見える？

　「es」は、文脈上に中性名詞がない場合でも、**「念頭にあるもの」を漠然と指す**ことができます。例文の「es」は既出の中性名詞ではなく、状況や雰囲気から何となく察することができるものを指していることになります。

🞤 基本パターン❹：中性以外の名詞を指す場合

Siehst du die Bäume dort? **Es** sind Kastanien.
あそこに木々が見える？　マロニエの木だよ。

　「es」はさらに、指示代名詞の「das」と同様、**中性名詞以外の名詞を指すこともできます**（→ p.190を参照）。例文では「es」＝「die Bäume」という関係が成り立ち、「es」は複数形を指しています（**動詞は「es」の内容に合わせる**ため、ここでは3人称複数の「sind」になっています）。

🞠 応用パターン❶：補語を指す（名詞）

Du bist Sportler, und ich bin **es** auch.
君はスポーツマンで、僕もそうだ。

　学習者にあまり知られていない用法として、まず**「補語」を指す**言いかたを見ていきましょう。**既出の補語を受けて**、後続の文でも補語として使う用法です。例文では、前半部分に「Sportler」という補語がありますが、後半部分の「es」はこれを指し、自らも補語になっています。

「es」=「Sportler」ということになります。

＊「es」を使わないで表現すると、次のようになります。
　Du bist Sportler, und ich bin auch **Sportler**.

応用パターン❷：補語を指す（形容詞）

Du bist mutig, aber ich bin **es** nicht.
君は勇気があるけれど、僕はそうではない。

　補語になるものは名詞だけではなく、**形容詞**もありますね。この形容詞も、【応用パターン①】の名詞と同じように、「es」で受けて後続の文の補語にすることができます。例文では前半部分に「mutig」という**形容詞の補語**があり、これを後半部分で「es」という補語に置きかえています。「es」=「mutig」という関係になります。

＊やはり「es」を使わないで表現してみましょう。
　Du bist mutig, aber ich bin nicht **mutig**.

応用パターン❸：不定詞を指す

Sie malt gern, und sie tut **es** oft.
彼女は絵を描くのが好きで、よく描いている。

　「es」はまた、**不定詞の代わり**をすることもできます。例文では前半部分の「malt」という動詞を受けて、「es」=「malen」という関係になっています。

＊「es」を使わないで表現すると、次のようになります。
　Sie malt gern, und sie tut oft **malen**.
　（「tun + 不定形」で、「〜する」という動作を強調できます。この「不定形」は、「zu」がつかない**「不定詞」**とよびます→ p.343を参照）

応用パターン❹：句を指す

Sie malt stundenlang. Kannst du **es** auch?
彼女は何時間でも絵を描くよ。君にもできる？

　今度の例文は、既出の動詞だけでなく、副詞を含めた**「句」全体**を「es」で受けています。つまり、「es」=「stundenlang malen」（何時間でも絵を描く）ということですね。

＊「es」を使わない表現と比較すると、「es」の内容が明確になりますね。
　Sie malt stundenlang. Kanst du auch **stundenlang malen**?

＊第2文は、【応用パターン③】に出てきた「tun +不定形」でも表現できます。この場合は、「**es** + tun」=「stundenlang malen」となります。
　Sie malt stundenlang. Kannst du **es** auch tun?

応用パターン❺：文を指す

Sie malt stundenlang. Wusstest du **es**?
彼女は何時間でも絵を描くよ。知っていたかい？

　最後に、「es」が既出の**文全体**を指す場合を紹介しましょう。例文の「es」は前の文全体を指すので、「es」=「Sie malt stundenlang.」となります。

＊「es」を使わない表現と比較してみましょう。
　Sie malt stundenlang. Wusstest du, dass **sie stundenlang malt**?

応用パターン❻：あとに続くものを指す

Wusstest du **es**? Sie malt stundenlang.
知っていた？　彼女は何時間でも絵を描くんだって。

　これまで、「es」は必ず既出の何かを指していましたが、「es」が先に出てきて、**あとに続くものを指す**こともあります。例文では、「es」は第2文の内容全体を指していますね。

227

> **ワンポイントレッスン**
>
> 「**es**」が**4格**の場合、文頭に置くことができません。指示代名詞の「**das**」で代用することになります（→ p.181を参照）。
>
> × Sie malt gern, und **es** tut sie oft.
>
> ○ Sie malt gern, und **das** tut sie oft.　彼女は絵を描くのが好きで、よく描いている。
>
> ＊「**es**」が補語の場合も、文頭に置くことができません。
>
> × Du bist Sportler, und **es** bin ich auch.
>
> ○ Du bist Sportler, und **das** bin ich auch.　君はスポーツマンで、僕もそうだ。

練習 文中の「es」は何を指していますか？　〔→解答は p.365〕

(1) Ich habe ein neues Fahrrad bekommen. Ich finde **es** toll.
　　［Fahrrad 自転車、　toll すばらしい］

(2) Jemand hat mich angerufen. Bist du **es**?
　　［jemand だれか、　anrufen 電話をかける］

(3) Warum hast du **es** nicht getan? Kannst du **es** erklären?
　　［erklären 説明する］

(2) 非人称構文

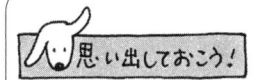

CD Track 47

思い出しておこう！

人称代名詞の「es」は、**非人称構文を作る**ことができます。このとき、**「es」は何も指していないので、日本語に訳す必要はありません。**英語の「*it*」と同じですね。

☆ 非人称構文の主語・目的語として
① 自然現象
② 生理現象・心理状態（→「es」の省略可）
③ 熟語表現

➕ 基本パターン❶：自然現象を表す（天気、気象など）

Es ist windig, und in dem Zimmer zieht **es**.
風が強くて、部屋の中にも風が通る。

　非人称の「**es**」で代表的なものは、**天気**や**気象**などの**自然現象**を表す構文です。英語でも、「*It rains.*」（= Es regnet.　雨が降る）などと言うときに、非人称の「*it*」を使いますね。

　「**非**」人称なのですから、「es」は「人」や「物」を表す**人称ではありません**。何か具体的な内容を指しているわけではなく、神や自然の摂理など、人知の及ばないものを漠然と「es」で表しています。つまり、**「es」＝「何ものでもない何か」**ということになります。だから、**日本語には訳せない**のですね。

　例文で1つ目の「es」は、天候として風が強いことを表すときの**非人称主語**なので、まさに「自然現象」ですね。2つ目の「es」もやはり、「すきま風」という**動作の主体がわからない**ものを表す非人称の主語になっています。

＊自然現象を表す「es」は、省略できません。

基本パターン❷：自然現象を表す（時間の表現）

Es wird bald Sommer.　もうすぐ夏だ。

　時刻や季節など、**時間の表現**も、非人称主語の「es」を使います。だれが時間を動かしているのか、動作の主体がわからないからですね。例文の「es」はもちろん、時間を表す**非人称主語**です。「それはもうすぐ夏になる」などと訳すと、間違いになります。

＊「今日」や「明日」などの副詞が文頭に置かれる場合、**「es」を省略**することがあります。文法上、**主語がない文**になります。
　Es ist *heute* Mittwoch.　今日は水曜日だ。
　→ *Heute* ist Mittwoch.

基本パターン❸：動作主が不明瞭な場合

Es klopfte an der Tür.　ドアをノックする音がした。

　動作の主体がわからない「自然現象」だけでなく、一般の現象においても、**動作主が不明瞭**な場合や**隠したい**場合に、非人称の「es」を使うことがあります。例文でいえば、だれかがノックしたわけですが、だれなのかがわからない。あるいは、だれかはわかっていても、それを前面には出さずに、「音がした」ことを強調したい。そのようなときに「非」人称の「es」を持ってくると、動作主の顔が隠れ、**動作が主体の文**が作れるのです。

＊この用法での「es」は、省略できません。

基本パターン❹：生理現象を表す

Es ist mir kalt.　**Es** friert mich.　私は寒い。寒気がする。

　非人称の「es」は、自然現象などのコントロールできないことに対して、**「自分がどう感じるか」**を表すときにも使います。なぜそのように感じるのか、自分にはわからない何かによって突き動かされている、というわけですね。

　1つ目の例文は、「**Es** ist kalt.（気温・室温が）寒い」という、自然現象を表す文とよく似ています。違いは「mir」があるかないか、とい

うだけですが、この「mir」が非常に重要です。**「だれが感じているか」を3格で表す**ことによって、「es」が自然現象ではなく、**生理現象**を表す非人称主語に変わるからです。

2つ目の例文は、**感じている人が4格**になっています。「mich」を抜かすと「**Es friert.**　凍える寒さだ」となって、やはり自然現象を表す文になります。

＊日本語に訳すと、感じている人（3格・4格）が主語になります。
＊生理現象を表す「es」は、**文頭にない場合は省略**できます。やはり文法上、主語がない文になります。
　Mir ist kalt. *Mich* friert.　私は寒い。寒気がする。

➕ 基本パターン❺：心理状態を表す

Es ist ihm bange.　彼は不安でたまらない。

心理状態もまた、非人称主語の「es」を使って表現できます。このとき、**「感じている人」**はやはり**3格か4格**になります（例文では3格です）。

＊心理状態を表す「es」も、**文頭にない場合は省略**できます。
　Ihm ist bange.　彼は不安でたまらない。

🍄 応用パターン❶：熟語表現（1格）「～は元気だ」

Es geht mir gut.　私は元気です。

非人称の「es」は、さまざまな**熟語表現**にも使われます。例文は、ドイツ語の会話で最初期に習う表現ですが、この「es」は実は**非人称**の主語で、「**es geht＋3格＋様態**」という熟語だったのです。

非人称なので、「es」＝「何ものでもない何か」となるのでしたね。これを例文にあてはめて直訳すると、「何ものでもない何かが、私にとってうまくいっている」となります。3格を主語に変換すると、「私は元気です」となりますね。

＊熟語表現の「es」は、省略できません。
Auch meiner Mutter geht **es** gut.　私の母も元気です。
→　「meiner Mutter」が3格で文頭にありますが、非人称主語の「es」も文中に残ります。

応用パターン❷：熟語表現（1格）「～がある」

Es gibt viele Gründe.　たくさんの理由がある。

「es gibt ＋4格」も、ドイツ語ではじめのころに習う表現ですね。英語の「*There is / are ～*」に相当し、**「～がある／存在する」**という意味を表すのでしたね。ただし、英語と違って、ドイツ語では**「～が」の部分が4格**になります。「es」のほうが主語（＝1格）で、これも**非人称**の「es」なのです。

意味を分析してみると、「何ものでもない何かが、たくさんの理由を与えてくれる」となります。そこから、「たくさんの理由がある」という意味が生まれるのですね。

＊〔ワンポイント・レッスン②〕も参照してください。

応用パターン❸：熟語表現（4格）

Ich habe **es** eilig.　私は急いでいます。

非人称の「es」は、**4格**としても使われます。「es」は**何も指していない**ので、「私はそのせいで急いでいます」などと訳しては、間違いになります。文字どおり訳してみると、「私は何ものでもない何かを、急いでいるものとして持っています」＝「私は急いでいます」となることがわかりますね。

＊「es」は4格なので、文頭には置けません。
　×　**Es** habe ich eilig.

応用パターン❹：受動文の主語となる

Es wurde viel gelacht.　たくさんの笑いがあった。

最後に、**受動文の主語**となる**「穴埋めの es」**を、ここでも挙げておきます（→ p.72を参照）。ドイツ語では、4格の目的語を持たない動詞を受動態にすることができて、その際に冒頭の穴埋めとして「es」を主語にできるのでしたね。

この「es」は、厳密にいえば「非人称」ではないのですが、**「何も指さない**ので訳さない」「文頭になければ**省略可能」**という2つの性質がよく似ているので、この流れでもう一度確認してみてください。

ワンポイントレッスン①

非人称の「es」を使った熟語表現を、いくつか紹介しましょう。どれもよく使われますので、早めに覚えておくと便利です。
- es handelt sich um ＋4格　〜にかかわる問題だ
- es geht um ＋4格　〜がかかっている
- es kommt auf ＋4格 an　〜が重要だ
- es fehlt an ＋3格　〜が欠けている　　　　　　など

ワンポイントレッスン②

「es gibt ＋4格」（〜がある／存在する）は、ぜひとも覚えてほしい重要な表現です。現在形だけでなく、どんな形でも使えるようにしてください！

- Es gab viele Gründe.　たくさんの理由があった。（＝過去形）
- Es hat viele Gründe gegeben.　〃　　　　　（＝現在完了形）
- Es wird viele Gründe geben.　たくさんの理由があるだろう。
（＝未来形）
- Es gäbe viele Gründe.　たくさんの理由があるかもしれない。
（＝接続法第2式［婉曲話法］）
- Es kann viele Gründe geben.　たくさんの理由がありうる。
（＝話法の助動詞と）
- ☆ Weil es viele Gründe gibt, 〜.　たくさんの理由があるので、〜。
（＝副文）

応用編 2・es を使った構文

練習 文中の「es」はどの用法ですか？ 省略可能かどうかも答えてください。

〔→解答は p.365〕

(4) **Es** dauerte lange, bis ich **es** gelesen habe.
　　［dauern 時間がかかる］
(5) **Es** graute mir vor dem Flug.
　　［grauen 恐怖を感じる、　Flug 飛行］
(6) **Es** gab viel zu tun, bevor **es** Weihnachten wurde.
　　［bevor 〜する前に、　Weihnachten クリスマス］

（3） 仮主語・仮目的語の es

CD Track 48

> 🐾思い出しておこう！
>
> やはり英語の「*it*」と同様、「es」は**仮主語・仮目的語**として使うことができます。このとき、「es」は**本来の主語（目的語）の代わり**として、それよりも前に置かれることになります。
>
> ☆ **仮主語・仮目的語**として
> ① 「es」= zu 不定詞句
> ② 「es」= 副文
> ③ 「es」= 名詞

➕ 基本パターン❶：「zu 不定詞句」を受ける（＝主語）

Es ist schön, Träume **zu** haben.　夢を持つことはすばらしい。

英語の「*it ... to ~*」構文と同じ感覚で、「es」を仮主語にして「**es ... zu ~**」という構文を作ることができます。このとき、**本当の主語は「zu 不定詞句」**で、「es」は便宜上、それを受ける仮主語として文頭に置いているだけです。「**es」=「zu 不定詞句」**となるので、「es」を日本語に訳す必要はありません（同じ文で2度同じものを訳すことになってしまうからです）。

例文では、「es」=「Träume zu haben」となるので、主語は「夢を持つこと」ですね。これを「es」にあてはめて、文意が完成します。

＊「es」を使わないで表現すると、次のようになります。
　Träume **zu** haben (,) ist schön.　夢を持つことはすばらしい。
　→ 主語が長くて文のバランスが悪くなるため、仮主語の「es」を文頭に置くパターンが好まれています。

＊「zu 不定詞」の作りかたについては、p.82以降を参照してください。

➕ 基本パターン❷：副文を受ける（＝主語）

Es ist schön, **dass** man Träume hat.　夢を持つことはすばらしい。

　仮主語の「es」は、英語の「**it ... that ～**」構文と同じ要領で、**副文を受ける**こともできます。つまり、「**es**」＝「**dass 以下の副文**」ということですね。例文では、「（人々が）夢を持つこと」が主語になります。【基本パターン①】の「zu 不定詞句」を副文で書きかえただけなので、同じ意味の文ができあがりますね。

　＊「es」を使わないでも表現できます。
　　Dass man Träume hat, ist schön.　夢を持つことはすばらしい。
　　→　やはり主語が長くてバランスが悪くなるので、「es」を文頭に置くほうが好まれます。

➕ 基本パターン❸：「zu 不定詞句」を受ける（＝目的語）

Ich finde **es** schön, Träume **zu** haben.
夢を持つことはすばらしいと思う。

　次は、「**es**」が仮目的語になるパターンです。例文では、「私はそれをすばらしいと思う」と言ってから、「それ」とは何かを「zu 不定詞句」で続けています。「**es**」＝「**zu 不定詞句**」になっているのですね。

　＊「es」を使わない表現も、語順によっては可能です。
　　× Ich finde, Träume **zu** haben, schön.
　　○ Träume **zu** haben, finde ich schön.　夢を持つことはすばらしいと思う。

➕ 基本パターン❹：副文を受ける（＝目的語）

Ich finde **es** schön, **dass** man Träume hat.
夢を持つことはすばらしいと思う。

　「es」が仮目的語になるパターンでも、「**dass 以下の副文**」を受けることができます。考えかたは、【基本パターン③】とまったく同じです。

＊「es」を使わない表現は、やはり語順により可能です。
　× Ich finde, **dass** man Träume hat, schön.
　○ **Dass** man Träume hat, finde ich schön.　夢を持つことはすばらしいと思う。

応用パターン❶：間接疑問文を受ける

Es ist nicht klar, **ob** er mitkommt.
彼がいっしょに来るのかどうか、はっきりしない。

　仮主語（および仮目的語）の「es」で受けられるのは、「dass」で始まる副文だけではありません。**名詞の代わりとなる副文**であれば、「es」を使った構文にできます。たとえば、**間接疑問文**が挙げられますね。例文では、「**es**」＝「**ob 以下の間接疑問文**」となっています。

＊「es」はもともと代名詞なので、「**es**」**が名詞を受ける**のは当然ですね。「**dass**」は「～という**こと**」という、名詞の代わりとなる副文を作ります。また「**zu 不定詞**」も、「～する**こと**」となって、動詞を名詞化するのでしたね。

応用パターン❷：「es」が前置詞を伴う場合

Das hängt **davon** ab, **ob** er mitkommt.
それは、彼がいっしょに来るかどうか次第だ。

　仮目的語の「es」が前置詞を伴う場合があります。このとき、「von es」などとはならず、「**da[r]＋前置詞**」の形をとるのでしたね（→ p.88 を参照）。そのため、「es」を含んだ構文であることに気付きにくくなりますが、「davon」＝「von」＋「es」のように分解できます。例文では、「**davon**」＝「**von**」＋「**ob 以下の間接疑問文**」ということになりますね。

＊「Das hängt davon ab.」だけを訳すと、「それはそれ次第だ」となります。「それ」の部分に、本当の主語である「ob 以下の副文」が入るわけですね。

応用パターン❸：名詞を受ける（＝主語）

Es besteht **die Möglichkeit** einer zweiten Aufführung.
2回目の上演を行う可能性があります。

　ドイツ語ではさらに、仮主語の「es」が**名詞を受ける**ことができます。例文では「**es**」＝「**die Möglichkeit**（einer zweiten Aufführung）」となっています。仮主語の「es」で文が始まるのに、「zu 不定詞句」も副文も続かないため、非人称の「es」と間違えやすいので、注意が必要です。

＊仮主語の「es」が名詞を受けるとき、**同じ文中に主語が2つある**ことになります（非人称の「es」が主語の場合は、主語は「es」のみです）。

＊「es」を使わないで表現すると、文頭の主語が長くて文のバランスが悪くなります。
　△ Die Möglichkeit einer zweiten Aufführung besteht.　2回目の上演を行う可能性があります。

応用パターン❹：複数形の名詞を受ける（＝主語）

Es tanzen **die Kinder** aus aller Welt.
世界中から来た子どもたちが踊ります。

　仮主語の「es」が**複数形の名詞を受ける**場合、**動詞の形が3人称複数**になります。動詞を仮主語の「es」（＝3人称単数）ではなく、**本来の主語**（＝3人称複数）**に合わせる**ためです。もちろん、ここでも「**es**」＝「**die Kinder**（aus aller Welt）」という関係が成り立っています。

＊「es」を使わないで表現してみると、動詞が3人称複数の形になることが納得できると思います（ただし、文頭の主語が長くなって、文のバランスは悪くなります）。
　△ Die Kinder aus aller Welt tanzen.　世界中から来た子どもたちが踊ります。

応用パターン❺：強調構文

Es war sein Vater, **der** ihn anrief.
彼に電話してきたのは、父親だった。

ドイツ語の**強調構文**は、**「es」と関係代名詞**を組み合わせて使います。例文でいえば、コンマ以降の「der」が関係代名詞ですね。見かけ上の先行詞は「sein Vater」です。先行詞が男性名詞のため、関係代名詞が「der」という男性形になっているのです。

　ここでは「es」と「der」が強調構文を作っているため、**「der」以下の関係文を「es」にあてはめて**訳します。通常の仮主語（および仮目的語）では「dass」以下の副文を「es」にあてはめるので、**「es」が後述の内容を先取り**している、という点では共通していますね。

＊強調構文としてではなく、*通常の関係代名詞*として訳すと、文の意味が違ってきます。
　Es war sein Vater, der ihn anrief.　それは、彼に電話した父親だった。

＊見かけ上は「sein Vater」＝「der」ですが、内容的には**「es」＝「der (ihn anrief)」**という関係になります。

＊〔余力のある人に④〕（p.245以降）も参照してください。

ワンポイントレッスン

　「es」を使った構文は、いろいろなパターンがあって複雑です。少し整理してみましょう。
① 何かを指すのかどうか？
　→「人称代名詞」○、「非人称」×、「仮主語」○
② 指すのは前のもの？　あとのもの？
　→「人称代名詞」前・あと、「仮主語」あとのみ
③ 日本語に訳すかどうか？
　→「人称代名詞」○、「非人称」×、「仮主語」×
④「es」を省略できるか？
　→「人称代名詞」×、「非人称」○・×、「仮主語」○

練習 文中の「es」は何を指していますか？ 〔→解答は p.365〕

(7) **Es** ist immer gut, Freunde zu haben.
(8) Ich merkte **es** ihm an, dass er müde war.
　　［anmerken 見て取る、　　müde 疲れている］
(9) **Es** besteht die Möglichkeit, dass weitere Aufführungen nicht mehr stattfinden. ［Aufführung 上演、　　stattfinden 開催される］

コラム 〔中級へのカギ〕**es** 構文の見分けかた

「es」を使ったさまざまな構文を見てきましたが、いかがでしたでしょうか？　英語の「*it*」と重なり合う部分も多く、なじみのあるものもあったかと思います。

とはいえ、実際の文中で「es」に出会うと、どの用例なのか、迷ってしまうことも多いですね。ここでは、**特に紛らわしい用例**について、どのようにして見分けたらよいのか、考えるためのカギをいくつか用意してみました。

(1) 代名詞の「es」か、仮主語の「es」か

　(a) **Es** folgte die Anweisung.　（そのあとに）指示が続いた。
　(b) **Es** folgte der Anweisung.　それは指示に従った。

この2つの文は、「Anweisung」の前にある**冠詞**だけが違いますね。つまり、「Anweisung」の**格が違う**、ということです。1つずつ見ていきましょう。

(a) では「**die** Anweisung」となっているので、これは **1格か4格**ですね。動詞「folgen」は、**自動詞**です。自動詞は4格を必要としないので、**1格**（＝主語）ということになりますね。「folgen」は「(1格) が続く」という意味なので、「指示**が**続いた」と訳せます。

ここでもう一度、動詞「folgen」について考えてみましょう。辞書を引くと、「3格を伴う」と書いてあります。つまり、「folgen」といっしょに使う名詞（または代名詞）は **3格**になる、ということですね。**4格は使わない**、ということも意味します。

(a) の文に戻ると、この文中には **3格がない**ことがわかります。「es」も「die Anweisung」も3格ではありませんね。しかし、「folgen」は4格といっしょに使えないので、この2つは **4格でもありません**。では何格かというと、**両方とも1格である**、という結論になります。

少しくどくなりましたが、冒頭の「es」は**仮主語の「es」**です。この「es」は1格でしかありえない、という結論が出た時点で、「**es**」＝「**die Anweisung**」という関係が導き出せます。文法的にいうと、主語が1つ

241

余計に入っている文なのです。「es」を省略して、
　　　Die Anweisung folgte. （そのあとに）指示が続いた。
と表現しても、文の意味は変わりません。

　それでは、(b) はどうでしょうか？「**der** Anweisung」となっているので、これは **2 格か 3 格**ですね。動詞「folgen」は 3 格といっしょに使うので、2 格ではなく **3 格**、ということになります。「folgen」は「(3 格) **に続く**」「(3 格) **に従う**」という意味になるので、「指示に従った」と訳せますね。

　冒頭の「es」は、もうおわかりでしょうか？　そうです。文中にまだ 1 格を見つけていないので、これが **1 格**（＝主語）ですね。何か中性の名詞を受けている、**代名詞の「es」**になります。

　　＊ 2 つの文の「es」は、「Anweisung」を複数形にすると、さらにはっきりと違いがわかります。
　　(a) → **Es** folgten *die Anweisungen*.
　　　　　（複数形の主語に合わせて、動詞が 3 人称複数になっている）
　　(b) → **Es** folgte *den Anweisungen*.
　　　　　（主語が変わらないので、動詞は 3 人称単数のまま）

(2) 非人称の「es」か、代名詞の「es」か
　　(a) **Es** kommt auf den Preis an.　　価格が重要だ。
　　(b) **Es** kommt auf den Preis an.　　それは価格次第だ。

　2 つの文に、語句の違いはまったくありません。純粋に、「es」を文法的にどうとらえるかによって、意味が違ってくる例です。

　(a) の「es」は、**非人称の「es」**です。動詞「ankommen」を辞書で引くと、「es kommt auf（＋ 4 格）an」（〜が重要だ）という非人称構文が載っています（→ p.233 を参照）。前置詞「auf」のあとの 4 格を「〜が」の部分にあてはめて、「価格が重要だ」と訳すことになります。

これに対して (b) では、「es」を非人称の「es」であると解釈せず、**代名詞の「es」**としてとらえています。つまり、既出の中性の名詞か、何かまとまった内容の語句や文を受けているわけですね。「es」が**非人称でない**場合、動詞「ankommen」と前置詞「auf (+ 4 格)」の組み合わせは、「〜次第だ」という意味になります。

　見分けるコツは、①辞書をよく見て、「es」が非人称の場合の意味があるか、**非人称でない場合の意味**があるかを調べること、②「es」が**受けられる内容があるか**どうか、既出の文からさがすこと、③どちらの意味が**文脈に合うか**を考えること、の3つになります。いずれにしても、早とちりせずにじっくり考えることが必要ですね。

(3) 非人称の「es」か、仮主語の「es」か
　(a) **Es** fehlte mir an Zeit.　私には時間が不足していた。
　(b) **Es** fehlte mir die Zeit.　私には時間が不足していた。

　そろそろ慣れてきたでしょうか？　見分けかたのコツは、いつも同じです。まずは動詞「fehlen」を辞書で引いて、**非人称構文があるか**どうかをさがしてみましょう。すると、「es fehlt (3格) an (+ 3格)」(〜には〜が欠けている) が見つかるはずです。(a) の「es」は**非人称の「es」**ということですね。「es」は訳さず、欠けているものは前置詞「an」のあとにあって、日本語にすると、こちらが主語になります。

　(b) でも同じ動詞「fehlen」を使っていますが、前置詞の「an」がなく、**「die Zeit」が1格**になっています(これが4格でないことは、動詞「fehlen」が4格をとる他動詞でないことから判断できます)。つまりこの文では、「(主語) **が欠けている**」という構文をとっていることになります。同じ文に**主語が2つ**あることになるので、文頭の**「es」は仮主語**になります。やはり「es」は訳しません。「es」を省略すると、
　　Die Zeit fehlte mir.　時間が私に不足していた。
となります。

243

(4) 前を指すか、あとを指すか

(a) **Es** kam ihr bekannt vor.　それは彼女には見覚えがあるように思われた。

(b) **Es** kam ihr bekannt vor, **dass** er ihr so entgegenkam.　彼がそんなふうに出迎えてくれるのは、彼女には見覚えがあるように思われた。

最後に、軽く頭の体操をしましょう。**「es」がどちらの方向を向いているか？**という問題を考えてみます。「vorkommen」という動詞には、非人称構文を作る使いかたはなく、(a) も (b) も、「(1格) が (3格) にとって～のように思われる」という意味になります。つまり、「es」は何かを指している、というわけですね。

(a) の「es」は、**代名詞の「es」**です。既出の中性名詞か、あるまとまった内容を指していることになります。いずれにしても、「es」の内容は**「es」より前**にある、と考えてよいでしょう（まれに、あとに続く内容を指すこともあります→ p.227 を参照）。

(b) の「es」は、**仮主語の「es」**です。仮主語なので、本当の主語は必ずこれよりも**あと**にあるのでしたね。「es」の指す内容が、「es」よりもあとに置かれている、ということになります。

☆著者がドイツ語を勉強していたとき、ドイツ人の先生が、「ドイツ語のあらゆる文法の中で、『es』がいちばん難しい」とおっしゃっていました。同じ文が違う意味になったり、違う文で同じ意味を表したり、ややこしいですね。いっぺんに理解できなくてもめげないで、1つ1つ自分のものにしていってください！

④ 強調構文

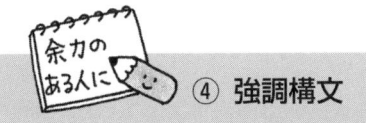

ドイツ語の強調構文は、英語ほどには**頻繁に使われません**。ドイツ語では語順を自由に動かせるので、わざわざ強調構文を使って言わなくても、**語順を変える**だけで、十分に強調できるからです。

　　Es ist der Senf, **den** ich nicht mag.　私が好きでないのはマスタードだ。
　　Den Senf mag ich nicht.　マスタードが私は好きではないのだ。

とはいえ、中級レベル以上の文章を読むときには、知っておいたほうがよい構文です。基本的な特徴だけは、押さえておきましょう。

(1) es と関係代名詞を使う

　前述の（3）の【応用パターン⑤】（→ p.238）で見たとおり、ドイツ語の強調構文では**「es」と関係代名詞**を組み合わせます。強調したい語が「es」を使って浮き彫りにされ、その他の要素が関係文で表されます。いくつか例を見てみましょう。

　　(a) *Sein Vater* rief ihn an.　彼の父親が彼に電話してきた。
　　→　**Es** war *sein Vater,* **der** ihn anrief.　彼に電話してきたのは、父親だった。

【応用パターン⑤】と同じ文です。強調したい「*sein Vater*」を「es」で浮き立たせ、それを関係代名詞「der」で受けて、残った「rief ihn an」の部分を副文で続けていますね。

　ただし、**意味上**は副文が「sein Vater」につながるのではなく、**「es」の内容**を表しています。「**それ**は彼の父親だった」の「**それ**」が、あとから説明される、というわけですね。

245

(b) Ich mag *den Senf* nicht.　私はマスタードが好きではない。
→ **Es** ist *der Senf,* **den** ich nicht mag.　私が好きでないのはマスタードだ。

冒頭で紹介した例文です。強調したい語はもともと**4格**でしたが、「es」で引き立たせるときには**1格**になります。「それは〜だ」という文の述語（＝補語）になるからですね。

(2) es を後置できる

「es」と関係代名詞を使った文が強調構文であるかどうかは、**「es」を後置**してみるとよくわかります。見かけ上の*先行詞*から、**関係文が離れてし**まうからです。

(a) *Sein Vater* war **es, der** ihn anrief.　彼に電話してきたのは、父親だった。
(b) *Der Senf* ist **es, den** ich nicht mag.　私が好きでないのはマスタードだ。

＊この語順になると、純粋な関係文として訳すことはできません。つまり、「それは、彼に電話した父親だった」「それは、私が好きでないマスタードだ」という訳ができないことになります（「es」が前置される(1)の場合は、文脈によって可能です）。

(3) 複数形の語を強調する場合

「es」によって強調される語が**複数形**の場合、**動詞が3人称複数**の形になります。「es」が代名詞として複数形の語を指すときと同じですね（→ p.225を参照）。

(a) **Es** waren *seine Eltern,* **die** ihn anriefen.　彼に電話してきたのは、両親だった。
(b) *Die Würste* sind **es, die** ich nicht mag.　私が好きでないのはソーセージだ。

(4) 1人称と2人称を強調する場合

1人称の「ich」と2人称の「du」が強調される場合、それが**男性**なのか**女性**なのかによって、**関係代名詞を使い分け**ます。

(a) **Es** war *ich,* **der** ihn anrief.　彼に電話したのは私だった。
　→　「*ich*」=「der」なので、「私」は男性
(b) **Es** war *ich,* **die** ihn anrief.　彼に電話したのは私だった。
　→　「*ich*」=「die」なので、「私」は女性
(c) *Du* warst **es, den** er anrief.　彼が電話したのは君だったのか。
　→　「*du*」=「den」(男性4格)なので、「君」は男性
(d) *Du* warst **es, die** er anrief.　彼が電話したのは君だったのか。
　→　「*du*」=「die」(女性4格)なので、「君」は女性

＊**動詞の形は「es」の内容に合わせる**ので、「ich」の場合は「bin / war」、「du」の場合は「bist / warst」になります。

〔練習問題〕強調構文に書きかえてみましょう。イタリックの語を強調してください。〔解答は次のページにあります〕

1) Nur *die Genehmigung* fehlt mir noch.　あと足りないのは許可だけだ。
　→　Es ist nur [　　　　　　　　　　　],
　　　[　　　　　　　　　　　　　　　　　　　　　].
2) *Seinen Mut* wollen wir hoch schätzen.　彼の勇気をわれわれは高く評価したい。
　→　Es ist [　　　　　　　　　　　],
　　　[　　　　　　　　　　　　　　　　　　　　　].

247

〔解答〕

1) **Es** ist nur *die Genehmigung,* **die** mir noch fehlt.　→強調したい語を「es」で引き立たせ、そのあとに副文を続けます。「die Genehmigung」が女性名詞で主語になっているので、関係代名詞は「die」ですね。副文の動詞を最後に持ってくるのを忘れないでください。

2) **Es** ist *sein Mut,* **den** wir hoch schätzen wollen.　→強調したい語を「es」で引き立たせるわけですが、補語になるので1格にします。「Mut」は男性名詞で、もとの文では4格だったので、続く関係代名詞は男性4格の「den」になります。やはり副文の語順に注意しましょう。

第3部

形容詞・副詞の使いかた

―基礎編―

1. 3つの用法

（1） 述語として

🎵 Track 49

> 🐕 思い出しておこう！
>
> 形容詞はまず第一に、**述語**として使われます。「…は～である」の「～」にあたる部分ですね。英語でいう「*SVC*」や「*SVOC*」の文型で、「*C*」に入れる**補語**となります。
> 　＊文法用語では**「述語的用法」**といいます（英語の「*叙述用法*」にあたります）。
> 　＊補語になる形容詞は**変化せず**、辞書に載っている形をそのまま使います。

➕ 基本パターン❶：述語になる

　Der Mond war **hell**.　月は明るかった。

　「der Mond」が1格で主語、「war」は動詞「sein」の過去形で、形容詞の「hell」が補語になっています。英語でいう「*SVC*」の文型ですね。
　「sein」は英語の「*be*」動詞にあたり、**「主語＝補語」**という関係を作り出します。日本語では「…は～である」という関係になり、「…」に主語、「～」に補語が入ることになりますね。ドイツ語では**「sein」**と**形容詞**が一体となって、文の**述語**を形成します。

　＊ほかに、**名詞も補語**になることができます。このとき、名詞は**1格**になるのでしたね（→ p.145を参照）。
　Ist der Mond **ein Stern**?　月は星ですか？

基本パターン❷：補語は文末に置かれる

Der Mond war an jenem Abend ganz hell.
月はあの晩、実に明るかった。

　ドイツ語では、**動詞と結びつきの深い語を文末**に置いて、**ワク構造**を作るのでしたね（→ p.22を参照）。**「sein ＋形容詞」**の組み合わせも、結びつくことでいっしょに述語を作るため、ワク構造に準じた形をとります。つまり、**補語となる形容詞**が「sein」動詞から遠く離れて、**文末に置かれる**のです。
　例文では「war ... hell」となっていて、間に「an jenem Abend」という副詞句が入っていますね（「ganz」は形容詞「hell」を修飾している副詞です）。図式化すると、次のようになります。

Ⅰ	Ⅱ	Ⅲ	それ以降	文末
主語 →	sein（動詞）→	それ以外	→	補語

＊補語が名詞でも、やはり文末に置かれます。
　Ist der Mond in der Tat **ein Stern**?　月は実際のところ、星ですか？
　（→「in der Tat」が副詞句で、間に挿入されています）

基本パターン❸：完了形の場合

Der Mond ist an jenem Abend ganz hell gewesen.
月はあの晩、実に明るかった。

　「sein」動詞が完了形を作ると、完了形のワク構造が優先されるので、「sein」の過去分詞である「gewesen」が文末に来ます。そのため、次に優先されるべき**形容詞の補語**の位置は、**文末の直前**、ということになります。いずれにしても、2番目に来る動詞とは遠く離れてしまうので、見失わないようにしましょう。

基本パターン❹：補語が文頭にある場合

Hell war der Mond.　月が明るかった。

　ドイツ語では主語以外のものも文頭に置きましたね。実は目的語や副詞だけでなく、**補語を文頭に置くこともできる**のです。例文では**「補語**

→**動詞**→**主語**」となっていますね。

＊ちょうど英語の*倒置文*と同じ語順になります。
　***Bright** was the moon*.　月が明るかった。

➕ 基本パターン❺：「sein」以外の動詞を使う合

Der Mond **wurde** plötzlich **hell**.　月は突然明るくなった。
　補語をとる動詞は「sein」だけではありません。「**werden**」（〜になる）や「**bleiben**」（〜であり続ける）なども、名詞や形容詞を補語にして使うことができます。例文では「hell」という形容詞が補語として文末に置かれ、間に「plötzlich」という副詞が挟まれています。

＊ここで使っているのは、*動詞としての*「*werden*」です（助動詞の「werden」は、未来形や受動態に使うのでしたね）。

応用パターン❶：目的語の補語になる

Der Mond **machte** *ihn* **wahnsinnig**.　月が彼の気を狂わせた。
　形容詞はさらに、**目的語の補語**として使うこともできます。英語でいう「*SVOC*」の文型で、「*O = C*」という関係になる「*C*」のことです。
　「**machen**」という動詞は英語の「*make*」と同じように、「…を〜にする」という構文をとります。「…」の部分に**4格**が入り、「〜」の部分に**補語**が入るのです。

＊補語が名詞の場合は、目的語と同格の**4格**になります（→ p.146を参照）。
＊ほかに、「**finden**」（…を〜だとわかる／思う）なども目的語の補語をとります。

応用パターン❷：分詞が続く場合

Der Mond war **aufmunternd**.　月は元気づけてくれるようだった。
　現在分詞や**過去分詞**を、形容詞として使うこともできます。現在分詞

は「**不定形＋ -d**」となって**能動的**な意味、過去分詞はおもに「ge—t」となって受動的な意味を表すのでしたね。

＊「sein ＋現在分詞」を英語の*進行形*のように使うことはできません。
＊分詞についての詳細は、p.307以降を参照してください。

応用パターン❸：状態受動

Der Himmel war durch den Mond aufgehellt.
空は月で明るくなっていた。

　受動態の「werden」を「sein」に置きかえることで、**状態受動**を作れましたね（→ p.61を参照）。「**sein ＋過去分詞**」となるので、この過去分詞を*形容詞の補語*としてとらえると、「～された状態にある」という「主語＝補語」の関係が、より明確に見えてくるかもしれません。

＊同じ発想で、通常の受動態も【基本パターン⑤】のように「werden ＋補語」と考えて、「～された状態になる」ととらえることができます。
　Der Himmel wurde durch den Mond **aufgehellt**.　空は月で明るくなった。

> **ワンポイントレッスン**
>
> 補語となっている形容詞は、「es」で受けます（→ p.226を参照）。英語にはない用法なので、覚えておくと便利です。
> 　Der Mond war **hell**. Der Himmel war **es** auch.
> 　　月は明るかった。空もそうであった。

練習　補語の形容詞を見つけてみましょう。　〔→解答は p.366〕

(1) Nach drei Jahren war die Abhandlung endlich fertig.
(2) Durch die ganze Zeit ist sie ihm treu geblieben.
(3) Ganz wütend ist sie schon längst nicht mehr.

253

（2） 修飾語として

> 🐾 **思い出しておこう！**
>
> 　形容詞は、**名詞の修飾語**として使うこともできます。その場合、形容詞は必ず**名詞の前**に置かれ、**形容詞に語尾**がつきます。つまり、*辞書に載っている形ではそのまま使えない*、ということになります。
> 　　＊文法用語では**「付加語的用法」**といいます（英語の「*限定用法*」にあたります）。
> 　　＊語尾のつけかたは、次の課を参照してください（→ p.263以降）。

➕ **基本パターン❶：不定冠詞―男性1格の場合**

　Es war ein **heller** Abend.　明るい晩だった。

　「hell」が形容詞で、直後の名詞「Abend」を修飾しています。形容詞をよく見ると、「hell」という語のはずなのに、「-er」となっていますね。これが、**名詞を修飾**するときの**形容詞の語尾**です。英語のように、ただ形容詞を名詞の直前に置くだけでは不十分で、必ずクッションとなる語尾が必要となるのです。

　　× ein hell Abend　→　○ ein hell**er** Abend

＊どんな語尾がつくかは、①*冠詞の有無と種類*、②*名詞の性と格*、によって決まっています。詳しくは、次の課を参照してください（例文の語尾「-er」は、①**不定詞**「ein」を使い、②名詞「Abend」が**男性1格**の場合の語尾です）。

➕ **基本パターン❷：不定冠詞―男性4格の場合**

　Wir hatten einen **hellen** Abend.　明るい晩だった。

　今度は同じ「hell」という形容詞に、「-en」という語尾がついていますね。これは名詞「Abend」が4格になったため、①不定詞を使い、②名詞が**男性4格**の場合、の語尾になっているのです。

基本パターン❸：定冠詞―男性1格の場合

Der **helle** Abend war schön.　その明るい晩はすてきだった。

　冠詞が**定冠詞**になると、同じ**男性1格**でも形容詞の語尾が違ってきます。例文では「hell」という形容詞に、「-e」という語尾がついていますね。

基本パターン❹：定冠詞―男性4格の場合

Wir freuten uns über den **hellen** Abend.
明るい晩になって、私たちはうれしかった。

　同じ**定冠詞**の場合でも、男性1格と**男性4格**の語尾は違うものになります。例文では「hell」という形容詞に、「-en」という語尾がついていて、これは【基本パターン②】の場合と同じですね。

応用パターン❶：形容詞を並列する場合

Es war ein **schöner, heller** Abend.　すてきな明るい晩だった。

　2つ以上の形容詞が並列して同時に名詞を修飾する場合、**すべての形容詞に同じ語尾**がつきます。例文では「schön」と「hell」という2つの形容詞が並列して「Abend」を修飾しているので、どちらも**男性1格**の「-er」という語尾がついているのです。

＊2つ以上の形容詞を並列させる場合、*間をコンマで区切る*のが一般的です（→〔ワンポイント・レッスン②〕も参照してください）。

応用パターン❷：名詞を省略する場合

Es war ein **heller**, aber kein **warmer** Abend.
明るい晩だったが、暖かい晩ではなかった。

　修飾される名詞を省略することもできます。この場合もやはり、**形容詞に語尾**がつきます。つまり、まるで名詞が残っているかのような形で、形容詞が変化するのです。例文では「ein heller［Abend］」となるはずなので、形容詞の「hell」に「-er」という**男性1格**の語尾がついている、

というわけです。

応用パターン❸：語尾がつかない形容詞
Ganz Japan hoffte auf einen hellen Abend.
日本中が明るい晩を望んでいた。

　例外として、名詞を修飾しても語尾がつかない形容詞もあります。例文では「ganz」が形容詞ですが、**無語尾のまま**「Japan」を修飾していますね。

＊〔ワンポイント・レッスン①〕も参照してください。

ワンポイントレッスン①

　名詞を修飾しても語尾がつかない形容詞には、次のような種類があります。辞書には「無変化」である旨が書かれていますので、参考にしてください。

① **外来語**で**色**を表すもの
　　rosa（バラ色の）、orange＊（オレンジ色の）など
　　［＊フランス語読みで「オランジュ」となります。］

② 「**地名＋er**」で「どこどこの」を表すもの
　　Frankfurter（フランクフルトの）、Wiener（ウィーンの）など

③ 単数形で**量**を表すもの
　　viel（多くの）、wenig（わずかの）、genug（十分な）など

ワンポイントレッスン ②

形容詞の**並列パターン**を紹介しておきましょう。

① コンマを使う（=【応用パターン①】）

　　Es war ein **schöner, heller** Abend.　すてきな明るい晩だった。
　　→ 2つの形容詞が同等な立場で名詞を修飾している

② コンマを使わない

　　Es war ein **unvergesslicher heller** Abend.　忘れがたい明るい晩だった。
　　→「heller Abend」が1つの概念を表し、それをはじめの形容詞が修飾している

③「und」を使う

　　Es war ein **heller und warmer** Abend.　明るくて暖かい晩だった。
　　→ 原則的には①と同じで、同等な立場で名詞を修飾している

④「aber」を使う

　　Es war ein **heller, aber kalter** Abend.　明るかったが寒い晩だった。
　　→ 逆説の接続詞でつなぐ場合は、間を**コンマ**で区切る

⑤ ハイフンでつなぐ

　　Es war ein **bläulich-heller** Abend.　青みをおびて明るい晩だった。
　　→ 2つの形容詞を結合させる場合はハイフンでつなぎ、**最後の形容詞にのみ語尾**をつける

⑥ 3つ以上の形容詞を使う

　　Es war ein **schöner, heller und warmer** Abend.　すてきで明るく暖かい晩だった。
　　→「A, B und C」となり、「und」の前にコンマはつけない

＊英語と違って、*形容詞の順番に関する厳密な規則はありません。*

練習 語尾が必要な箇所に○、必要でない箇所に×を入れてください。

〔→解答は p.366〕

(4) Wir haben einen groß[　] Baum in unserem Garten.

(5) Dieser Baum bietet im Sommer einen angenehm[　], kühl[　] Schatten.

(6) Dort verbringen wir viel[　] Zeit und sind sehr glücklich[　].

（3） 副詞として

Track 51

　ドイツ語の形容詞は、**そのままの形で副詞**になります。つまり、*英語の副詞のように、「形容詞＋ -ly」*などと語尾を変化させる必要がありません。極論すれば、形容詞の数だけ副詞が作れることになります。

* 形容詞を副詞として使う場合、形容詞は**変化せず**、辞書に載っている形をそのまま使います。
* 本来の副詞と同じように、文頭にも文中にも使え、動詞・形容詞・副詞など、**名詞以外のものを修飾**します。

基本パターン❶：そのまま副詞として使う

　Der Mond leuchtete **hell**.　月は明るく輝いていた。

　「hell」は**形容詞**ですが、ここでは**副詞として**使われています。動詞「leuchten」は補語をとらないので、「hell」は補語（＝形容詞）ではありません。そのままの形で「明るい」→**「明るく」**と意味が変換され、副詞になっています。

* 辞書に副詞としての用法が載っていなくても、基本的に**すべての形容詞は副詞として使え**ます（手持ちの辞書で「hell」を調べてみたところ、形容詞としての意味しか載っていませんでした）。

* 補語としての形容詞と比べてみましょう。形はまったく同じですね。(*英語では、副詞は原則として違う形になります*)
　Der Mond war **hell**.　月は明るかった。
　(＝ *The moon was* **bright**.)
　Der Mond leuchtete **hell**.　月は明るく輝いていた。
　(＝ *The moon was shining* **brightly**.)

基本パターン❷：文頭に出る場合

Hell leuchtete der Mond.　明るく月が輝いていた。

　形容詞を副詞として使う場合、副詞とまったく同じように使えるので、**副詞で文を始める**こともできます。このとき、「**副詞→動詞→主語**」という語順になるのでしたね。

基本パターン❸：名詞の直後にある場合

Gestern leuchtete der Mond **hell**.　昨日は月が明るく輝いていた。

　誤訳が多いのが、このパターンです。「昨日は*明るい月*が輝いていた」などというように、副詞の「hell」を直前の名詞「Mond」にかけて訳してしまうのです。これは、次の2つの意味で誤りになります。
① 形容詞が名詞を修飾する場合は、必ず名詞の前に形容詞が置かれ、形容詞の語尾が変化するはずだが、「hell」は**名詞のあと**にあり、**語尾も変化していない**
② 主語を文頭に戻すと「hell」と「Mond」は離れてしまう
　Der Mond leuchtete gestern **hell**.

＊近くにあるからといって、形容詞をうしろから名詞にかけてはいけません。必ず、**語尾がついているか**どうかを確認してください。

基本パターン❹：形容詞を修飾する

Der Mond war **wirklich** hell.　月は本当に明るかった。

　副詞は、**形容詞を修飾**することもできます。「wirklich」は「本当の」という意味の形容詞ですが、ここでは「hell」という補語の**形容詞の直前**に置かれ、「**本当に**」という副詞として使われています。

＊【基本パターン①〜③】では、副詞は「leuchten」という*動詞を修飾*しています。

基本パターン❺：副詞を修飾する

Der Mond leuchtete wirklich hell.　月は本当に明るく輝いていた。

　副詞はさらに、**副詞自身を修飾**することもできます。例文ではやはり「wirklich」が**副詞の直前**に置かれ、副詞として使われています。

応用パターン❶：名詞の修飾語を修飾する

Es war ein wirklich heller Abend.　本当に明るい晩だった。

　慣れが必要なのが、このパターンです。同じ形容詞でも、「wirklich」は**副詞**、「hell」は**形容詞**として使われているからです。なぜだかおわかりでしょうか？ ── ここまできちんと基本を押さえてきていれば、難しくありませんね。「hell」は名詞の前に置かれ、「-er」という語尾がついているので形容詞ですが、「wirklich」は名詞の前にはあるものの、**語尾が何もついていない**からです。

　つまり、修飾関係としては、「hell」は「Abend」を修飾しているので「明るい晩」となりますが、「wirklich」は「*Abend*」を修飾していないので「本当の晩」とはならず、「hell」という**形容詞を修飾**して「本当に明るい」という意味になる、というわけです。

応用パターン❷：名詞化された形容詞を修飾する

Sie liest nur das wirklich Wertvolle.
彼女は本当に価値あるものだけを読む。

　形容詞を名詞化した場合（→ p.294以降を参照）、これを修飾するのは**副詞**になります。名詞化されても、形容詞としての性質がまだ残っているのですね。つまり、名詞を修飾するように語尾がつくのではなく、形容詞を修飾するように**語尾がつかない**、ということになります。例文でも「wirklich」となっていて、語尾はついていませんね。

> **ワンポイントレッスン**
>
> **形容詞の3つの用法**を、ここでまとめておきましょう。見分けかたのポイントはずばり、**「語尾がつくかどうか？」**です。
> ① 述語的用法　　＝**補語**になる　　　　→語尾がつかない
> ② 付加語的用法　＝**名詞を修飾**する　**→語尾がつく！**
> ③ 副詞的用法　　＝そのまま**副詞**になる！　→語尾がつかない

練習 副詞を見つけてみましょう。　　　　　　〔→解答は p.366〕

(7) Er steht spät auf und zieht sich langsam an.

(8) Hoch steht die Sonne, und er genießt den späten Morgen.

(9) An dem schön gedeckten Tisch trinkt er gemütlich seinen Kaffee.

―基礎編―
2.形容詞の格変化

（1）無冠詞の場合

CD Track 52

思い出しておこう！

形容詞を**名詞の修飾語**として使うとき、必ず**形容詞に語尾**がつくのでしたね（→ p.254を参照）。この語尾を、**形容詞の格変化**といいます。どのような語尾がつくかは、①冠詞の有無と種類、②名詞の性と格、によって決まっています。
　まずは、**冠詞がつかない場合**を見ていきましょう。**形容詞の語尾が冠詞の代わりをするので、「強い語尾」**がつきます。
　＊「強い語尾」のことを、文法用語では**「強変化」**といいます。
　＊*男性2格と中性2格は例外で、「弱い語尾」がつきます。*

基本パターン❶：男性1格は「-er」

Grüner Tee hat ein feines Aroma.　緑茶は繊細な香りがする。

　男性名詞「Tee」を「grün」という形容詞が修飾していて、形容詞の語尾が**「-er」**になっています。これは、修飾される名詞が①*無冠詞*、②*男性1格*、の場合における形容詞の格変化になります。
　男性1格で「-er」という語尾がつくのは、定冠詞の「der」と同じですね。冠詞がつかない代わりに、修飾語である**形容詞が格変化**をして、「次に来る名詞は男性1格ですよ」ということを示してくれているのです。

基本パターン❷：女性1格は「-e」

Frische Luft kam durch die Fenster herein.
新鮮な空気が窓を通って入ってきた。

　次は**女性名詞**が１格の場合です。形容詞の語尾は**「-e」**となっていま

263

すね。これは①*無冠詞*、②*女性1格*、の場合の語尾で、やはり定冠詞の「die」と同じ語尾であることがわかると思います。

➕ 基本パターン❸：中性1格は「-es」

Kaltes Wasser würde ihm guttun.
冷たい水が彼に効くんじゃないかな。

　修飾される名詞が①*無冠詞*、②**中性1格**、の場合は、形容詞の語尾が「**-es**」になります。定冠詞の「das」と母音が違いますが、「-s」は共通ですね。

➕ 基本パターン❹：複数1格の場合

Kalte Getränke sind hier erhältlich.
冷たい飲み物はこちらでお求めになれます。

　複数名詞につける定冠詞は、**女性名詞と同じ**「die」でしたね。①*無冠詞*、②*複数1格*、の場合の形容詞の語尾も、①*無冠詞*、②*女性1格*、のときと共通で、「**-e**」となります。

➕ 基本パターン❺：女性・中性・複数の4格

Was möchten Sie haben – **frische** Milch, **kaltes** Wasser oder **sonstige** Getränke?
何がお望みですか？　新鮮な牛乳、冷たい水、それともそれ以外のお飲み物ですか？

　定冠詞の**4格**を思い出してください。**女性・中性・複数**の場合は、それぞれ**1格の形と共通**でしたね。①*無冠詞*、②*女性・中性・複数4格*、の場合に形容詞につく語尾も、それぞれの1格の場合と同じです。「frisch ＋ **-e**」（女性4格）、「kalt ＋ **-es**」（中性4格）、「sonstig ＋ **-e**」（複数4格）となっているのがわかりますね。

＊ダッシュのあとに続く名詞はすべて、動詞「haben」の目的語なので、4格になります。

応用パターン❶：男性4格は「-en」

Ich trinke oft **grünen** Tee. 　私はよく緑茶を飲みます。

　男性4格は1格と違い、定冠詞では「den」という形をとりました。形容詞の語尾もこれと同じで、①*無冠詞*、②*男性4格*、の場合に**「-en」**という語尾になります。定冠詞の格変化と同じなので、覚えやすいですね。

応用パターン❷：男性3格と中性3格は「-em」

Sie schwimmt gerne in **kaltem** Wasser.
彼女は冷たい水の中で泳ぐのが好きだ。

　男性3格と**中性3格**は、定冠詞が「dem」となりましたね。形容詞の語尾も、①*無冠詞*、②*男性・中性3格*、の場合に**「-em」**となります。「-m」がつくので、「3格だ！」とすぐにわかりますね。

応用パターン❸：女性の2格と3格は「-er」

Wegen **schlechter** Stimmung geht sie nicht aus.
機嫌が悪いので、彼女は外出しません。

　女性の2格と3格は、定冠詞が「der」となって、男性1格と共通でしたね。①*無冠詞*、②*女性2格・3格*、の場合につく形容詞の語尾も、①*無冠詞*、②*男性1格*、の場合と同じで、**「-er」**となります。

＊前置詞「wegen」は2格支配です。

応用パターン❹：複数の2格と3格の場合

Die Tasche ist voll **kalter** Getränke. / Die Tasche ist voll von **kalten** Getränken.
カバンは冷たい飲み物でいっぱいだ。

　複数2格は、女性2格と定冠詞が共通で「der」となりましたね。そのため形容詞の語尾も、①*無冠詞*、②*複数2格*、の場合に、【応用パターン③】と同じ**「-er」**となります。

265

これに対して**複数3格**は、「den」という定冠詞をとりました。形容詞の語尾はこれにならって、①*無冠詞*、②*複数3格*、の場合に**「-en」**となります（複数3格では、名詞にも「-n」がついたのでしたね）。

＊「voll」（～でいっぱいだ）という形容詞は、次の2つの形をとります。意味に違いはありません。
　・「voll ＋**2格**」… voll **kalter Getränke**
　・「voll von ＋**3格**」… voll von **kalten Getränken**

> 応用パターン❺：男性2格と中性2格は例外!!

Sie geht trotz **schlechten** Wetters schwimmen.
彼女は天気が悪いのにもかかわらず泳ぎに行く。

　最後に、例外を紹介しましょう。**男性2格**と**中性2格**は、①*無冠詞*、②*男性・中性2格*、の場合でも、定冠詞「des」と同じ語尾にはなりません。**「-en」**という**弱い語尾**がつくことになります。

＊「*schlechtes* Wetters」のように強い語尾をつけてしまうと、誤りになります。男性2格と中性2格の場合、名詞にも「-(e)s」という語尾がついていて、名詞自体が格変化を起こしているため、名詞を見れば2格であることがわかります。つまり、**形容詞の語尾で格を示す必要はありません**。形容詞の語尾が冠詞の代わりをしなくてもよいのです。語尾が「-es」にならないことの背景には、こんなドイツ的な（？）論理が隠れていたのですね。

＊前置詞「trotz」は2格支配です。

ワンポイントレッスン ①

冠詞がつかない場合の形容詞の語尾を、表にしておきます。

［表1］

	男性	女性	中性	∥	複数
1格	-er	-e	-es		-e
2格	-en*	-er	-en*		-er
3格	-em	-er	-em		-en
4格	-en	-e	-es		-e

＊形容詞が冠詞の代わりをするため、**定冠詞と同じ語尾**がつきます。
＊**例外**は、**男性2格と中性2格**です。

ワンポイントレッスン ②

　上の［表1］は、丸暗記する必要はありません。これまでに述べてきたことが理解できれば、語尾はつけられるからです（もちろん、定冠詞の格変化を覚えていることが大前提ですが…）。
　覚えかたのコツは、
① 「grüner Tee」「frische Milch」「kaltes Wasser」のように、
　「**形容詞＋名詞**」のセットで覚えること
② 1～4格までの格変化も、**文章として**覚えること
　→ 表で覚えるよりも、応用が利きます。ぜひお試しください！

練習

形容詞の語尾を入れてみましょう（表を見ないで、定冠詞からの類推で考えてください）。　　　　　　　　　　〔→解答は p.367〕

(1) Gut[　] Tag! （男性4格）
(2) Schön[　] Wochenende! （中性4格）
(3) Lieb[　] Monika! （女性1格）
(4) Viel[　] herzlich[　] Dank! （男性4格）
(5) Mit freundlich[　] Grüßen. （複数3格）

267

(2) 定冠詞がつく場合

CD Track 53

> 🐕 思い出しておこう！
>
> 　修飾される名詞に**定冠詞がつく場合**、形容詞の語尾が冠詞の代わりをしなくてすむため、定冠詞のような「強い語尾」はつきません。定冠詞のうしろに隠れるように、「**-e**」または「**-en**」という「弱い語尾」になります。
> 　＊「弱い語尾」のことを、文法用語では「**弱変化**」といいます。
> 　＊「定冠詞類」（→ p.165を参照）でも、このパターンになります。

➕ 基本パターン❶：単数1格は「-e」─男性の場合

Der **junge** Mann blieb ruhig.　その若者は平静を保った。

　定冠詞と名詞に挟まれた、「jung」という形容詞が直後の名詞を修飾しています。形容詞には、「**-e**」という語尾がついていますね。「Mann」は「der」がついているので**男性1格**です。つまり、①定冠詞、②男性1格、の場合は語尾が「-e」となるのです。

　＊①無冠詞、②男性1格、の場合は語尾が「-er」でしたね。
　　jung**er** Mann – der jung**e** Mann

➕ 基本パターン❷：単数1格は「-e」─女性の場合

Die **junge** Frau hatte es eilig.　その若い女性は急いでいた。

　女性1格でも、形容詞の語尾は男性1格と変わりません。①定冠詞、②女性1格、の場合でも語尾は「**-e**」です。冠詞だけが変わって女性であることを示しているのであって、形容詞の語尾で示しているのではないのです。

　＊①無冠詞、②女性1格、の場合も語尾が「-e」でしたね。これは偶然、強い語尾としての女性形と、弱い語尾のパターンが一致したもの、と考えられます。

junge Frau – die junge Frau

➕ 基本パターン❸：単数1格は「-e」—中性の場合

Das kleine Kind spielte mit dem Ball.
その小さな子どもはボールで遊んでいた。

　中性1格の場合も、①*定冠詞*、②*中性1格*、のときは形容詞の語尾が「**-e**」になります。定冠詞の強い語尾の陰で、形容詞にひっそりと弱い語尾がついていることが、体感できるでしょうか？

＊①*無冠詞*、②*中性1格*、の場合は語尾が「**-es**」でしたね。
　　klein**es** Kind – das klein**e** Kind

➕ 基本パターン❹：女性4格と中性4格

Wir haben die **junge** Frau und das **kleine** Kind warten lassen.
私たちはその若い女性とその小さな子どもを待たせた。

　女性4格と**中性4格**は、冠詞がそれぞれ**1格と同じ形**になりましたね。ここでも、それが生かされます。形容詞も、①*定冠詞*、②*女性4格・中性4格*、の場合に、それぞれ①*定冠詞*、②*女性1格・中性1格*、のときと同じ語尾がつくのです。

＊「**-e**」という語尾がつくのは、あわせて**5カ所**、ということになります。**単数1格**の3カ所と、**女性4格**および**中性4格**です。

🍄 応用パターン❶：男性4格は「-en」

Gestern sah ich den **jungen** Mann am Bahnhof.
昨日、私はその若者を駅で見かけた。

　男性4格は、**1格とは違う形**になります。①*定冠詞*、②*男性4格*、の場合に形容詞につく語尾は「**-en**」で、これは一見すると、定冠詞の「**den**」

269

と同じ語尾なので、「強い語尾」に見えてしまうかもしれませんが、実はそうではなくて、定冠詞の強さに押されて弱気になった、**「弱い語尾」**なのです。

＊①*無冠詞*、②*男性4格*、のときも語尾が「-en」となりましたね。女性1格の場合と同じで、2つの語尾が偶然一致したものと考えられます。
　　　jung**en** Mann – den jung**en** Mann

＊どちらも「-en」で同じ形をしていますが、片方を強く、もう片方を弱く感じるようにすると、覚えやすくなります。

> 応用パターン❷：単数2・3格はすべて「-en」

Ich werde mal der **jungen** Frau helfen.
その若い女性をちょっと手伝ってこよう。

　①*定冠詞*、②*単数2〜4格*、の場合は基本的にいつも、**「-en」という長いほうの語尾**がつきます（1格と同形になる女性4格・中性4格だけは例外です。（→【基本パターン④】）。

　単数2〜4格の定冠詞は「des」「der」「dem」「den」の4種類でしたね。このうち、「der」は男性1格と同じ形ですが、【基本パターン①】で見たように、①*定冠詞*、②*男性1格*、のときは形容詞の語尾が「-e」という短い形になり、①*定冠詞*、②***女性2・3格***、のときには**「-en」**という長い形になります。

＊自立できる形（＝1格）では語尾が短く、自立できない形（＝2・3格）では語尾が長い、と体感的に覚えましょう。
　　　der jung**e** Mann（1格） – der jung**en** Frau（2・3格）

＊①*無冠詞*、②*単数2・3格*、のときと比べてみましょう。
　　　jung**en** Mannes – des jung**en** Mannes（男性2格［＝中性2格］）
　　　jung**er** Frau – der jung**en** Frau（女性2・3格）
　　　jung**em** Mann – dem jung**en** Mann（男性3格［＝中性3格］）
　→　男性2格と中性2格は、強い語尾がつかない例外でしたが、ほかの格では

定冠詞の力強さに負けて、形容詞が弱気になっているのが感じ取れるでしょうか？

応用パターン❸：複数はすべて「-en」

Die **kleinen** Kinder freuten sich über die Schokolade.
小さな子どもたちは、チョコレートをもらって喜んだ。

　①*定冠詞*、②*複数1〜4格*、は意外と「くせもの」です。単数では、1格は主語として自立できるから短い「-e」、と覚えてきましたが、**複数1格**だって主語として自立できるにもかかわらず、長い**「-en」**がつくのです（著者が形容詞の格変化を勉強していたとき、ここにいちばん抵抗を感じました！）。

　これは、複数形はそれ自体が重いから長い「-en」、と無理やりこじつけて覚えるしかないでしょう。そして、**複数4格**は1格と同形なので、やはり「-en」。**複数2・3格**は単数2・3格と同じ理屈で「-en」がつきます（結局4つとも同じ語尾がつくのですが、これがなかなか覚えられないものです！）。

＊①*無冠詞*、②*複数1〜4格*、のときと比べてみましょう。
　　klein**e** Kinder – die klein**en** Kinder（1・4格）
　　klein**er** Kinder – der klein**en** Kinder（2格）
　　klein**en** Kindern – den klein**en** Kindern（3格）

応用パターン❹：定冠詞類の場合

Dieser **junge** Mann hat mit *jenem* **kleinen** Kind **gesprochen**.
この若者が、あの小さな子どもと言葉を交わした。

　「定冠詞類」とは、**定冠詞と同じ変化**をする冠詞のことでしたね（→ p. 162を参照）。定冠詞類に形容詞が続くとき、形容詞の語尾は**定冠詞の場合と同じ**になります（このあたりで、何が定冠詞類なのかを把握しておく必要があります。出てきたときに1つずつ覚えていくようにしてください）。

＊例文の定冠詞類を、定冠詞で書きかえてみましょう。形容詞の語尾に注目してみてください。

Der **junge** Mann hat mit dem **kleinen** Kind gesprochen.　その若者が、その小さな子どもと言葉を交わした。

ワンポイントレッスン ①

定冠詞（類）がつく場合の形容詞の語尾を、表にしておきます。

[表2]

	男性		女性		中性		//	複数	
1格	der	-e*	die	-e*	das	-e*		die	-en
2格	des	-en	der	-en	des	-en		der	-en
3格	dem	-en	der	-en	dem	-en		den	-en
4格	den	-en	die	-e*	das	-e*		die	-en

＊形容詞が冠詞の代わりをする必要がないので、**語尾が弱く**なります。
＊単数1格（＋同形の4格）では、**短い「-e」**［→計5カ所］
＊それ以外では、**長い「-en」**

ワンポイントレッスン ②

覚えかたのコツは、やはり表を丸暗記するのではなく、「**冠詞＋形容詞＋名詞**」のセットで具体例を体得していくのがいちばんです。
☆ 短い「-e」を*軽く*、長い「-en」を*重く*感じてみましょう！
☆ 定冠詞の*強*さを感じつつ、語尾の*弱*さを意識しましょう！

練習

形容詞の語尾を入れてみましょう（表を見ないで、軽いか重いかで判断してください［→ワンポイント②］）。　〔→解答はp.367〕

(6) Wem gehört der klein[　　] Wagen dort?　（男性1格）
(7) Wir freuen uns auf das heutig[　　] Konzert.　（中性4格）
(8) Waren Sie schon in dem neu[　　] Museum?　（中性3格）
(9) Die groß[　　] Fenster gefallen uns sehr.　（複数1格）

（3）不定冠詞がつく場合

Track 54

> 🐕 思い出しておこう！
>
> 　3つ目のパターンとして、**不定冠詞がつく場合**を見ていきましょう。冠詞がついていることに変わりはないので、大部分は**「-en」という「弱い語尾」**がつきますが、一部で冠詞と同じ「強い語尾」になります。
> 　＊「強い語尾」と「弱い語尾」が入り混じっているので、文法用語では**「混合変化」**といいます。
> 　＊「不定冠詞類」（→ p.169を参照）でも、このパターンになります。

✚ 基本パターン❶：単数1格は「強い語尾」―男性の場合

Hier wird ein **neuer** Aufzug gebaut.
ここに新しいエレベーターが作られます。

　不定冠詞「ein」の格変化を、思い出してみましょう。**男性1格**と**中性1・4格**で「ein」となり、冠詞に語尾がつかないのでしたね（→ p.169を参照）。この**「無語尾」**の部分を、形容詞が補うことになります。例文では**男性1格**なので、定冠詞の「der」と同じ、**「-er」**という語尾がついて「neuer」となっていますね。これが、①不定冠詞、②男性1格、の場合の形容詞の語尾になります。

＊①定冠詞、②男性1格、の場合と比べてみましょう。
　der neue Aufzug – ein neu**er** Aufzug

✚ 基本パターン❷：単数1格は「強い語尾」―中性の場合

Dort steht ein **neues** Hochhaus.
あそこに新しい高層ビルが立っている。

　不定冠詞は**中性1格**でも語尾がつきません。そのため、不足部分をやはり形容詞が補うことになります。①不定冠詞、②中性1格、の場合は

273

形容詞が「**-es**」という「強い語尾」になります。

*①*定冠詞、*②*中性1格、の場合は「弱い語尾」でしたね。*
　　das neu**e** Hochhaus – ein neu**es** Hochhaus

➕ 基本パターン❸：女性1格は「-e」

Eine **neue** Zeit wird bald kommen.
じきに新しい時代が来るだろう。

　女性1格でも、①*不定冠詞、*②*女性1格、*の場合は基本的に「強い語尾」（＝定冠詞と同じ語尾）と思っていて間違いはありません。①*無冠詞、*②*女性1格、*の場合と同じ「**-e**」という語尾がつきます。

*ただし本来は、不定冠詞に「-e」という語尾があるので、①*定冠詞、*②*女性1格、*の場合に形容詞につく「-e」と同じように、「弱い語尾」だと解釈できるでしょう。いずれにしても、「-e」という語尾に変わりはありません。

*女性1格（と4格）は、①*無冠詞・定冠詞・不定冠詞、*のすべての場合で語尾が「-e」となります。
　　neue Zeit – die neue Zeit – eine neue Zeit

➕ 基本パターン❹：女性4格と中性4格

Brauchst du eine **neue** Schere und ein **neues** Blatt?
新しいハサミと新しい紙がいるかい？

　女性4格と**中性4格**は、それぞれ1格と同じ形になるのでしたね。①*不定冠詞、女性4格、*では形容詞の語尾が「**-e**」に、②*不定冠詞、*②*中性4格、*では「**-es**」となります。

***不定冠詞がつく場合**に、形容詞の語尾が「**-en**」とならないのは、これまでに見てきた**5カ所**のみです。これは、*定冠詞がつく場合に語尾が*「-e」*となるのと同じ箇所です。*
　→ **単数1格**の3カ所と、**女性4格**および**中性4格**は「別格」なのだ、と体感的に覚えてしまってください。

274

応用パターン❶：男性4格は「-en」

Ich brauche einen **neuen** Ausweis.　新しい証明書が必要だ。

　男性4格は1格とは違い、定冠詞が「den」となるのでしたね。①不定冠詞、②男性4格、の場合にも、もうおなじみの**「-en」**がつきます。これは、①無冠詞、②男性4格、の場合につく「強い語尾」とも、①定冠詞、②男性4格、の場合の「弱い語尾」とも同じなので、どちらにとらえても構いません（理論上は「弱い語尾」になります）。

＊男性4格も、①無冠詞・定冠詞・不定冠詞、のすべての場合で語尾が同じになります。
　　neu**en** Ausweis – den neu**en** Ausweis – einen neu**en** Ausweis

応用パターン❷：単数2・3格はすべて「-en」

Mit einem **neuen** Ausweis kommt man überall hin.
新しい証明書でどこへでも行ける。

　①不定冠詞、②**単数2〜4格**、の場合も、基本は**「-en」**という「弱い語尾」です（ここでもやはり、1格と同形になる女性4格・中性4格は例外です。→【基本パターン④】）。

　形容詞の語尾が「-en」となるのは、①定冠詞、②単数2〜4格、の場合と同じですね（例外の2カ所は除きます）。つまり、**1格以外は「-en」となる**、と覚えておいて、例外だけ注意すればよいことになります。

＊①定冠詞、②単数2・3格、のときと比べてみましょう。
　　des neu**en** Ausweises – eines neu**en** Ausweises（男性2格［＝中性2格］）
　　der neu**en** Schere – einer neu**en** Schere（女性2・3格）
　　dem neu**en** Ausweis – einem neu**en** Ausweis（男性3格［＝中性3格］）

基礎編　2・形容詞の格変化

275

応用パターン❸：複数はすべて「-en」

Wir haben heute *keine* **neuen** Bewerber.
今日は新しい志願者はいません。

　不定冠詞「ein」には複数形がないので、**否定冠詞「kein」**で考えていきます（否定冠詞は「不定冠詞類」でしたね。→ p.169を参照）。

　①不定冠詞、②*複数1～4格*、の場合は、形容詞の語尾はすべて「-en」になります。①定冠詞、②*複数1～4格*、のときと同じですね。これもやはり、1格（と4格）で「-en」になるのが覚えにくいのですが、しっかりと体になじませてみてください！

＊①*定冠詞*、②*複数1～4格*、のときと比べてみましょう。
　　die neu**en** Bewerber – keine neu**en** Bewerber（1・4格）
　　der neu**en** Bewerber – keiner neu**en** Bewerber（2格）
　　den neu**en** Bewerbern – keinen neu**en** Bewerbern（3格）

応用パターン❹：不定冠詞類の場合—否定冠詞

Hier wird *kein* **neuer** Aufzug gebaut.
ここには新しいエレベーターは作られません。

　否定冠詞「kein」は「不定冠詞類」に属し、不定冠詞「ein」とまったく同じ格変化をするのでしたね（→ p.169を参照）。そのため、否定冠詞と名詞の間に挟まれる形容詞の語尾も、**不定冠詞がつく場合と同じ**になります。

　①否定冠詞、②*複数1～4格*、の場合は【応用パターン③】で確認しましたが、①否定冠詞、②*単数1～4格*、の場合でも、【基本パターン①】から【応用パターン②】までとまったく同じです。安心して（？）、形容詞も変化させてみてください。

応用パターン❺：不定冠詞類の場合—所有冠詞

Das ist *mein* **neuer** Ausweis.　これが私の新しい証明書です。

　所有冠詞も「不定冠詞類」に属しているので、不定冠詞「ein」と同じ格変化をする仲間でしたね（→ p.169およびp.173を参照）。所有冠

詞のあとに形容詞が続く場合にも、形容詞の語尾はやはり、**不定冠詞がつく場合と同じ**です。

＊**男性1格**と**中性1格**（および4格）の、**冠詞が無語尾となる箇所**で注意が必要です。【基本パターン①・②】のように、冠詞の語尾を補う「強い語尾」がつくからです。例文でも、男性1格の「-er」という語尾がついていますね。

> **ワンポイントレッスン①**
>
> **不定冠詞（類）がつく場合**の形容詞の語尾を、表にしておきます。
>
> ［表3］
>
> | | 男性 | | 女性 | | 中性 | | ∥ | 複数 | |
> | --- | --- | --- | --- | --- | --- | --- | --- | --- | --- |
> | 1格 | ein | -er* | eine | -e* | ein | -es* | | keine | -en |
> | 2格 | eines | -en | einer | -en | eines | -en | | keiner | -en |
> | 3格 | einem | -en | einer | -en | einem | -en | | keinen | -en |
> | 4格 | einen | -en | eine | -e* | ein | -es* | | keine | -en |
>
> ＊基本的には形容詞が冠詞の代わりをする必要がないので、**「-en」という弱い語尾**がつきます。
> →［表2］で「-e」だった5カ所が、例外です。
>
> ＊不定冠詞の特徴である**「無語尾」**の箇所には、**語尾を補うために強い語尾**がつきます。

> **ワンポイントレッスン②**
>
> 　一般の文法書では表を3つ並べておしまい、という記述が多い「形容詞の格変化」ですが、ここで挫折してしまう学習者も多いため、あえてすべての項目を文章化し、くどいほどに語尾変化の意味を詳述してみました。形容詞は苦手だ、という人も、一度腰を据えて、すべての文章を読んでみてください。1つ1つの語尾に、愛着が持てるようになったらチャンスです。体感的に覚え始めた証拠です。
> 　表を1行ずつ丸暗記するのではない、生きたドイツ語を身に付けていってください！

練習　形容詞の語尾を入れてみましょう（表を見ないで考えてみてください。冠詞が無語尾の箇所に注意！）。　〔→解答は p.367〕

(10) Was bedeutet eine weiß[　　] Fahne mit einem rot[　　] Kreis in der Mitte?　（女性1格／男性3格）

(11) Ein gut[　　] Lehrer ist sehr wichtig.　（男性1格）

(12) Sein klein[　　] Kind und seine alt[　　] Eltern kamen nicht mit.　（中性1格／複数1格）

(13) Ich sehe keine gut[　　] Zeichen.　（複数4格）

―基礎編―
3.比較のしかた

（1） 比較級
CD Track 55

> 🐾 思い出しておこう！
>
> **形容詞の比較級**は英語と同じで、形容詞の**語尾に「-er」**がつきます。このとき、**ウムラウト**がつく語もありましたね。
> ＊比較の対象は「als」で表します。
> ＊比較級になっても、形容詞であることに変わりはないので、*形容詞の3つの用法*（→ p.250以降を参照）がすべてあてはまります。

➕ 基本パターン❶：比較級は「-er」

Das Kind ist **schwerer** geworden.　その子は前よりも重くなった。

　形容詞の**比較級**は、**語尾に「-er」**をつけて作ります。英語と同じですね。例文では「schwer」に「-er」をつけて、「schwer**er**」という比較級の形になっています。

＊どんな長い語でも、語尾に「-er」をつけるだけです。英語のように、「*more＋形容詞*」のような形にはなりません。

➕ 基本パターン❷：ウムラウトがつく語もある

Das Kind ist **größer** geworden.　その子は前よりも背が高くなった。

　比較級になると、**ウムラウト**がついて**音が変わる**語もあります。例文では「groß」に「-er」をつけるだけでなく、母音の「o」にウムラウトをつけて「größer」という比較級になっていますね。

＊ウムラウトがつくのは、原則として**1音節の語**だけです。

➕ 基本パターン❸：比較の対象は「als」

Das Kind ist **schwerer** *als* unser Hund.
その子はうちの犬より重い。

　「〜よりも」という**比較の対象**には「**als**」を使います。英語の「*than*」にあたる語ですね。「als」のあとは、**比較している語と同じ格**になります。例文では「das Kind」（1格）と比較しているので、「als」のあとも1格になっています。

➕ 基本パターン❹：比較の差は「um」

Das Kind ist *um* zwei Kilo **schwerer** als vor einem Jahr.
その子は1年前より2キロ重い。

　比較する際に生じる「**差**」は、前置詞「**um**」を使って表します（*4格支配*です）。例文では「**um** zwei Kilo」となっていますが、これは、1年前と今を比べてその**差が2キロ**である、ということを意味しています。

＊この例文では「als」のあとは副詞句になっています。文中にはありませんが、「今」（＝副詞）の状態と比べているからです。

➕ 基本パターン❺：副詞の比較

Das Kind hat heute **länger** geschlafen.
その子は今日、いつもより長く寝ました。

　形容詞の比較級は、**副詞としても**使えます。形容詞の副詞的用法、ということですね（→ p.259を参照）。一般の形容詞と同じように、何も足さずにそのままの形で使えます。

応用パターン❶：名詞を修飾する場合

Ich kenne **kein schlaueres** Kind als dich.
私は君よりずる賢い子どもを知らないよ。

　形容詞は比較級になっても、**名詞を修飾**する際には**格変化の語尾**がつきます。そのため、「**比較級＋語尾**」となって、見た目が少々長くなります。

　例文では、「schlau + -er」という比較級に、①*不定冠詞*、②*中性4格*、の場合の語尾「-es」がついています。分解すると、次のようになります。
　　　schlau（形容詞）＋ **-er**（比較級の語尾）＋ **-es**（格変化の語尾）

＊比較級の語尾が間に埋もれてしまうので、比較級であることがわかりにくくなります。比較級でない文と、比べてみましょう。
　Ich kenne kein **schlaues** Kind wie dich.　私は君のようなずる賢い子どもを知らないよ。

＊「als」のあとは、「kein schlaueres Kind」と同じ**4格**になっています（すぐ上の例文で、「wie」のあとも同様です）。

応用パターン❷：「als」のあとが副文

Das Kind ist vielleicht **älter**, *als* wir gedacht haben.
その子はもしかすると、思っていたより年上かもしれないね。

　比較の対象を表す「als」のあとに、**副文が続く**場合もあります。「～したとき」という副文を作る「als」と、混同しないようにしましょう。

＊「**als**」の前に比較級があれば、「als」はまず間違いなく「**～よりも**」の意味になります。

応用パターン❸：「als」がワク構造の外に出る

Das Kind hat heute **länger** geschlafen *als gestern*.
その子は今日、昨日より長く寝ました。

　比較級を含む文がワク構造をとる場合、「als」以下が**ワク構造の外に出る**ことが多くなります。このほうが、ドイツ語として収まりがよいよ

うです。

＊ワク構造の中に入れても、間違いではありません。
　Das Kind hat heute **länger** *als gestern* geschlafen.

応用パターン❹：比較級の絶対的用法

Jüngere Kinder brauchen Begleitung.
年端のいかない子どもたちは付き添いが必要です。

　比較する対象がないのに、比較級を使うことがあります。これを**絶対的用法**とよんでいます。「わりと〜の」「かなり〜の」といった意味を表し、決まった言い回しとして定着したものも多くあります。

　　ältere Leute（年配の人々）
　　längere Zeit（かなり長い間）
　　öfter（かなりしばしば）　　など

応用パターン❺：劣等比較は「weniger ＋形容詞」

Das Kind ist **weniger** müde *als* seine Eltern.
その子は両親ほどには疲れていない。

　「〜よりも少なく…だ」という劣等比較は、英語の「*less*」にあたる「weniger」を使います。これは形容詞**「wenig」（少ない）の比較級**です。こちらがすでに比較級になっているので、組み合わせる形容詞（ここでは「müde」）をさらに比較級にする必要はありません。

応用パターン❻：「mehr ＋形容詞」を使うとき

Das Kind ist **mehr** müde *als* uninteressiert.
その子は興味がないというより、疲れているのだ。

　ドイツ語の比較級は、どんなに長い語でも「*more ＋形容詞*」の形にはなりませんが、**「mehr ＋形容詞」**という形はあります。**2つの性質を比較するとき**で、「〜というよりはむしろ…だ」という意味になります。例文では、同じ子どもの「müde」と「uninteressiert」という性質を比べています。

＊「weniger +形容詞」を使って、劣等比較もできます。
　Das Kind ist **weniger** müde *als* uninteressiert.　その子は疲れているというより、興味がないのだ。

ワンポイントレッスン①

特殊な変化をする比較級もあります。よく使われますので、覚えておくと便利です。
　　　gut（良い）→ besser
　　　viel（多くの）→ mehr
　　　hoch（高い）→ höher＊　　　　など
　＊）「hoch」の最上級は「höchst」で、不規則ではありません。

ワンポイントレッスン②

比較級の前につけて、意味を添える語がいくつかあります。あわせて覚えておきましょう。
(1)「viel +比較級」（ずっと〜だ）
　Das Kind ist *viel* **schwerer** geworden.　その子は前よりもずっと重くなった。
(2)「noch +比較級」（さらに〜だ）
　Das Kind ist *noch* **schwerer** geworden.　その子は前よりもさらに重くなった。
(3)「immer +比較級」（ますます〜だ）
　Das Kind wird *immer* **schwerer**.　その子はますます重くなっていく。

基礎編　3・比較のしかた

練習 形容詞（および副詞）を比較級にしてください（形容詞の格変化に注意すること！）。　〔→解答は p.368〕

(1) Meine Mutter steht 〔(früh)　　　　　〕 auf als mein Vater.
(2) Was wirst du tun, wenn du 〔(alt)　　　　　〕 wirst?
(3) Dort haben sie 〔(billig)　　　　　〕 Sachen.
(4) Bei einem 〔(lang)　　　　　〕 Aufenthalt braucht man eine 〔(groß)　　　　　〕 Reisetasche.

発展

比較する文にすでに**「als」**（〜として）がある場合、比較の対象を表す「als」と重なってしまうので、**比較の対象には「denn」**を使います。

Er <u>ist</u> viel **berühmter** als Schriftsteller *denn* als Maler.
彼は画家としてよりも、作家としてのほうがずっと有名だ。

（2） 最上級

Track 56

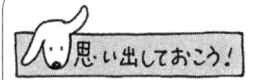

> **思い出しておこう！**
>
> 　形容詞の最上級もやはり英語と同じで、形容詞の**語尾に**「**-st**」がつきます。そして、やはり**ウムラウト**がつく語もあります。
> 　＊比較級と違って、そのままの形で述語や副詞にできません。必ず**何らかの語尾**がつきます。
> 　① 定冠詞＋最上級（＋形容詞の格変化の語尾）［述語の場合のみ］
> 　②「am ... sten」［述語および副詞の場合］

➕ 基本パターン❶：最上級は「-st」

Welcher Weg ist *der* **schnellste**?　どの道がいちばん早いの？

　形容詞の**最上級**は、**語尾に**「**-st**」をつけて作ります。英語と同じなので、覚えやすいですね。例文では「schnell」に「-st」をつけて、「schnellst」という最上級の形にしています。

　ただし、比較級と違って、そのままの形では使えません。ここでは**定冠詞**を前に置いています。そして最上級のあとに、①**定冠詞**、②**男性1格**、の場合に**形容詞につく語尾**「**-e**」を添えています。

＊どんな長い語でも、語尾に「-st」をつけるだけです。英語のように、「*most* ＋ 形容詞」のような形にはなりません。
＊例文で定冠詞が「**der**」になっているのは、「Weg」が**男性名詞**だからです。「der schnellste (Weg)」というように、**名詞が省略されている**、と考えます。

➕ 基本パターン❷：ウムラウトがつく語もある

Wer ist *der* **stärkste** von euch?
君たちの中でいちばん強いのはだれ？

　比較級と同じように、最上級でもウムラウトがついて、音が変わる語

285

があります。例文では「stark」→「stär**k**st」となっていますね。そしてこの前に定冠詞「der」が置かれ、「-e」という形容詞の語尾がついています。

＊この例文で定冠詞が**「der」**になっているのは、「君たち」が全員**男の子**である、あるいはいちばん強いのは男の子だ、と考えているからです。「der stärkste (Junge)」というように、文中にはない語が隠されているのです。

＊「君たち」が全員**女の子**の場合、あるいはいちばん強いのが女の子である場合は、次のようになります。

　　　Wer ist *die* **stärkste** von euch?　君たちの中でいちばん強いのはだれ？

➕ 基本パターン❸：「am ... sten」の形

Welcher Weg ist *am* **schnellsten**?　どの道がいちばん早いの？

　最上級が**述語**の場合、**「am ... sten」**の形で書きかえることができます。「...」の部分に形容詞を入れるだけです。名詞の性や格を考えなくてよいので、便利ですね。

＊**「am」**は*前置詞と定冠詞の融合形*で、「an dem」がもとの形です。
「... **sten**」のうち、「-st」は最上級を表す語尾ですね。残りの「-en」は、①*定冠詞*、②*中性3格*、の場合に形容詞につく語尾です。

＊名詞の性や格を考えなくてよいので、【基本パターン②】の例文で、「君たち」の中に男の子も女の子も交ざっている場合、あるいはどちらがいちばん強いのか判断がつかない場合にも使えます。

　　　Wer ist *am* **stärksten** von euch?　君たちの中でいちばん強いのはだれ？

➕ 基本パターン❹：副詞はいつも「am ... sten」

Wie komme ich *am* **schnellsten** nach Hause?
どうやったらいちばん早く家に帰れるかな？

　副詞が最上級になる場合は、いつも**「am ... sten」**の形になります。ふつうの形容詞や比較級のように、「-st」の形をそのまま使うと、誤りになります。

× Wie komme ich *schnellst* nach Hause?

::: 応用パターン❶：名詞を修飾する場合
Ich möchte der stärkste Mann der Welt sein.
僕は世界でいちばん強い男になりたいんだ。

　最上級が**名詞を修飾**する場合は、やはり**格変化の語尾**がつきます。比較級のときと同じように、**「最上級＋語尾」**となって、見た目が少々長くなります。

　例文では「stärkst」という最上級に、①*定冠詞*、②*男性1格*、の場合の語尾「-e」がついています。やはり「-st」という最上級の目印が、**間に埋もれて**しまうのですが、比較級よりは見分けやすいですね。

::: 応用パターン❷：最上級の絶対的用法
Japaner wohnen meist in kleinsten Wohnungen.
日本人はたいてい非常に小さな住まいに住んでいる。

　最上級もやはり、**比較する範囲を示さずに**、**絶対的用法**として使えます。「**非常に〜の**」「**きわめて〜の**」というように、程度が非常に高いことを表します。

＊「いちばん〜の」という最上級の意味を持たないため、定冠詞をつけずに使えます。

＊**「meist」**は形容詞「viel」の最上級で、副詞としてそのままの形で使われる例外です（→〔ワンポイント・レッスン②〕を参照）。

::: 応用パターン❸：「aufs ... ste」
Ich bin *aufs* höchste erstaunt.　　私は非常に驚いています。
　最上級の絶対的用法を**副詞**として使うには、**「aufs ... ste」**という形にします。やはり、程度が非常に高いことを表します。

＊「aufs」は前置詞と定冠詞の融合形で、「auf das」がもとの形です。「... ste」のうち、「-st」は最上級を表す語尾で、残りの「-e」は、①定冠詞、②中性4格、の場合に形容詞につく語尾です。

＊「aufs ... ste」を副詞として使う場合（＝例文の場合）、現在の正書法では、大文字でも小文字でもよいことになっています。

○ Ich bin *aufs* **Höchste** erstaunt.　私は非常に驚いています。

ワンポイントレッスン ①

特殊な変化をする最上級も、覚えておきましょう。

　　gut（良い）→ best
　　viel（多くの）→ meist
　　nah（近い）→ nächst*　　　　　など
　　＊）「nah」の比較級は「näher」で、不規則ではありません。

ワンポイントレッスン ②

副詞としての最上級を、語尾をつけずに**そのままの形で**使える例外がいくつかあります。もとの意味とあわせて覚えておくと便利です。

　　viel（多くの）→ meist（たいてい）
　　hoch（高い）→ höchst（きわめて）
　　jung（若い）→ jüngst（最近）
　　möglich（可能な）→ möglichst（できるかぎり）
　　lang（長い）→ längst（とっくに）［←意味に注意！］

練習

形容詞（および副詞）を、適切な形で最上級にしてください（冠詞や語尾変化に注意すること！）。　〔→解答は p.368〕

(5) Welches Auto ist ［(schnell)　　　　　　　　　　］?
(6) Es war der ［(schön)　　　　　　］ Tag meines Lebens.
(7) Ich lade nur die ［(intim)　　　　　　　　］ Freunde ein.
(8) So sitzt man ［(bequem)　　　　　　　　　　　　　］.

（3）原級を使った比較

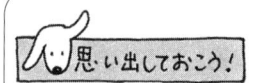

🐾思い出しておこう！

初級文法では英語ほど時間をかけては習わないと思いますが、比較級や最上級を使わない、**原級による比較表現**もあります。英語の「as ... as」に相当する表現で、ドイツ語では「so ... wie」となります。慣用句的な言い回しも多いので、この機会にぜひマスターしてください。

基本パターン❶：「so ... wie」（〜と同じくらい…だ）

Die Hand des Kindes ist *so* **groß** *wie* meine Handfläche.
その子の手は、私の掌と同じ大きさだ。

　形容詞を「**so ... wie**」で挟むと、「〜と同じくらい…だ」という**同等比較**の文になります。英語の「as ... as」と同じですね。きちんと習った記憶がないせいか、形容詞の前の「so」を見落として、「〜のように大きい」などとする誤りが非常に多いです。「so」を見落とさないようにしてください！

＊「**ebenso** ... wie」「**genauso** ... wie」も同じ、同等比較の文になります。「ちょうど同じ」ことを強調できます。
　　Seine Hand ist *genauso* **groß** *wie* meine Handfläche.　彼の手は、私の掌とちょうど同じ大きさだ。

＊「wie」のあとは、**比較している語と同じ格**になります。例文では「die Hand」も「meine Handfläche」も1格です。

基本パターン❷：否定は「nicht so ... wie」（〜ほど…でない）

Ihre Hand ist *nicht so* **groß** *wie* die meine.
彼女の手は、私の手ほど大きくない。

　同等比較を否定すると、「〜ほど…でない」という意味になります。

こちらも、形容詞の前の「*so*」を見落とすと、「〜のように大きくない」などとなって、やはり意味がずれてしまいます。

＊英語では「*not as ... as*」または「*not so ... as*」となりましたね。同じ「*so*」を使うので、否定文のほうがなじみやすいかもしれませんね。

➕ 基本パターン❸：「何倍」の表現

Das Loch ist nun *doppelt so* **groß** *wie* gestern.
穴はいまや昨日の倍の大きさだ。

「*so ... wie*」の前に「何倍」を意味する副詞を置くと、「〜の何倍も…だ」という比較ができます。**「doppelt」**は2倍ですが、3倍以上は**「-fach」**または**「-mal」**を数字のあとにつけます。**「halb」**とすれば半分になります。

　Das Loch ist nun *dreifach so* **groß** *wie* gestern.　穴は今や昨日の3倍の大きさだ。

　Die Wunde ist nun *halb so* **groß** *wie* gestern.　傷は今や昨日の半分の大きさだ。

➕ 基本パターン❹：「so ... wie möglich」（できるかぎり…だ）

Ich möchte *so* **schnell** *wie möglich* nach Hause.
できるかぎり早く家に帰りたい。

「möglich」は「可能な」という意味の形容詞で、英語の「*possible*」にあたります。英語でも「*as ... as possible*」で「できるかぎり…だ」となるので、発想はまったく同じですね。

➕ 基本パターン❺：「so gut wie」（〜も同然だ）

Die Dose ist *so* **gut** *wie* leer.　この容器はほとんど空だ。

「〜も同然だ」「ほとんど〜だ」と言いたいときに、**「so gut wie」**を使うことができます。「*so gut wie* leer」=「leerと同じくらいによく」=「leerと言ってよいほどの」といった意味が隠れています。英語の「*as good as*」にも同じ意味があるので、比べていくと楽しいですね。

応用パターン❶:「anders als」（～とは違って）

Anders *als* die meisten Leute habe ich keine Angst davor.
たいていの人とは違って、私はそれに対する不安はない。

「**anders**」は「違って」「別のやりかたで」といった意味の副詞で、「何と違うのか」を「**als**」で表します。比較する対象に「als」を使うのは、比較級の「als」と同じですね。「anders」自体は比較級ではないですが、「anders als」はセットで覚えておいてください。

＊英語でも「*other than*」となり、やはり比較の対象である「*than*」が使われますね。

＊「als」以下が副文になることもあります（→ p.281を参照）。
　Es war **anders**, *als* ich gedacht hatte.　思っていたのとは違った。

応用パターン❷:「ander-＋名詞 ... als」（～とは別の）

Ich möchte einen **anderen** Weg *als* bisher gehen.
私は今までとは別の道を行きたい。

形容詞の「**ander**」（ほかの、別の）でもやはり、比較する対象が「**als**」以下に置かれます。ただし、副詞の場合と違って、格変化の語尾をつけたあとに**名詞**が来ますので、「als」との距離が離れてしまうことが多くなります。離れていてもセットであることを、つねに意識していてください。

＊「als」の前でいったん文を閉じることもあります（→ p.281を参照）。
　Ich möchte einen **anderen** Weg gehen als bisher.

＊「als」以下が副文になることもあります。
　Ich möchte einen **anderen** Weg gehen, *als* du es getan hast.　私は、君がそうしたのとは別の道を行きたい。

応用パターン❸:「nichts als」(〜以外は何も〜ない)

Er wollte **nichts** *als* Ruhm. 彼は名声だけがほしかった。

「**nichts**」は不定代名詞で、英語の「*nothing*」にあたります(否定の副詞「nicht」とは違うので、注意しましょう)。この「nichts」に「**als**」が加わると、「〜以外は(何もない)」=「〜だけが」という意味になります。例文も、直訳すると「彼は名声以外は何もほしくなかった」となります。英語の「*nothing but*」にあたる表現です。

＊**比較級を縮めた表現**なので、厳密には「原級を使った比較」ではありませんが、比較級を使っていないので、この課で扱っています。もとの文に直すと、「als」を使う理由がわかりますね。

　Er wollte **nichts** (mehr und nichts weniger) *als* Ruhm. [直訳:彼は名声以上のものも名声以下のものも何もほしくなかった]

応用パターン❹:「nichts anderes als」(〜以外の何も)

Es ist **nichts anderes** *als* eine einfache Broschüre.
それは簡単なパンフレットにほかならない。

今度は「**nichts**」と形容詞の「**ander**」がいっしょになった形で、「〜とは別の」の意味で「**als**」を使っています。例文を直訳すると、「それは簡単なパンフレット以外の何ものでもない」となり、【応用パターン③】の「nichts als」と近くなります。

＊「anderes」は中性1格になって、名詞化されています(→ p.303を参照)。例外的に、名詞化されても大文字になりません。

＊「**nichts als**」は「それ以下でもそれ以上でもない」ことを、「**nichts anderes als**」は「それ以外ではない」ことを表していますが、「〜にすぎない」「〜にほかならない」という**強調**の意味では、感覚的に大きな違いはありません。

　Es ist **nichts** *als* eine einfache Broschüre. それは簡単なパンフレットにすぎない。

　Er wollte **nichts anderes** *als* Ruhm. 彼は名声以外の何もほしくなかった(=名声だけがほしかった)。

> 「**so ... wie**」の呼応関係は、同等比較以外にも使われます。いくつか例を挙げてみましょう。
>
> (1) Einen so **lang**en Winter *wie* dieses Jahr haben wir selten.　今年ほど長い冬はめったにない。
>
> → 同等比較の「so ... wie」のうち、前半の**「so＋形容詞」が名詞を修飾**しています。「今年と同じくらい長い冬」とも訳せるので、一応比較はしているのですが、「今年のようにこんなにも長い冬」と言っても間違いではありません。
>
> (2) Es ist *so, wie* es aussieht.　見たとおりの状態だ。
>
> → 「so」のあとに形容詞がありません。形容詞の同等比較でないことは一目瞭然ですが、**「so」＝「wie」**の関係は生かされています。
> （→ p.220も参照してください）
>
> (3) Ich liebe dich, *so wie* du mich [liebst].　あなたが私を愛するのと同じように、私もあなたを愛します。
>
> → 有名な歌曲の冒頭です。今度は「so」が前半になく、後半で「wie」といっしょに出てきています。

練習 適切な語を入れて文を完成させてください。　〔→解答は p.369〕

(9) Mein Bruder steht so früh auf [　　　] sein Vater.　私の兄は父と同じくらい早く起きる。

(10) Es gab [　　　] viele Leute wie sonst.　いつもと同じくらい多くの人がいた。

(11) Es sieht anders aus [　　　] gestern.　昨日と違って見える。

(12) Wir hatten einen anderen Gast zu Hause, [　　　] ich erwartet hatte.　家には、私が予想していたのとは違う客がいた。

－応用編－
1. 形容詞の名詞化

（1） 「人」の場合　　CD Track 58

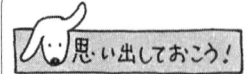

> 💡 **思い出しておこう！**
>
> **形容詞を大文字で始める**と、**名詞**になります。冠詞や性・格に応じた**語尾変化**をするのでしたね。名詞としての特徴と、形容詞としての特徴をあわせ持った語になります。
>
> ＊名詞化された形容詞の**語尾変化**は、**通常の形容詞と同じ**です（→ p.263以降を参照）。
> ＊名詞化された形容詞が「**男性**」「**女性**」「**複数**」の場合は、「**人**」を表します。

➕ 基本パターン❶：大文字にする

Es versammelten sich viele **Neugierige**.
多くの物好きたちが集まってきた。

　形容詞を名詞化する基本は、まず**大文字で始める**こと。ここでは「neugierig」という形容詞が大文字に変わって、「Neugierige」となっていますね。そして、「-e」という語尾がついています（この語尾は、①無冠詞、②複数1格、の場合に形容詞につく語尾と同じです）。

＊文頭の「es」は、仮主語の「es」です。

➕ 基本パターン❷：格変化の語尾をつける

Die **Neugierigen** sahen zu, was sich dort abspielte.
物好きたちは、そこで起きることを眺めた。

　今度は同じ「neugierig」の名詞化でも、語尾が「-en」となっていま

すね。前に「die」という定冠詞があるため、①定冠詞、②複数1格、の場合に形容詞につく語尾になっているのです。

このように、「名詞」扱いではありますが、形容詞のように**語尾がさまざまに変化する**のが大きな特徴です。

➕ 基本パターン❸：男性名詞は「男性」

Ein **Neugieriger** trat vor.　一人の物好きの男が進み出た。

次に、名詞化された形容詞の**意味**を考えてみましょう。「neugierig」は、「好奇心のある」という意味の形容詞です。ここではこれが大文字になり、「ein」という不定冠詞がついて、①*不定冠詞*、②*男性1格*、の場合につく**「-er」**という語尾があるので、**男性名詞**になっていますね。ということは、**意味も男性**を表します。「好奇心のある男性」となるのです。

＊「男性」を意味するので、うしろに「Mann」を補って考えるとわかりやすいでしょう。
　　ein **neugieriger** Mann ＝ ein **Neugieriger**

＊冠詞や形容詞の格変化があやふやな人は、このあたりできっちりと整理しておく必要があります。男性かどうかを見分けるポイントだけでも、押さえておくといいですね。

➕ 基本パターン❹：女性名詞は「女性」

Eine **Neugierige** tat dasselbe.　一人の物好きの女が同じことをした。

同じ「neugierig」という形容詞を名詞化した語ですが、今度は冠詞が「eine」と女性形になり、語尾も①*不定冠詞*、②*女性1格*、の場合の**「-e」**になっています。「eine Neugierige」は**女性名詞**、ということですね。**意味も女性**を表すので、「好奇心のある女性」となります。

＊「女性」を意味するので、今度はうしろに「Frau」を補って考えてみましょう。
　　eine **neugierige** Frau ＝ eine **Neugierige**

基本パターン❺：複数形は「人々」

Die Polizisten versuchten, die **Neugierigen** zu vertreiben.
警官たちは、物好きたちを追い払おうとした。

【基本パターン①・②】と同様、今度は形容詞の名詞化が**複数形**になっています。ここでは①*定冠詞*、②*複数4格*、の場合の語尾**「-en」**がついて、「die Neugierigen」となっていますね。複数形は、**「人々」**を表します。「好奇心のある人々」というわけですね。

＊「人々」を意味するので、うしろに「Leute」または「Menschen」を補うとよいでしょう。
　　die **neugierigen** Leute ＝ die **Neugierigen**

応用パターン❶：修飾語は副詞になる

Nur die *wirklich* **Neugierigen** blieben.
本当の物好きだけが残った。

通常の名詞を修飾するのは形容詞（→ p.254以降を参照）ですが、**名詞化された形容詞を修飾するのは副詞**です（→ p.261を参照）。つまり、ここでは名詞としての性質ではなく、**形容詞としての性質が優先**される、というわけですね。「wirklich」は「Neugierigen」を修飾していますが、副詞なので**格変化の語尾がついていない**のです。

＊通常の形容詞を修飾するのは、副詞でしたね。
　　Sie sind *wirklich* **neugierig**.　彼らは本当に物好きだ。

＊今度もうしろに名詞を補ってみると、わかりやすくなります。
　　die *wirklich* **neugierigen** Leute ＝ die *wirklich* **Neugierigen**

応用パターン❷：形容詞で修飾する場合

Nur die *wenigen* **Neugierigen** blieben.
わずかばかりの物好きだけが残った。

　【応用パターン①】のように、名詞化された*形容詞の内容を修飾する*のは*副詞*ですが、その形容詞を「**人**」**として**見た場合の**修飾語は形容詞**になります。例文の「wenig」（わずかな）という語は「好奇心のある『人々』」を修飾しているために、格変化の語尾がついています。

＊「wenig」が人ではなく、「好奇心のある」という形容詞の内容を修飾する場合には、副詞になります。

　Die *wenig* **Neugierigen** sind schon weggegangen.　あまり物好きでない人たちは、もう行ってしまった。

応用パターン❸：比較級の名詞化

Die **Neugierigeren** kamen hinzu.
もっと物好きの人たちが加わった。

　形容詞の**比較級**も、形容詞であることに変わりはないので、**名詞化**できます。この場合は、比較級の語尾「-er」のあとに**格変化の語尾**がつくため、比較級の語尾が間に埋もれてしまうので、見逃さないようにしましょう。

応用パターン❹：最上級の名詞化

Die **Neugierigsten** waren in der Mitte der Szene.
最も好奇心の強い人たちが、騒ぎの中心にいた。

　比較級と同様に、**最上級**も**名詞化**できます。やはり同じように、最上級の語尾「-st」のあとに、格変化の語尾が続くので、「-st」を見落とさないようにしてください。

応用パターン❺：小文字の場合

Die anderen blieben zurück. ほかの人たちはあとに残った。

　一部の形容詞で、**代名詞的**に使われるものは、名詞化されても**小文字のまま**です。例文では「die anderen」とありますが、このあとに何か名詞が省略されているわけではありません。このような場合は形容詞の名詞化と考えて、「人」を補って解釈します。

＊ほかに、「viele」（たくさんの人々）、「wenige」（少数の人々）、「alle」（全員）などがあります。

＊文法用語では、このような形容詞を「不定代名詞」とよんでいます。

ワンポイントレッスン①

　形容詞を名詞化したとき、男性名詞は**男性**、女性名詞は**女性**、複数形は**人々**を表します。非常にシステマティックですね！
　→ 語尾で迷ったときは、うしろに「Mann」「Frau」「Leute（またはMenschen）」を補って考えてみましょう。

ワンポイントレッスン②

　まずは、**気付くこと**が肝心です！
　たとえば「Neugieriger」という単語を辞書で調べ、いちばん近い「Neugier」（好奇心）という名詞だろうと見当をつけ、「*好奇心が進み出た*」などと訳してしまう誤りが多く見られます。*形容詞の名詞化であることに気付いていないケースです*。まずはとにかく、気付いてください！

ワンポイントレッスン ③

辞書では、次の2通りの可能性があります。
(1) 名詞として定着している場合
　「Deutsche」（ドイツ人）、「Kranke」（病人）など、形容詞を名詞化したものが名詞として定着している場合は、**名詞として**辞書に載っています。そして、**「形容詞的変化」**をする旨が、書き添えられています。

＊見出し語は、「Deutsche」のように**「-e」の形**を載せている辞書と、「Deutscher」のように**「-er」の形**を載せている辞書があります。

(2) 名詞として定着していない場合
　手持ちの辞書では、「Neugierige(r)」という名詞は見出し語にありませんでした。このような場合は、「neugierig」という**形容詞を調べ**、「～の人」というように**意味を転換**する必要があります。

練習 形容詞を名詞化させ、意味も考えてください。　〔→解答は p.369〕

(1) Ich habe heute einen 〔(deutsch)　　　　　　　　〕 kennengelernt.
(2) Was hat der 〔(deutsch)　　　　　　　　〕 gemeint?
(3) Die 〔(arbeitslos)　　　　　　　　〕 haben es schwer.
(4) Eine 〔(arbeitslos)　　　　　　　　〕 bat um Spenden.

応用編　1・形容詞の名詞化

(2) 「物」の場合　　　Track 59

> **思い出しておこう！**
>
> 　名詞化された形容詞が**「中性」**の場合、人ではなく**「物」**を表します。**大文字**で書き始め、冠詞や格変化に応じた**語尾**がつくことは、「人」の場合と変わりません。
> 　＊「**etwas** ＋形容詞」（何か〜のもの）、「**nichts** ＋形容詞」（何も〜のものはない）といった言い回しも、形容詞を名詞化して**中性**で使います。

➕ 基本パターン❶：中性名詞は「物・こと」

　Er hat nur *das* **Wichtige** erwähnt.　彼は重要なものだけに言及した。

　形容詞を名詞化するには、**大文字**で始め、**語尾**をつけるのでしたね。ここでは定冠詞の「das」があるので、①*定冠詞*、②*中性4格*、の場合に形容詞につく、「-e」という語尾になっています。

　さて、名詞化された形容詞が「男性」「女性」「複数」になっている場合は「人」を表しましたが、ここでは**「das」＝「中性」**になっています。人ではなく、**「物・こと」**を表すことになります。「wichtig」は「重要な」という意味なので、「重要な**もの**」「重要な**こと**」と訳せるわけですね。

＊「物」なので、うしろに「Ding」を補って考えるとよいでしょう。（「物」という意味の中性名詞で、英語の「*thing*」にあたる語です。）
　　das **wichtige** Ding ＝ das **Wichtige**

＊「物」か「人」かは、文を解釈するうえで非常に重要です。見分けるポイントは**「性・数」**だけですので、きちんと押さえましょう。
　　Er hat nur *die* **Wichtige** erwähnt.　彼は重要な女性だけに言及した。
　　［＝女性の場合］

➕ 基本パターン❷：中性は「-s」が目印

Es gibt viel **Wichtiges** im Leben.　人生で重要なことはたくさんある。

　「**物**」か「**人**」かを見分けるのが非常に重要になってくるのですが、その際に、**中性の場合は語尾の**「**-s**」が目印になります。定冠詞「das」の語尾と同じ、「-s」ですね。冠詞がなくても、名詞化された形容詞のほうに「-es」という語尾があれば、それは中性です。例文でも冠詞はなく、「Wichtiges」となっていますね。

＊中性名詞化された形容詞は、**複数形にできません**。複数形にした時点で、「人」になってしまうからです。

　　Es gibt *viele Wichtige* im Leben.　人生で大切な人はたくさんいる。

➕ 基本パターン❸：「etwas ＋形容詞」

Hat er *etwas* **Wichtiges** gesagt?
彼は何か重要なことを言いましたか？

　「**etwas**」は、「何かあるもの／こと」という意味の不定代名詞で、英語の「*something*」にあたります。そして、「**etwas ＋形容詞**」の形で「何か～のもの」という意味を表すのも、英語と同じです。

　ただし、ドイツ語では**形容詞を名詞化**する点が違います。名詞化するため、「etwas」のあとの**形容詞が大文字**になり、**中性の語尾**がつきます。「**～のもの／こと**」を意味するので、中性になるのです。

　　etwas **Wichtiges** ＝ *something important*

➕ 基本パターン❹：「nichts ＋形容詞」

Nein, er hat *nichts* **Wichtiges** gesagt.
いいえ、彼は何も重要なことを言いませんでした。

　「**nichts**」は「etwas」を否定した形で、英語の「*nothing*」にあたります。やはり、「**nichts ＋形容詞**」となるときに、形容詞が**名詞化**されるので、**大文字**で書き始め、**中性の語尾**をつけます。

　　nichts **Wichtiges** ＝ *nothing important*

応用パターン❶：比較級の名詞化

Er hat aber viel **Wichtigeres** gezeigt.
でも彼は、ずっと重要なものを見せてくれました。

「物・こと」の場合も、**比較級**にできます。「人」の場合と同じように、比較級の語尾「-er」のあとに、**格変化の語尾**がつきます。

＊例文中の「viel」は、比較級を強調する語です（→ p.283を参照）。ただし、文脈によっては、「たくさんの〜」と解釈しても構いません（→【基本パターン②】を参照）。

Er hat aber viel **Wichtigeres** gezeigt.　でも彼は、もっと重要なものをたくさん見せてくれました。

応用パターン❷：最上級の名詞化

Was ist das **Wichtigste** in deinem Leben?
君の人生でいちばん大切なものは何ですか？

最上級の名詞化でも、要領は同じです。最上級の語尾「-st」のあとに、**格変化の語尾**が続きます。

応用パターン❸：関係代名詞は「was」

Er hat das **Wichtige** vergessen, *was* er sagen wollte.
彼は、言おうと思っていた重要なことを忘れてしまった。

形容詞を中性名詞化したものは、具体的な内容を持たないため、**関係代名詞**で受けるには**「was」**を使います。「不定」関係代名詞、というのでしたね（→ p.211を参照）。

＊形容詞の名詞化が「人」を表す場合には、具体的なイメージがあるので、通常の関係代名詞を使います。

Er hat nur die **Wichtigen** eingeladen, *denen* er danken wollte.　彼は、感謝したいと思っている重要な人たちだけを招待した。

応用パターン❹：小文字の場合

Er hat an *etwas* **anderes** gedacht.　彼は何か別のことを思った。

「人」の場合と同じように、名詞化しても**小文字のまま**使うものもあります。**中性名詞**になっていたら、迷わず**「物」**として訳してください。

＊このグループに入る語は、**複数形**なら**「人々」**、**中性**なら**「物」**を表します（中性の場合は、語尾がつかないこともあります）。

　　viele（たくさんの人々）　　— vieles, viel（たくさんのもの）
　　wenige（少数の人々）　　— weniges, wenig（わずかのもの）
　　alle（全員）　　　　　　— alles（すべてのもの）
　　andere（ほかの人々）　　— anderes（ほかのもの）

ワンポイントレッスン

名詞の省略形（→ p.255を参照）との区別をしっかり覚えておきましょう。「冠詞＋形容詞」となるので、形容詞の名詞化と見た目がよく似ています。

(1) 名詞を省略する場合

　　Welches Hemd gefällt dir besser? – *Das rote*.　どちらのシャツがお気に入り？― 赤いほうだね。

　→「das rote」というのは、名詞「Hemd」が省略された形です。本来であれば、「das rote Hemd」となるべきところですが、名詞の繰り返しを避けているのです。

(2) 形容詞の名詞化

　　Was gefällt dir an diesem Hemd? – **Das Rote**.　このシャツの何が気に入っているの？― 赤いところだよ。

　→ 今度は「das Rote」となって、形容詞が**大文字**で始まっています。これは名詞の省略ではありません。形容詞の名詞化です。「赤いシャツ」ではなくて、「赤い**もの／こと**」を表しています。
　　（男性・女性・複数形であれば、「人」を意味します）

練習　形容詞を名詞化させ、意味も考えてください。　　〔→解答は p.370〕

(5) Ich habe dort viel [(schön)　　　　　] gesehen.
(6) Das [(schön)　　　　　] war das Abendrot.［最上級で］
(7) Hast du etwas [(gut)　　　　　] mitgebracht?

コラム 〔中級へのカギ〕語尾で格を見分けよう

形容詞の名詞化は、中級の学習者でも苦手な人が多い項目です。もう一度、ポイントをまとめておきましょう。

① 「形容詞」の「名詞化」であることに、**気付く**こと
　→ 「それらしき語が辞書に見当たらない」「語尾がやたらと長い」など、少しでも違和感を感じたら、形容詞の名詞化を疑ってみてください！

② 「**人**」か「**物**」かを見分けること
　→ **冠詞**か**格変化の語尾**で、男性・女性・複数なのか、中性なのかを判断します。

③ 正しく訳すこと
　→ **冠詞**か**格変化の語尾**で、**何格なのか**を判断します。

形容詞の名詞化でいちばん厄介なのは、**語尾で性・数・格を見分け**なければならない、ということかもしれませんね。これまでは、名詞の語尾で見分ける必要はなく、冠詞を見れば判断できました。ところが、名詞化された形容詞の場合には、語尾を見る必要が出てくるのです。

紛らわしい例を挙げておくので、判断のしかたに慣れていきましょう。

（1）女性か複数か？
　die Neu<u>e</u>（女性1・4格）— die Neu<u>en</u>（複数1・4格）
　eine Neu<u>e</u>（女性1・4格）— Neu<u>e</u>（複数1・4格）
　der Neu<u>en</u>（女性2・3格）— der Neu<u>en</u>（複数2格）
　　［「neu」は「新しい」という意味なので、名詞化すると「新人」を表します］
　→ 女性と複数で語尾が違うのは、**定冠詞のついた1・4格**だけですね。

(2) 男性か中性か？

ein Neu*er*（男性1格）— ein Neu*es*（中性1・4格）
der Neu*e*（男性1格）— das Neu*e*（中性1・4格）
des Neu*en*（男性2格）— des Neu*en*（中性2格）
dem Neu*en*（男性3格）— dem Neu*en*（中性3格）

→ 男性（＝「人」）と中性（＝「物」）で語尾が違うのは、**不定冠詞のついた1格**だけですね。

(3) 男性か複数か？

ein Neu*er*（男性1格）— Neu*er*（複数2格）

→ **男性1格**と**複数2格**は、ともに定冠詞が「der」になるので、形容詞を名詞化したときにも語尾が**「-er」**となります。特に複数2格は**無冠詞**で使うので、純粋に語尾だけで見分ける必要があります。

　　Die Aufnahme **Neu*er*** st*eh*t bev*or*.　新人たちの受け入れが迫っている。[＝複数2格]

(4) 単数か複数か？

den Neu*en*（男性4格）— den Neu*en*（複数3格）
einen Neu*en*（男性4格）— Neu*en*（複数3格）

→ **男性4格**と**複数3格**は、ともに定冠詞が「den」になりましたね。形容詞を名詞化したときも、語尾がともに**「-en」**になるので、単数なのか複数なのか、意味をしっかりと把握しなくてはいけません。

　　Wann h*as*t du den **Neu*en*** geholfen?　新人たちをいつ助けたの？[＝複数3格]（動詞「helfen」は3格を目的語にとります）

－応用編－
2. 分詞を使った表現

（1） 現在分詞　　　Track 60

> 🐕 思い出しておこう！
>
> **現在分詞**は、**不定形**に「**-d**」をつけて作ります。英語の「*-ing*」形にあたり、「〜しつつある」という意味を表します。過去分詞と違って*時制*を作らず、おもに**形容詞**として使われます。
> ＊英語の「*-ing*」形とほぼ同じ働きをしますが、*進行形*を作ることはできません。

➕ 基本パターン❶：「不定形＋ -d」＝「-nd」

Diese Krankheit ist **ansteckend**.　この病気は伝染性です。

　まずは、形から確認していきましょう。**現在分詞**は、**不定形**から作ります。不定形のうしろに、「**-d**」をつけるだけです。規則動詞でも不規則動詞でも、分離動詞でも非分離動詞でも、そのまま「**-d**」をつけるだけ。例文では「anstecken」（伝染する）という分離動詞に「-d」がついて、「ansteckend」となっていますね。

＊ドイツ語の不定形はすべて「-n」で終わるので、必然的に、現在分詞はすべて「**-nd**」がつくことになります。

➕ 基本パターン❷：「〜しつつある」

Sein Blick war **stechend**.　彼の視線は刺すようだった。

　形がわかったら、**意味**を押さえておきましょう。現在分詞は英語の「*-ing*」形と同じで、「**〜している**」「**〜しつつある**」という**継続**を表し

307

ます。受け身の意味はなく、あくまで**能動的**です。

　例文では「stechen」（刺す）という動詞に「-d」がついて、「刺している」「刺しつつある」という現在分詞を作っています。直訳すれば、「彼の視線は刺していた／刺しつつあった」となりますね。

➕ 基本パターン❸：述語になる

Sein Blick war auch **provozierend**.　彼の視線は挑発的でもあった。

　最後に、現在分詞の**用法**を見ていきましょう。現在分詞は、おもに**形容詞として**使われます。形容詞の使いかたにはまず、**述語的用法**がありましたね。【基本パターン①〜③】はすべて、現在分詞が文の述語（＝補語）になっています。

＊述語として使えるのは、**形容詞としての意味が確立**しているものに限ります。英語の進行形のようには使えません。
　　× Er war **singend**. → ○ Er sang.　彼は歌っていた。
　　○ Seine Stimme war **singend**.　彼の声は歌うようだった。

➕ 基本パターン❹：名詞を修飾する

Das ist eine **ansteckende** Krankheit.　それは伝染性の病気です。

　現在分詞は形容詞として使えるので、**名詞を修飾**することができます。このとき、一般の形容詞と同じように、現在分詞のうしろにも**格変化の語尾**がつきます。例文では「ansteckend」のあとに、①*不定冠詞*、②*女性1格*、の場合に形容詞につく語尾「-e」がありますね。

＊格変化の語尾がつくので、現在分詞の目印である「**-nd**」が間に埋もれてしまいます。ぜひ意識して、「-nd」のやわらかい響きを感じ取るようにしてください！

➕ 基本パターン❺：副詞になる

Er sah mich **stechend** an.　彼は私を刺すように見た。

　現在分詞は形容詞なので、そのままの形で**副詞としても**使えます。副

308

詞になると、**「～しながら」**という意味になります。例文では「-nd」の形の現在分詞がそのまま、副詞として使われていますね。

応用パターン❶：比較級になる

Sein Blick war **stechender** als je.
彼の視線はこれまで以上に痛かった。

　現在分詞は形容詞なので、**比較級**にもできます。この場合、「不定形＋ -d」のあとに、比較級の語尾「-er」がつきます。

　　stechen ＋ -d ＋ -er（＝現在分詞の比較級）

＊比較級が名詞を修飾する場合は、さらに格変化の語尾がつきます。
　Er hatte einen **stechenderen** Blick als je.　彼はこれまで以上に刺すような視線をしていた。
（＝ stechen ＋ -d ＋ -er ＋ -en）

応用パターン❷：最上級になる

Der **stechendste** Schmerz war schon weg.
突き刺すような強い痛みはもうなかった。

　現在分詞は、**最上級**にすることもできます。最上級の語尾は「-st」でしたね。例文ではさらに、格変化の語尾もついています。

　　stechen ＋ -d ＋ -st（＝現在分詞の最上級） ＋ -e

応用パターン❸：現在分詞の名詞化

Der Blick des **Fragenden** war stechend.
質問者の視線は刺すようだった。

　現在分詞は形容詞なので、**名詞化**することもできます。形容詞を名詞化するには、**大文字**で書き始め、**格変化の語尾**をつければよかったのでしたね（→ p.294を参照）。

　例文では、**「Fragenden」**の中に現在分詞「fragend」が隠れています。

309

動詞「fragen」（質問する）の不定形に「-d」がついたものですね。これが大文字になって、「-en」という格変化の語尾がついています。これは、①定冠詞、②男性（または中性）2格、の場合に形容詞につく語尾ですね。

　現在分詞が名詞化されたときも、男性・女性・複数であれば「人」、中性であれば「物」を表します。ここでは定冠詞が**「des」**なので、男性2格と中性2格のどちらにも使える形ですが、文脈上、**「人」**であると解釈できるので、**「男性」**でしかありませんね。現在分詞は「〜している」「〜しつつある」という意味を表すので、**「質問している男の人（の）」**と訳すことになります。

応用パターン❹：副詞句は「分詞構文」になる

Nach meinem Namen **fragend**, wandte er sich um.
私の名前を尋ねながら、彼は振り返った。

　【基本パターン⑤】の**副詞的用法を拡張**すると、**副詞句**ができあがります。この副詞句は文中のほかの要素から切り離されて、**「〜しながら」**という意味を表す**「分詞構文」**になります。

＊ドイツ語の分詞構文は、次のような特徴があります。
　① 分詞を**最後**に置く
　② 分詞構文の前後を**コンマ**で区切る

＊分詞構文の詳細については、p.318以降を参照してください。

応用パターン❺：形容詞句は「冠飾句」になる

Die nach Rettung **suchenden** Bewohner gaben nicht nach.
救出を求めていた住民たちは、あきらめなかった。

　【基本パターン④】のように現在分詞が**名詞を修飾**する場合、やはりこの**修飾語を拡張**することができます。拡張するにあたって付加された要素はすべて、**現在分詞の前**に置かれ、長大な形容詞句を作ることになります。これを、文法用語で**「冠飾句」**とよんでいます。

　例文では、「die ... **suchenden** Bewohner」というのが骨格で、現在

分詞「suchend」(求めている) が名詞「Bewohner」を修飾しています。そしてこの現在分詞の**前**に、「**何を求めているのか**」という付加された要素が置かれています。ここでは、付加されたのは**前置詞句**ですね(付加されるのが、目的語や副詞のこともあります)。

＊冠飾句には、次のような特徴があります。
　① 分詞を**名詞の直前**に置く
　② **分詞の前**に、付加された要素を置く
　→「**冠詞 ＋ 付加された要素 ＋ 分詞 ＋ 名詞**」の順になります。

＊冠飾句の詳細については、p.324以降を参照してください。

応用パターン❻：「zu ＋現在分詞」は「〜されるべき」

Die *zu* **rettenden** Bewohner befinden sich im Keller.
救出されるべき住民は、地下室にいます。

　現在分詞は「〜している」「〜しつつある」という継続の意味を表し、原則として**能動的**に使われます。ところが、**「zu ＋現在分詞」**になると**受動**の意味が入ってきて、**「〜されるべき」「〜されうる」**となってしまうのです。

　例文では、「retten」(救出する) という動詞が現在分詞になっていて、その前に「zu」がありますね。そしてこの「zu ＋現在分詞」がセットになって、次に来る名詞「Bewohner」を修飾しています。そのため、「救出している(しつつある)住民」ではなく、「**救出されるべき住民**」という意味になるのです。

＊文法用語では、「zu ＋現在分詞」を**「未来分詞」**とよんでいます。**「これから〜されるべき」「これから〜されうる」**という文脈で使われるからです。

＊「zu ＋現在分詞」の意味は、**「sein ＋ zu 不定詞」**(→ p.105およびp.106を参照) と対応しています。
　　Die Bewohner sind zu retten. 　住民たちは救出されるべきだ。
　(詳しくは、p.327およびp.332を参照してください)

ワンポイントレッスン ①

　現在分詞は、**不定形に「-d」**をつけるだけで作れますが、**例外が2つ**あります。とはいえ、語幹は変わらず、「-nd」という目印も残りますので、戸惑いは少ないことでしょう。

　　sein（～である）　→　seie̲nd
　　tun（する）　　　→　tue̲nd

ワンポイントレッスン ②

　現在分詞の意味は、「～している」「～しつつある」という**能動態**です。ところが、「zu＋現在分詞」になると、「～されるべき」「～されうる」という受け身の意味が入ってきてしまうので、「zu」がないのに受け身の意味に訳してしまう誤りが多く見られます。頭を混乱させないように、まずは**「現在分詞」＝「能動態」**という図式をしっかりと覚えましょう。

練習　動詞を現在分詞にし、意味も考えてください。　〔→解答は p.370〕

(1) Das Ergebnis war〔(befriedigen)　　　　　　　　　〕.
(2) Die〔(warten)　　　　　　　〕Bewerber waren unruhig.
(3) 〔(schreien)　　　　　　〕sah er herum.
(4) Der〔(gähnen)　　　　　　〕sah müde aus.

（2） 過去分詞

CD Track 61

> 🐕 思い出しておこう！
>
> **過去分詞**は「**ge＿＿t**」が基本で、「haben / sein」と組み合わせて**完了形**を作ったり、「werden」と組み合わせて**受動態**を作ったりと、さまざまに使われる分詞でしたね。ここでは、そんな過去分詞を**形容詞として使う**用法を見ていきます。現在分詞と対極をなし、おもに「**〜された**」という**受動の意味**を表します。
> ＊受動のほか、「〜した」という**完了の意味**も表します。

➕ 基本パターン❶：述語になる

Die Zuschauer waren **begeistert**.　観客たちは熱狂していた。

過去分詞を**形容詞として**使うとき、まず、**述語**としての用法があります。文の**補語**になる用法でしたね。

例文では、「begeistern」（熱狂させる）という動詞が過去分詞になって、「熱狂させられた」という**受動の意味**を表しています。

＊過去分詞を述語として使えるのは、**形容詞としての意味が確立**しているものに限ります（→〔ワンポイント・レッスン〕p.317も参照してください）。

＊**非分離動詞**の過去分詞は「ge-」がつかず、規則動詞の場合は*3人称単数の現在形と同じ*になるのでしたね。
　　begeistern → begeistert（過去分詞）

➕ 基本パターン❷：名詞を修飾する

Begeisterte Zuschauer schrien laut.
熱狂した観客たちは、大声で叫んだ。

過去分詞も、一般の形容詞と同じように**名詞を修飾**できますが、やはり**格変化の語尾**がつきます。例文では「begeistert」という過去分詞に、①*無冠詞*、②*複数1格*、の場合に形容詞につく「-e」という語尾がつい

313

ていますね。

基本パターン❸：副詞になる

Die Zuschauer schrien **begeistert**.　観客たちは熱狂して叫んだ。

　さらに、過去分詞を**副詞**として使うこともできます。受動の意味の副詞になるので、文字どおりに訳せば「熱狂させ**られて**」となりますね。

基本パターン❹：完了の意味を表す場合

Die **verbliebenen** Zuschauer blieben unruhig.
残った観客たちは落ち着きがないままだった。

　過去分詞は「受動」以外に、**「完了」**の意味も表します。過去分詞は受動態と完了形に使われるので、単独でもこの2つの意味がある、というわけです。

　例文では「verbleiben」（とどまる）という動詞が過去分詞になって、「とどまった」という**完了の意味**を表しています。

＊過去分詞が「受動」と「完了」のどちらの意味を表すのかは、動詞によって決まっています。慣れないうちは辞書で確かめながら使っていきましょう。
　① **受動態を作れる動詞**の過去分詞　→「受動」の意味
　　　（＝おもに他動詞）
　② 「**sein**」と結びついて**完了形を作る**動詞の過去分詞　→「完了」の意味
　　　（＝自動詞の一部）

応用パターン❶：比較級になる

Der Junge war **begeisterter** als sein Vater.
少年は父親よりも熱狂していた。

　形容詞としての意味が確立している過去分詞（→【基本パターン①】）は、**比較級**にできます。過去分詞のあとに、比較級の語尾「-er」がつくことになります。

　begeistert ＋ -er（＝過去分詞の比較級）

＊名詞を修飾する場合は、さらに格変化の語尾がつきます。
　Der Junge hatte einen **begeisterteren** Blick als sein Vater.　少年は父親よりも熱狂的な目つきをしていた。
（＝ begeistert ＋ -er ＋ -en）

応用パターン❷：最上級になる

Der Junge war *am* **begeistertsten** von allen.
少年は全員の中でいちばん熱狂していた。

　過去分詞を**最上級**にするには、過去分詞のあとに、最上級の語尾「-st」をつけます。例文では「am ... sten」の形を使っているので、「-en」という格変化の語尾もついていますね。

　begeistert ＋ -st（＝過去分詞の最上級）＋ -en

応用パターン❸：過去分詞の名詞化

Der **Begeisterte** wollte nicht nach Hause.
熱狂した男は、家に帰ろうとしなかった。

　過去分詞も、**名詞化**することができます。**大文字**で書き始め、**格変化の語尾**をつければいいのでしたね。例文では「begeistert」という過去分詞が大文字になって、「-e」という語尾がついています。これは①定冠詞、②男性1格、の場合に形容詞につく語尾ですね。

　意味はやはり、男性・女性・複数であれば「人」、中性であれば「物」になります。ここでは**男性1格**なので、**「熱狂させられた男の人」**ということですね。

＊過去分詞が**完了**を意味するときは、「～した（人・物）」となります。
　Die **Verbliebenen** wollten nicht nach Hause.　残った人々は、家に帰ろうとしなかった。

応用パターン❹：副詞句は「分詞構文」になる

Von dem Rockstar **begeistert**, schrien die Zuschauer laut.
ロック・スターに熱狂して、観客たちは大声で叫んだ。

　【基本パターン③】の**副詞的用法を拡張**すると、やはり**副詞句**ができあがります。現在分詞のときと同じように、文中のほかの要素から切り離されて、今度は「**〜されて**」という意味の「**分詞構文**」になります。**分詞を最後**に置き、**前後をコンマ**で区切るのは、現在分詞を使うときとまったく同じです（→ p.310および p.318を参照）。

＊過去分詞が**完了**を意味するときは、「**〜して**」となります。
　Im Stadion **verblieben**, schrien die Zuschauer immer noch.　スタジアムに残って、観客たちは今も叫んでいた。

応用パターン❺：形容詞句は「冠飾句」になる

Die von dem Rockstar **begeisterten** Zuschauer schrien laut.
ロック・スターに熱狂した観客たちは、大声で叫んだ。

　過去分詞が**名詞を修飾**する場合、やはりこれを**拡張**して、「**冠飾句**」を作ることができます。例文では「die ... begeisterten Zuschauer」（熱狂した観客たち）が骨格で、「何に熱狂しているのか」が**過去分詞の前**に置かれ、長大な形容詞句を作っています。

＊「冠詞＋付加された要素＋**分詞**＋名詞」の順になるのは、現在分詞の場合と同じです（→ p.311および p.324以降を参照）。

ワンポイントレッスン

過去分詞が**形容詞としての意味を確立していない**場合、「sein」と組み合わせても述語（＝補語）としての意味をなすことができません。**完了形**や**状態受動**として解釈できてしまうからです。

(1)「sein + 過去分詞」＝「完了形」

　　Die Zuschauer <u>waren</u> schon **weggegangen**.　観客たちはもう立ち去っていた。

(2)「sein + 過去分詞」＝「状態受動」

　　Die Zuschauer <u>waren</u> hinter den Zäunen **eingesperrt**.　観客たちは囲いのうしろに閉じ込められていた。

練習　動詞を過去分詞にし、意味も考えてください。　〔→解答は p.370〕

(5) Sie schien ziemlich [(konzentrieren)　　　　　　　].

(6) Sie dachte an die [(einsperren)　　　　　　　] Tiere.

(7) Sie fragte ihren [(vorsetzen)　　　　　　　]
　　nach einer Lösung.

(8) Wo sind die früh [(ankommen)　　　　　　　]?

(3) 分詞構文

Track 62

> 🐶 思い出しておこう！
>
> **分詞を副詞として使う**とき、この分詞に**情報を付加**し、**副詞句**にすることができます。これを**「分詞構文」**といいます。英語の分詞構文と、発想は同じです。
> * 副文に準じた使いかたをするので、次のような特徴があります。
>   ① **分詞を最後**に置く
>   ② **分詞構文の前後**を**コンマ**で区切る
> * 現在分詞では「～しながら」、過去分詞では「～されて」「～して」という意味を表します。

➕ 基本パターン❶：現在分詞に副詞を添える

Laut **schreiend**, wandte er sich um.
大声で叫びながら、彼は振り返った。

　例文では、「laut schreiend」の部分が**分詞構文**です。**分詞が最後**にあり、**コンマ**で区切られていますね。「schreiend」という分詞は、「-nd」がついているので**現在分詞**です。「叫ぶ」→「叫びながら」と能動的に訳すのでしたね。
　この**現在分詞の前**に、「laut」という**副詞**が添えられています。これが、分詞に付加された情報になります。分詞の前に付加情報が置かれるのが、ドイツ語の分詞構文の特徴です。

* 付加情報がない場合、コンマは不要です。
  Schreiend wandte er sich um.　叫びながら、彼は振り返った。

* 英語の分詞構文では、分詞が先になりましたね。
  Shouting *loudly, he turned around.*　大声で叫びながら、彼は振り返った。

基本パターン❷：現在分詞に目的語を添える

Undeutliche Worte **murmelnd**, ging sie weiter.
はっきりしない言葉をつぶやきながら、彼女は先へ進んだ。

　今度は、「murmelnd」（つぶやきながら）という**現在分詞の前**に、**名詞**が添えられています。「undeutliche Worte」は、ここでは**4格**です。これは、**現在分詞の目的語**になります。つまり、形容詞になっても、現在分詞に**動詞としての性質**が残っていて、目的語をとることができる、というわけです。

＊「undeutliche Worte」には冠詞がありませんが、形容詞が冠詞の代わりをしています。「-e」という形容詞の語尾は、①*無冠詞*、②*複数1・4格*、の場合の格変化の語尾ですね（→ p.267を参照）。

＊分詞構文は正式な文ではないので、**主語といっしょに使えません**。そのため、「undeutliche Worte」は1格に見えても、実は4格だ、ということになります。

基本パターン❸：現在分詞に再帰代名詞を添える

Sich tief **verbeugend**, sagte er folgende Worte.
深くお辞儀をしながら、彼は次の言葉を言った。

　現在分詞に動詞としての性質が残っていることから、**再帰代名詞**を添えて、**再帰動詞**の意味を出すこともできます。例文では冒頭に「**sich**」がありますが、これは現在分詞「verbeugend」とセットになっていて、「お辞儀をする」という**再帰動詞**「sich verbeugen」**の現在分詞**になっているのです。

　　「sich ... verbeugend」=「sich verbeugen」+「-d」

＊再帰代名詞は、**主文の主語と一致**させます。
　Mich tief **verbeugend**, sagte ich folgende Worte.　深くお辞儀をしながら、私は次の言葉を言った。

応用編　2・分詞を使った表現

➕ 基本パターン❹：過去分詞に副詞を添える

Bunt **geschmückt**, sah der Baum prächtig aus.
色とりどりに飾られて、その木は豪華に見えた。

　過去分詞を使う場合も、**分詞を最後**に置き、前後を**コンマ**で区切ることに変わりはありません。そしてやはり、**分詞の前**に、**付加された情報**を添えます。ここでは、「geschmückt」（飾られた）という過去分詞の前に、「bunt」という**副詞**がありますね。

＊現在分詞と違って、「～を…する」という能動態にはならないため、「～を」の部分にあたる目的語を、過去分詞に添えることはできません。

➕ 基本パターン❺：過去分詞に動作の主体を添える

Von allen **unterstützt**, konnte er das Studium erfolgreich beenden.
みんなに支えられて、彼は学業を首尾よく終わらせることができた。

　受動態に付加されるもっとも重要な情報として、**「動作主」**が挙げられます。ドイツ語では**「von ＋3格」**になるのでしたね。例文では、「unterstützt」（支えられた）という過去分詞の前に「von allen」があります。この**「von」**は**動作の主体**を表すので、「～によって」という意味になります。

＊「allen」は「alle」（みんな）の3格です。不定代名詞は小文字のまま使い、複数形で「人」を表すのでしたね（→ p.298を参照）。

＊**主体性のない動作主**には、**「durch ＋4格」**を使うのでしたね（→ p.61を参照）。
　Durch das Stipendium **unterstützt**, konnte er das Studium erfolgreich beenden.　奨学金に支えられて、彼は学業を首尾よく終わらせることができた。

➕ 基本パターン❻：過去分詞が「完了」を表す場合

Frisch **aufgewacht**, fühlte er sich stark.
すっきりと目が覚め、彼は力がみなぎるのを感じた。

過去分詞には、受動のほかに**「完了」**の意味もありましたね（→ p.314 を参照）。このときは分詞構文も、「～したあとで」=**「～して」**という、**すでに完了したできごと**を表すことになります。

例文では、「frisch」という**副詞**が付加されていますね。

＊どちらの意味か迷ったときは、**副文**で書きかえてみましょう。**完了形**になれば、分詞構文も「完了」の意味になります（→ p.335も参照してください）。

Frisch **aufgewacht,** ～ .
= Als er frisch aufgewacht ist, ～ . ［現在完了形］
　　彼がすっきりと目を覚ましたとき、～。
= Nachdem er frisch aufgewacht war, ～ . ［過去完了形］
　　彼がすっきりと目を覚ましたあとで、～。

応用パターン❶：分詞構文の独立用法

Ehrlich **gesagt**, ich verstehe gar nichts von Blumen.
正直に言って、花のことはまったくわかりません。

「ehrlich gesagt」の部分が分詞構文ですが、今までの例文とどこかが違うことに、気付いたでしょうか？

答えは、分詞構文のあとにあります。主文の主語と動詞が、ひっくり返っていないのです。このような用法を、分詞構文の**独立用法**といいます。本来の分詞構文では、**分詞構文の主語**と、それに続く**主文の主語**とが一致しなくてはいけません。そうなっていないのが「独立」用法、というわけです。そのために、分詞構文が文の構成要素と見なされず、主語と動詞も順番がひっくり返らないのです。

　　　　　　　　Ⅰ　　　　　　　Ⅱ　　　Ⅲ
　　　分詞構文（＝副詞句）　→　動詞　→　主語

　　　　　　　　　　　　　　Ⅰ　　　Ⅱ
　　　分詞構文の**独立用法**　→　主語　→　動詞

321

＊「ehrlich gesagt」の主語は、分詞の内容が受動態なので、厳密に考えると「私」ではなく、「花のことはまったくわからない」という事実になりますね。

＊この用法は、**「zu 不定詞」の絶対的用法**とよく似ています。①あとに続く主文の語順に影響を与えない、②コメントを挿入する、という点が同じですね（→ p. 100を参照）。

応用パターン❷：形容詞だけを使う場合

Nicht mehr zum Sprechen **fähig**, schüttelte er nur den Kopf.
もはや話すこともできず、彼は頭を横に振るだけだった。

　形容詞の副詞的用法も、付加情報を添えて、分詞構文のように拡張することができます。このとき、**形容詞は最後**に置かれ、付加された情報が前に来ます。例文では「fähig」（能力がある）という**形容詞の前**に、「nicht mehr」という**副詞句**と、「zum Sprechen」という**形容詞の目的語**となる前置詞句がありますね。

＊この語順をとるのは主に、**目的語を必要とする形容詞**です。一般の形容詞では、形容詞が先頭に置かれるのがふつうです。
　　Müde *von der Arbeit*, schüttelte er nur den Kopf.　仕事で疲れて、彼は頭を横に振るだけだった。

応用パターン❸：分詞構文を後置する場合

Er wandte sich um, *laut* **schreiend**.
大声で叫びながら、彼は振り返った。

　これまでの例文はすべて、分詞構文が主文の前に置かれていましたが、**後置**することもできます。その場合もやはり、**分詞を最後に置く**という原則は変わらず、**コンマ**で区切ってから分詞構文を始めます。

> **ワンポイントレッスン**
>
> 動詞から作る**分詞**は、**形容詞**でありながら、**動詞としての性質**もあわせ持っています。次の点を確認しておきましょう。
> （1）**目的語**や**副詞**を伴うことができる
> （2）現在分詞は**能動的な継続**、過去分詞は**完了**や**受動**を表す

練習 最初の文を分詞構文にし、意味も考えてください。〔→解答は p.371〕

(9) Er trug schwere Taschen. Er seufzte tief. ［trug ＜ tragen］
 → [   ].

(10) Die Kinder versteckten sich hinter dem Tor. Sie warteten auf ihre Mutter.
 → [   ].

(11) Die Geschichte wird von ihm erzählt. Die Geschichte wirkt spannend.
 → [   ]

(12) Ich bin fast heruntergefallen. Ich schrie um Hilfe.
 → [   ]

(4) 冠飾句

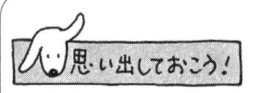

Track 63

> 思い出しておこう！
>
> 分詞を**名詞の修飾語**として使うとき、この分詞に**情報を付加**し、**長大な形容詞句**を作ることができます。このとき、これらの情報はすべて**名詞よりも前**に置かれます。
> * 名詞の前に置かれて名詞を飾るので、「**冠飾句**」といいます。
> * 「冠詞 + **付加された要素** + **分詞** + 名詞」の語順になります。

基本パターン❶：現在分詞に副詞を添える

Ein *laut* **schreiender** Mann wandte sich um.
大声で叫んでいる男性が振り返った。

例文では、「schreiend」という現在分詞が「Mann」という名詞を修飾しています。①不定冠詞、②男性1格、の場合に形容詞につく語尾「-er」がついていますね。「ein schreiender Mann」とすれば、これは単に、「叫んでいる男性」を表します。

ここで、分詞に**情報を付加**してみましょう。付け加える情報は**分詞の前**に置かれるので、「付加情報＋分詞」が、**冠詞と名詞に挟み込まれる**形になります。例文では「laut」という**副詞**が分詞の前に置かれ、「副詞＋分詞」がセットになって、あとに来る名詞を修飾しています。

* 英語では、情報が付加される場合は名詞のうしろに分詞句が置かれるので、語順がまったく逆になります。

  ein *laut* **schreiender** Mann ＝ *a man **shouting** loudly*
          （冠詞＋名詞＋**分詞**＋*付加情報*）

➕ 基本パターン❷：現在分詞に目的語を添える

Die *undeutliche Worte* **murmelnde** Frau ging weiter.
はっきりしない言葉をつぶやいているその女性は、先へ進んだ。

　次は、現在分詞に**目的語**が付加されたパターンです。【基本パターン①】と同じように、「die ... murmelnde Frau」という骨格があり、**分詞の前**に情報が加えられているのがわかりますね。

　今回の情報は、「murmeln」という動詞が必要とする**目的語**です。一見すると、「die undeutliche Worte」とつながっているように思えてしまいますが、それでは「murmelnde Frau」が構文的に余ってしまいます（「undeutlich」の語尾も、正しくありません）。「die」は「Worte」にかかるのではなく、少し先の「Frau」にかかっているのです。

➕ 基本パターン❸：付加された目的語に冠詞がつく場合

Die *die Kinder* **betreuenden** Lehrer traten nach vorne.
子どもたちを世話している教師たちが、前へ進み出た。

　冠飾句が厄介なのは、名詞にかかっているはずの**冠詞**が、**名詞から遠く離れて**しまうことです。間に「付加情報＋分詞」が入り込むため、**冠詞と名詞とのつながり**が見えにくくなってしまうのです。

　【基本パターン②】では、**冠詞のあとに無冠詞の目的語**が続いていて、冠詞が目的語にかかっているかのように見えてしまったのですが、今度の例文では、**冠詞のあとに冠詞つきの目的語**が続いています。こうなると、最初の冠詞が指示代名詞に見えてしまい、「die」が何を指しているのか考え込んで、先に進めなくなってしまうことになります。

　ここで必要になるのは、「先を見通す力」です。「die」がわからなくても少し我慢して、読み進めてみてください。「die ... betreuenden Lehrer」というつながりが浮かびあがってきたら、しめたものです。ドイツ語的な物の考えかたが身についてきた証拠です！

応用編　2・分詞を使った表現

➕ 基本パターン❹：過去分詞に情報を付加する

Der *von allen* **unterstützte** Sohn konnte das Studium erfolgreich beenden.
みんなに支えられた息子は、学業を首尾よく終わらせることができた。

　過去分詞には目的語を添えることができないので、現在分詞の場合ほどは混乱が多くないようです。例文では「der ... unterstützte Sohn」が骨格で、分詞の前に「von allen」という、**動作主**を表す**前置詞句**が置かれています。

🍄 応用パターン❶：主語以外の場合

Er stellte sich neben den *sich tief* **verbeugenden** Mann.
彼は深くお辞儀をしている男性の横に立った。

　冠飾句は、**主語以外**にも使えます。例文では**4格**になっていますね。1格と違うのは①**冠詞**と、②**分詞の語尾**です。「den ... verbeugenden Mann」が骨格になります。

🍄 応用パターン❷：無冠詞の場合

Er stand hinter *bunt* **geschmückten** Bäumen.
彼は色とりどりに飾られた木々のうしろに立っていた。

　「冠飾句」という名称ではありますが、「冠」（＝**冠詞**）がつかない冠飾句もあります。もともと無冠詞で使う語は、冠飾句になっても冠詞はつきません。

　冠飾句が無冠詞の場合、**冠飾句の始まり**がはっきりしません。「付加情報＋分詞」が挟まれるはずの、「冠詞＋名詞」のペアが見つからないからです。例文では、いきなり「bunt」という副詞から、冠飾句が始まっています。

＊無冠詞なので、**形容詞（＝分詞）の語尾**で**格を判断**することになります。例文では「-en」なので、複数3格ですね。

応用パターン❸：形容詞だけを使う場合

Der *nicht mehr zum Sprechen* **fähige** Mann schüttelte nur den Kopf.
　もはや話すこともできない男は、頭を横に振るだけだった。

　分詞ではない**一般の形容詞**にも、さまざまな情報を付加することができます。このときの語順はやはり、名詞を修飾する**形容詞が名詞の直前**に置かれ、**付加情報は形容詞よりも前**に来ます。例文では「der ... fähige Mann」が骨格で、形容詞の前にいろいろな情報が入っていますね。

応用パターン❹：「zu＋現在分詞」の場合

Die *in erster Linie* **zu rettenden** Bewohner befinden sich im Keller.
　まず第一に救出されるべき住民は、地下室にいます。

　「**zu＋現在分詞**」は、現在分詞なのに例外的に**受動**の意味が入って、「**～されるべき**」「**～されうる**」という意味になるのでしたね（→ p.311を参照）。ここでは「die ... zu rettenden Bewohner」が骨格で、「救出されるべき住民」となります。そして、通常の冠飾句と同じように、「zu＋現在分詞」の**前**に付加情報が入ります。

＊「zu＋現在分詞」はつねに名詞の前に置かれ、*述語的用法*には使えません。対応する形は**「sein + zu 不定詞」**になります（→ p.105および p.106を参照）。
　× Die Bewohner sind *zu rettend*.
　○ Die Bewohner sind **zu retten**.　　住民たちは救出されるべきだ。

> **ワンポイントレッスン**
>
> ドイツ語の**冠飾句**は、英語の分詞句とまったく逆の語順になるので、とまどう学習者も多いようですが、実は日本人にはとても有利な構文です。何と、**日本語の語順とまったく同じ**なのです！
>
> 「難しい」とはいっても、それは英語と比べてのことです。ぜひ苦手意識を捨てて、素直に前から訳すことを心掛けてみてください。
>
> ein *laut* **schreiender** Mann　大声で叫んでいる男性
>
> die *undeutliche Worte* **murmelnde** Frau　はっきりしない言葉をつぶやいている女性
>
> der *von allen* **unterstützte** Sohn　みんなに支えられた息子

練習 最初の文を冠飾句にし、2つの文をつなげてください。

〔→解答は p.372〕

(13) *Dieses Thema* bestimmt unsere Zukunft. Wir möchten über *dieses Thema* sprechen.　このテーマは私たちの未来を決定します。私たちはこのテーマについて話し合いたいと思います。

→ Wir möchten über dieses [　　　　　　　　　　　] Thema sprechen.

(14) Mein Mann hat *Urlaub* beantragt. Ist der *Urlaub* genehmigt worden? 私の夫は休暇を申請しました。その休暇は許可されましたか？

→ Ist der [　　　　　　　　　　　] Urlaub genehmigt worden?

(15) Ich soll eigenhändig *ein Formular* ausfüllen. Wo liegt *das Formular*? 私は自筆で用紙に記入しなくてはなりません。その用紙はどこにありますか？

→ Wo liegt das [　　　　　　　　　　　] Formular?

> 〔中級へのカギ〕現在分詞？　過去分詞？

　実際の文中で、**現在分詞と過去分詞のどちらを使うか**は、その動詞が**主語**（または修飾したい名詞）**とどのような関係にあるか**で決まります。その際に、日本語で考えるのではなく、ドイツ語で考えてみるのがポイントです。

(1) 現在分詞を使うとき
　現在分詞を使うのは、主語と動詞が**能動的な関係**にあるときです。つまり、「〜が…される」ではなく、**「〜が…する」**と訳せる場合ですね。そして、現在分詞は「〜している」「〜しつつある」という意味を持っているので、**主文の動詞と同時進行**していることを表します。

① 自動詞の場合
　(a) Die Kinder warten auf ihre Mutter.　子どもたちは母親を待っている。
　　→ auf ihre Mutter **wartend**　母親を待ちながら
　　→ die auf ihre Mutter **wartenden** Kinder　母親を待っている子どもたち
　　＊4格の目的語をとらず、前置詞句を目的語とする**自動詞**の例です。主語（die Kinder）と動詞（warten）の関係が能動的なので、現在分詞で表します。

　(b) Der Himmel wird allmählich dunkel.　空は次第に暗くなる。
　　→ allmählich dunkel **werdend**　次第に暗くなりながら
　　→ der allmählich dunkel **werdende** Himmel　次第に暗くなる空
　　＊英語でいう「*SVC*」の文型で、**補語をとる自動詞**の例です。やはり主語（der Himmel）と動詞（werden）の関係が能動的です。

② 他動詞の場合
　(a) Die Mutter lobt ihre Tochter.　その母親は娘を褒める。
　　→ ihre Tochter **lobend**　娘を褒めながら

→ die ihre Tochter **lobende** Mutter　娘を褒める母親
＊**4格の目的語**を伴う**他動詞**の例です。英語でいう「*SVO*」の文型になります。主語（die Mutter）と動詞（loben）の関係は能動的です。

(b) Die Mutter gibt ihrer Tochter einen Anhänger.　その母親は娘にペンダントを与える。
→ ihrer Tochter einen Anhänger **gebend**　娘にペンダントを与えながら
→ die ihrer Tochter einen Anhänger **gebende** Mutter　娘にペンダントを与える母親
＊**4格**の目的語のほかに、**3格**の目的語も伴う**他動詞**の例です。英語でいう「*SVOC*」の文型になります。主語（die Mutter）と動詞（geben）の関係は、あくまで能動的です。

(c) Der Alte erinnert *sich* an seine Kindheit.　その老人は子ども時代を思い出す。
→ sich an seine Kindheit **erinnernd**　子ども時代を思い出しながら
→ der sich an seine Kindheit **erinnernde** Alte　子ども時代を思い出す老人
＊再帰代名詞を伴う**再帰動詞**の例です。主語（der Alte）と動詞（sich erinnern）の関係が能動的であることに、変わりはありません。

（2）過去分詞を使うとき
　過去分詞は、①主語と動詞が**受動的な関係**にあるときか、②**能動的**で**完了**を表すときに使われます。②の場合は**主文の動詞よりも過去**に起きたことを表し、①の場合は**同時進行**（「～されている」）か、すでに**完了**した出来事（「～された」）を表します。

① 他動詞で受動を表す場合
　(a) Die Tochter wird von ihrer Mutter gelobt.　娘は母親に褒めら

れる。
- → von ihrer Mutter **gelobt**　母親に褒められて
- → die von ihrer Mutter **gelobte** Tochter　母親に褒められる／褒められた娘
- ＊上記 (1)-②-(a) の例文を**受動態**にした文です。主語 (die Tochter) と動詞 (loben) の関係は受動的ですね。能動文に直したときに「die Tochter」が主語にならないことからも、これが能動的な関係にないことが判断できます。

(b) Ein Anhänger wird der Tochter gegeben.　ペンダントが娘に与えられる。
- → der Tochter **gegeben**　娘に与えられて
- → ein der Tochter **gegebener** Anhänger　娘に与えられたペンダント
- ＊上記 (1)-②-(b) の例文を**受動態**にした文です。能動態の4格が、受動態の主語になるのでしたね。主語 (ein Anhänger) と動詞 (geben) の関係は受動的です。

(c) Das Tor ist fest geschlossen.　門はしっかりと閉じられている。
- → fest **geschlossen**　しっかりと閉じられて
- → das fest **geschlossene** Tor　しっかりと閉じられた門
- ＊**状態受動**の例です。主語 (das Tor) と動詞 (schließen) の関係は、やはり受動的です（状態受動の背景には、「だれかが門を閉じた」という能動的な関係が隠れているからです）。

② 自動詞で完了を表す場合

Der Himmel ist allmählich dunkel geworden.　空は次第に暗くなった。
- → allmählich dunkel **geworden**　次第に暗くなって
- → der allmählich dunkel **gewordene** Himmel　次第に暗くなった空

＊上記（1）-①-(b)を**現在完了形**にした文です。「werden」は完了形にするときに、「haben」ではなく「sein」と組み合わせるので、過去分詞が「**受動**」ではなく「**完了**」を表します（→ p.314 を参照）。

（3）「zu +現在分詞」を使うとき

現在分詞の前に「**zu**」を置くとき、主語と動詞は**受動的な関係**になります。これはちょうど、「**sein + zu 不定詞**」の関係と同じです（→ p.105 および p.106 を参照）。

① 「sein + zu 不定詞」からの書きかえ

　Die Temperatur ist folgendermaßen **zu** regulieren.　温度は次のように調節できます／調節しなければなりません。

　　→ die folgendermaßen **zu regulierende** Temperatur　次のように調節されうる／調節されるべき温度

＊主語（die Temperatur）と動詞（regulieren）は、受動的な関係にあります。「regulieren」は他動詞で、能動文に直したときに、「die Temperatur」が4格の目的語になるからです。

　　Man soll *die Temperatur* folgendermaßen regulieren.　温度は次のように調節しなければなりません。

＊厳密に訳せば、「**～されうる**」「**～されるべき**」となりますが、「次のように調節**すべき**温度」のように、日本語では能動態で訳すことも可能です。「受動」になるのは、あくまでドイツ語における主語と動詞の関係です。

② 一般の文からの書きかえ

　(a) Sein Urlaub soll sofort genehmigt werden.　彼の休暇はすぐに許可されるべきだ。

　　→ Sein Urlaub ist sofot **zu** genehmigen.　彼の休暇はすぐに許可されるべきだ／許可できる。

　　→ sein sofort **zu genehmigender** Urlaub　彼のすぐに許可されるべき／許可できる休暇

＊**受動態**の文なので、主語（sein Urlaub）と動詞（genehmigen）の関係は受動的です。これに、「〜すべき」(müssen / sollen)または「〜できる」(können) の意味が入っている場合、「sein + zu 不定詞」で書きかえることができるので、分詞にすると「zu +現在分詞」になる、というわけです。

(b) Man soll seinen Urlaub sofort genehmigen. 彼の休暇はすぐに許可するべきだ。
 → sein sofort **zu genehmigender** Urlaub 彼のすぐに許可されるべき／許可できる休暇
 ＊もとの文が**能動態**になっていても、要領は同じです。受動関係にある語があり（sein Urlaub – genehmigen）、**「sollen」**などの意味が入っていれば、「zu +現在分詞」に書きかえることができます。

⑤ 分詞と副文の関係

　分詞構文は「副詞句」なので、機能的には**「副文」**とほぼ等価となります。また、**冠飾句**は「形容詞句」なので、**「関係文」**とほぼ同じ機能を持ちます。構造上も、①**動詞（＝分詞）が最後**に置かれ、②（分詞構文の場合は）**前後をコンマで区切る**、という点が、副文とよく似ていますね。
　ここでは、分詞を含んだ表現を、**副文で書きかえる**練習をしてみましょう。要領は、「zu 不定詞句」からの書きかえと同じです（→ p.108以降を参照）。つまり、

① **主語**を補う
② **動詞を活用**させる
③ **従属接続詞／関係代名詞**を選ぶ

の3点が必要になります。

(1) 分詞構文 → 副文

① 現在分詞の場合

　Laut **schreiend**, wandte er sich um.　大声で叫びながら、彼は振り返った。

　→ Während er *laut* **schrie**, wandte er sich um.

　Undeutliche Worte **murmelnd**, ging sie weiter.　はっきりしない言葉をつぶやきながら、彼女は先へ進んだ。

　→ Indem sie *undeutliche Worte* **murmelte**, ging sie weiter.

＊現在分詞は「同時」に「継続」していることを表すので、**「während」**（〜している間に）や**「indem」**（〜しながら）といった従属接続詞を使うと、ほぼ同じ意味の文が作れます。

＊主語は**主文の主語**と一致し、動詞の**時制**は**主文と一致**します。

② 過去分詞で「受動」の場合

Bunt **geschmückt**, sah der Baum prächtig aus. 色とりどりに飾られて、その木は豪華に見えた。

→ Da **der Baum** *bunt* geschmückt **war**, sah er prächtig aus. その木は色とりどりに飾られていたので、豪華に見えた。

Von allen **unterstützt**, konnte er das Studium erfolgreich beenden. みんなに支えられて、彼は学業を首尾よく終わらせることができた。

→ Weil **er** *von allen* unterstützt **wurde**, konnte er das Studium erfolgreich beenden. 彼はみんなに支えられたので、学業を首尾よく終わらせることができた。

Von ihm **erzählt**, wirkt die Geschichte spannend. 彼が語ると、その物語は面白くなる。

→ Wenn **die Geschichte** *von ihm* erzählt **wird**, wirkt sie spannend. 彼によって語られるとき、その物語は面白くなる。

* 「～されて」＝「～された**ので**」と考えて、**「da」**（～だから）や**「weil」**（～なので）といった、**理由**を表す従属接続詞を使うと、分詞構文の内容にもっとも近くなります。また、**同時**を表す**「wenn」**（～するとき）や**「als」**（～したとき）なども使えます。

* 主語は**主文の主語**と一致し、動詞は**「受動態」**または**「状態受動」**にするため、「werden」か「sein」を加えます。**時制**は**主文と同じ**か、**主文よりも過去**になります。

③ 過去分詞で「完了」の場合

Frisch **aufgewacht**, fühlte er sich stark. すっきりと目が覚め、彼は力がみなぎるのを感じた。

→ Als **er** *frisch* aufgewacht **ist**, fühlte er sich stark. すっきりと目を覚ましたとき、彼は力がみなぎるのを感じた。

（＝ Als **er** *frisch* **aufwachte**, ～ .）

→ Nachdem er *frisch* aufgewacht **war**, ～. すっきりと目を覚ましたあとで、～。

Fast **heruntergefallen**, schrie ich um Hilfe. ほとんど落ちそうになって、私は助けを求めて叫んだ。
 → Da ich *fast* heruntergefallen **war**, schrie ich um Hilfe. ほとんど落ちそうになっていたので、私は助けを求めて叫んだ。

＊主文の時点で「**完了**」していることを表すので、**時の順序**を表す「**als**」（～したとき）や「**nachdem**」（～したあとで）といった従属接続詞で書きかえられます。また、**理由**を表す「**da**」「**weil**」なども使えます。

＊主語は**主文と一致**し、**動詞の時制**は「**現在完了形**（＝過去形）」か「**過去完了形**」にします（主文の時制と同じか、それよりも過去になります）。

(2) 冠飾句 → 関係文
① 現在分詞の場合

Ein *laut* **schreiender** Mann wandte sich um. 大声で叫んでいる男性が振り返った。
 → Ein Mann, der *laut* **schrie**, wandte sich um.

Die *undeutliche Worte* **murmelnde** Frau ging weiter. はっきりしない言葉をつぶやいているその女性は、先へ進んだ。
 → Die Frau, die *undeutliche Worte* **murmelte**, ging weiter.

＊現在分詞で**修飾されている名詞**が**先行詞**になり、**関係代名詞が主語**となる関係文を作ります。**時制**は**主文と同じ**にします。

② 過去分詞で「受動」の場合

Der *von allen* **unterstützte** Sohn konnte das Studium erfolgreich beenden. みんなに支えられた息子は、学業を首尾よく終わらせること

ができた。
→ Der Sohn, der *von allen* unterstützt **wurde**, konnte das Studium erfolgreich beenden.

Er stand hinter *bunt* **geschmückten** Bäumen.　彼は色とりどりに飾られた木々のうしろに立っていた。
→ Er stand hinter Bäumen, die *bunt* geschmückt **waren**.

＊関係代名詞を主語にした関係文を作るところまでは、現在分詞の場合と同じです。関係文が**受動態**になるので、「werden」か「sein」を補います。**時制は主文と同じか、主文よりも過去**になります。

③ 過去分詞で「完了」の場合
Der *frisch* **aufgewachte** Mann fühlte sich stark.　すっきりと目が覚めた男は、力がみなぎるのを感じた。
→ Der Mann, der *frisch* aufgewacht **war**, fühlte sich stark.

＊「完了」を意味するので、関係文の時制は**主文よりも過去**になります。

④ 「zu +現在分詞」の場合
Die *in erster Linie* **zu rettenden** Bewohner befinden sich im Keller.
まず第一に救出されるべき住民は、地下室にいます。
→ Die Bewohner, die *in erster Linie* zu retten **sind**, befinden sich im Keller.

＊関係文の中は、「**sein + zu 不定詞**」で書きかえます。**時制は主文と一致**します。

── 付録1 ──
前置詞の使いかた

　前置詞はすでに、さまざまな文法事項と関連した形で、本文中で使いかたを見てきましたので、ここでそれらを再掲し、一覧にまとめておきます。なお、1つ1つの前置詞の意味や使いかたに関しては、「文法」というよりも「語法」に属する内容なので、別の機会に論じてみたいと思っています。

1. 基本的な使いかた
(1) 前置詞の格支配
　前置詞を使う上での大前提が、この**格支配**です。前置詞によって、**2〜4格**のいずれかが続くのでしたね。どの前置詞が何格をとるのかは、初歩文法に属する内容です。こつこつと覚えていくようにしましょう。

① 2格支配… trotz（〜にもかかわらず）、wegen（〜が原因で）など
② 3格支配… mit（〜とともに）、von（〜から）、zu（〜へ）など
③ 4格支配… durch（〜を通って）、für（〜のために）など
④ 3・4格支配… in（〜の中に・中へ）、auf（〜の上に・上へ）など
＊「**3・4格支配**」の前置詞は、3格を使うと「**場所**」、4格を使うと「**方向**」を表します。

(2) 定冠詞との融合形
　定冠詞に強い意味が含まれないとき、「**前置詞＋定冠詞**」の融合形が使われます。これも初歩文法ですが、特に「3・4格支配」の前置詞で、格を見分けるときに注意が必要です。

　　im ＝ in dem（3格）　　　ins ＝ in das（4格）
　　am ＝ an dem（3格）　　　ans ＝ an das（4格）　など

(3) 人称代名詞との融合形 （→ p.179を参照）
　人称代名詞が「**物**」を指す場合、「**前置詞＋人称代名詞**」は「da[r] ＋前

置詞」という形になります。「da[r]」の部分が人称代名詞の代わりをします。

    Ich bin **damit** zufrieden.　私はそれに満足しています。

＊指す「物」の**性・数**にかかわらず、そして前置詞が支配する**格**にかかわらず、いつでも「da[r]-」という形をとります。

＊前置詞が子音で始まる場合は「da-」、母音で始まる場合に「dar-」となります。

＊人称代名詞が「人」を指す場合は「da[r]＋前置詞」とならず、前置詞に人称代名詞をそのまま続けます。
    Ich bin **mit ihm** zufrieden.　私は彼に満足しています。

＊2格支配の前置詞では、別の形をとります。
    stattdessen　その代わりに
    deswegen　それが原因で　　　など

(4) 疑問詞との融合形（→ p.180を参照）
　前置詞を使った疑問文で、答えが**「物」**になることが予想される場合に、**「前置詞＋was」**の部分が**「wo[r]＋前置詞」**の形になります。
    Womit bist du zufrieden?　君は何に満足しているんだい？

＊上記（3）の「da[r]＋前置詞」に対応する表現になります。
    Womit bist du zufrieden? – **Damit.**　君は何に満足しているんだい？ーそれに満足しているんだよ。

＊答えが「人」になることが予想される場合は、前置詞に疑問詞をそのまま続けます。
    Mit wem bist du zufrieden?　君はだれに満足しているんだい？

(5) 分離動詞の前綴り
　前置詞は、**分離動詞の前綴り**としてよく使われます。このとき、*前置詞としての役割はありません*。文末（または文中）で前置詞が単独で余っ

ら、分離動詞を疑ってください。
　　　　Sie sucht schöne Blumen aus.　彼女は素敵な花を選び出す。
　　　　＝「aussuchen」

2．特殊な使いかた
(1) 後置される場合
「前置詞」という名称ではありますが、前置詞によっては、**「後置」**されることもあります。
　　　　meiner Erwartung **entgegen**　私の期待に反して
　　　　ihr **gegenüber**　彼女と向かい合って
　　　　meiner Meinung **nach**　私の意見では　　　　　　　など

(2) うしろに副詞を添える
「前置詞＋名詞」のあとに**副詞**を添えて、**前置詞の意味を強化**することがあります。「von」など、いくつもの意味がある前置詞に多く見られます。
　　　　von Dienstag **an**　火曜日から（＝起点を表す）
　　　　vom Fenster **aus**　窓から（＝中から外へ）
　　　　durch den Wald **hindurch**　森を通って
　　　　um die Stadt **herum**　町のまわりを　　　　　　　など

3．応用的な使いかた
(1)「zu 不定詞（句）」を続ける場合（→ p.88を参照）
「**zu 不定詞（句）**」は「～すること」となり、名詞の働きをしますが、前置詞に直接つなげることはできません。必ず仮目的語の「es」を使って**「da[r]＋前置詞」**の形を作り、そのあとに「zu 不定詞（句）」を続けます（「es」＝「da[r]-」＝「zu 不定詞（句）」という関係になります）。

Ich bemühe mich **darum**, das Problem mit dir **zu** besprechen.　私は その問題について君と話し合おうと努力する。

＊「um」「ohne」「(an)statt」の3つは例外で、「zu 不定詞（句）」に直接つなげて、副詞句を作ることができます（→ p.98以降を参照）。

(2) 副文を続ける場合（→ p.237を参照）
　前置詞のあとに*副文を直接*つなげることもできないので、やはり仮目的語の「es」を使い、**「da[r]＋前置詞」**の形でドッキングします（「es」＝「da[r]-」＝「副文」という関係になります）。

　Das hängt **davon** ab, **ob** er mitkommt.　それは、彼がいっしょに来るかどうか次第だ。

＊「ohne」だけは例外で、**「ohne dass」**の形で副文を直接つなげることができます。
　Er will mitbestimmen, **ohne dass** er mitkommt.　彼はいっしょに来ることなしに決定に参加しようとしている。

(3) 関係代名詞といっしょに使う場合（→ p.206以降を参照）
　関係代名詞が前置詞を伴う場合、**前置詞が必ず先**に来ます。つまり、副文が前置詞から始まる、というわけです。このとき、関係代名詞の格は、**前置詞の格支配にしたが**います。

　Der Mitarbeiter, *mit* **dem** ich zusammenarbeite, ist nett.　私がいっしょに仕事をしている従業員は、親切です。

＊不定関係代名詞「was」を使う場合は、**「wo[r]＋前置詞」**の形になります（→ p.207を参照）。

＊先行詞が「物」の場合にも、**「wo[r]＋前置詞」**を使うことがあります（→ p.207を参照）。

(4) 特定の動詞の目的語になる

　前置詞句は*副詞*になるだけでなく、**特定の動詞**と結びついて、その**目的語**になります。いわゆる「熟語表現」ですね。中級以降では、これらをいくつ知っているか、がカギになってきます。できるだけ多く覚えるようにしましょう。

　　Ich **warte auf** meine Mutter.　私は母を待っている。
　　Ich **interessiere** mich **für** Malerei.　私は絵画に興味がある。

(5) 特定の形容詞の目的語になる

　前置詞句は、**特定の形容詞の目的語**になることもあります。これもこつこつと覚えていきましょう。

　　Ich bin **stolz auf** dich.　私は君のことが誇りだ。
　　Dieses Wasser ist **reich an** Mineralien.　この水はミネラルが豊富だ。

－付録2－
不定詞と不定形

　動詞の**「不定形」**とは、「辞書に載っている**形**」のことをいいます。この形を使った言い回しを、文法用語では**「不定詞」**とよんでいます。ここでは**不定詞の使いかた**を簡単に紹介し、そのあとで**ドイツ語の語順**について考えていきたいと思います。

＊本文では便宜上、「不定詞」と記すべき箇所もすべて「不定形」で統一してあります。

＊「不定形」と対をなすのが**「定形」**で、こちらは主語に応じて**人称変化をしている**動詞をいいます（「不定形」とはつまり、主語に応じて人称変化をしていない動詞になります）。

1．不定詞の使いかた
(1)「～すること」
　Mein Hobby ist **singen**.　　私の趣味は歌うことです。
　→「zu」をつけずに、**「～すること」**という意味を表し、**名詞の役割**をすることができます。

(2) 特定の動詞と結びつく
　Ich gehe oft **einkaufen**.　　私はよく買物に行きます。
　→「～するために」という副詞的な役割をしています。

(3) 助動詞と結びつく
　Ich muss schon **gehen**.　　私はもう行かなくてはいけません。
　Ich werde es **schaffen**.　　私はそれを成し遂げるでしょう。
　Ich lasse ihn **warten**.　　私は彼を待たせます。
　→ **話法の助動詞**や未来形の**「werden」**、使役の**「lassen」**などと結び

343

ついて、**動詞句**を作ります。

(4) 「zu 不定詞」を作る
　Ich brauche nicht **zurück*z*ufahren**.　　私は戻る必要はありません。
　→ 「zu」をつけて**「zu 不定詞」**を作ります。

　＊「不定詞」といえば「zu 不定詞」、という感覚が学習者にはあるかもしれませんが、実は「zu 不定詞」は、「不定詞」の用法の一部でしかないのです。

(5) 命令を表す
　<u>**Aufstehen**</u>!　起きなさい！（＝起きること！）
　→ 不定詞だけで、**命令を表す**ことができます。英語で原形を使うのと同じ感覚ですね。ふつうの命令形と違って、相手が特定されないので、どこか無機質な響きがします。

(6) 大文字にして名詞化できる
　Beim **Auspacken** <u>war</u> ich gespannt.　包みを開けるとき、私はわくわくしていた。
　→ 不定詞を大文字で書き始めることで、**動詞を名詞化**できます。**「〜すること」**という意味になります。「こと」を表すので、**中性**です。

2. 不定詞と語順
　ドイツ語の学習順序では、まず「定形第2位」の原則を習い、そのあとに「ワク構造」や「定形後置」を習うので、どうしても後者のほうが特殊に見えてしまうのですが、ドイツ語の発想としては順序が逆になります。そしてその根底には、**「不定詞句」**の考えかたがあります。

(1) 不定詞句
　複数の語からなる不定詞を、**「不定詞句」**といいます。さまざまなパター

ンがありますが、いずれも**不定詞が最後に置かれる**のが特徴です。

① 助動詞との組み合わせ
  gegessen **haben**　食べたこと（＝完了の不定詞）
  gekommen **sein**　来たこと（＝完了の不定詞）
  gelobt **werden**　褒められること（＝受動の不定詞）
  loben **werden**　褒めるであろうこと（＝未来の不定詞）
  kommen **können**　来られること（＝話法の助動詞と）

 ＊本文では「完了の不定形」などと表記してあります。
 ＊「haben＋過去分詞」などで表される**助動詞部分**が、すべて**最後**に置かれて**不定形**になっていますね。

② 目的語との組み合わせ
  sich **freuen**　喜ぶこと（＝再帰動詞）
  einen Freund **haben**　友人を持つこと（＝4格と）
  sich eine Zukunft **vorstellen**　未来を想像すること（＝3格の再帰動詞＋4格と）

③ 副詞などとの組み合わせ
  zu Mittag **essen**　昼食を食べること（＝時を表す副詞句と）
  auf die Freunde **warten**　友人たちを待つこと（＝前置詞を伴う目的語と）
  sofort damit **anfangen**　すぐにそれを始めること（＝副詞＋前置詞を伴う目的語と）

 ＊②と③は、辞書などに見られる表記と同じです。**不定形が最後**に置かれているのは、「不定詞句」だったのですね。

(2) 主文の語順
 「不定詞句」を、**主語を伴う文**にしてみましょう。必要なことは、①主

語を立て、②不定形を「**定形**」に直し、③**2番目に置く**（＝「定形第2位」）、の3点です。

  gegessen **haben** → Ich habe gegessen. 私は食べました。
  gekommen **sein** → Er ist gekommen. 彼は来ました。
  sich **freuen** → Sie freut sich. 彼女は喜ぶ。
  sich eine Zukunft **vorstellen*** → Wir stellen uns eine Zukunft vor.
    私たちは未来を想像する。
  sofort damit **anfangen*** → Fang sofort damit an! すぐにそれを
    始めなさい。

 「」をつけた2語は、**分離動詞**です。分離の前綴りが文末に来る理由が、これでわかりましたね（「定形」部分が切り離されて、**前綴りが文末に残ってしま**うのです）。

(3) 副文の語順

 副文は「**定形後置**」でしたね。**不定詞句の語順はそのままに**、①主語を立て、②不定形を「**定形**」に直すだけです。

  gelobt **werden** → wenn er gelobt wird 彼が褒められるとき
  kommen **können** → ob du kommen kannst 君が来られるかどうか
  auf die Freunde **warten** → mein Sohn, der auf die Freunde wartet
    友人たちを待つ私の息子

(4) 不定詞を伴う助動詞と

 上記1. (3) のように、**話法の助動詞**などと結びつく不定詞は、「**不定詞句**」**をそのままつなげます**。その結果、**不定形が文末**に残り、2番目に来る助動詞と「ワク構造」を作るのです。

  gekommen **sein** → Er mag gekommen sein. 彼は来たかもしれない。
  zu Mittag **essen** → Möchtest du zu Mittag essen? 昼食を食べたいですか？

(5)「zu 不定詞句」を作る

「**zu 不定詞句**」の中では、「zu 不定詞」の部分が最後に来るのでしたね。これも、**不定詞句の語順をそのままに、「zu」だけを加えた結果**であって、わざわざ不定形を「最後に置く」という手間を踏んだわけではありません。

  gegessen **haben** → gegessen *zu* **haben**
  einen Freund **haben** → einen Freund *zu* **haben**
  sofort damit **anfangen** → sofort damit an*zu***fangen**

いかがでしたでしょうか？ ドイツ語では、**「文末」**が大きな意味を持っています。その出発点は、人称も時制も持たない**「不定詞」**にあったのですね。**「文末が重い」**感覚を、ぜひ早い段階で習得してみてください！

解 答

練習問題の解答

＊解答すべき語句だけでなく、なるべく文全体を載せています。(問題文を見なくても、ポイントがわかるようにするためです。)
＊特に注意する箇所を、**太字**で示してあります。

第1部　動詞の使いかた－基礎編－1. 時制と語順

p11 (1)① Wir **wohnen** hier seit zwei Jahren. →〔思い出しておこう！〕動詞の形に注意しましょう。

② Seit zwei Jahren wohnen **wir** hier. →【基本②】副詞が3語からなっても、「動詞→主語」となります。

(2)① Er **sieht** heute den Film. →〔ワンポイント①〕不規則動詞なので、「seht」とはなりません。

② Den Film sieht **er** heute. →【基本③】目的語で始めるので、「動詞→主語」となります。

p13 (3)① Ich **hatte** heute einen Termin. →〔ワンポイント〕文の構造は変わらないので、現在形を過去形に置きかえるだけです。

② Heute hatte **ich** einen Termin. →【基本②】「動詞→主語」となることを忘れずに！

p15 (4)① Ich **habe** heute einen Termin **gehabt**. →【基本①】「hatte（過去形）」=「hat ... gehabt」と分解され、過去分詞が文末に置かれます。文の意味は過去形と同じです。

② Heute habe **ich** einen Termin gehabt. →【基本②】主語がワク構造の中に入ります。

(5)① Er **ist** gestern ins Konzert **gegangen**. →〔ワンポイント②〕「gehen」は場所の移動を伴う動詞なので、「haben」ではなく「sein」を使います。「ging（過去形）」=「ist ... gegangen」となります。

② Gestern ist **er** ins Konzert gegangen. →【基本②】

p17 (6)① Sie **hatte** den Film gesehen. →【基本①】文の構造は変わらないので、「hat（現在形）」を「hatte（過去形）」に置きかえるだけですね。

② Den Film hatte **sie** gesehen. →【基本③】主語がワク構造の中に入ります。

(7)① Er **war** ins Konzert gegangen. →【基本①】「sein」を使う動詞でも、

現在完了形と構造は変わりません。

② Ins Konzert war **er** gegangen. →【基本②】

p19 (8)① Sie **wird** morgen ins Theater **gehen**. →【基本①】「werden」の形とワク構造に注意しましょう。「werden」は不規則動詞でしたね。

② Morgen wird **sie** ins Theater gehen. →【基本②】主語がワク構造の中に入ります。

2. 主文の組み立て

p21 (1)① Abends esse **ich** fast immer Brot und Käse. →【基本②】「副詞→動詞→主語」の順になります。「fast immer」は「abends」とは別の要素の副詞になりますので、いっしょに文頭には置けません。

② Brot und Käse esse **ich** abends fast immer. →【基本③】「目的語→動詞→主語」の順になります。目的語が2語ありますが、要素としては1つです。

p23 (2)① Natürlich werden **wir** unsere Kinder mitnehmen. →〔思い出しておこう！〕・〔ワンポイント〕「副詞→動詞→主語…→不定形」となって、主語はワク構造の中に入ります。

② Unsere Kinder werden **wir** natürlich mitnehmen. →〔思い出しておこう！〕・〔ワンポイント〕「目的語→動詞→主語…→不定形」となるので、主語はやはりワク構造の中に入ります。

③ Wir **nehmen** natürlich unsere Kinder **mit**. →【基本①】分離動詞なので、「mit」と「nehmen」が分離して、前綴りの「mit」が文末に置かれます。

p25 (3)① Sie **stellten** hier ein Monument **auf**. →【基本②】現在形と過去形は文の構造が変わらないので、動詞部分を過去形に置きかえるだけでしたね。

② Sie **haben** hier ein Monument **aufgestellt**. →【基本③】完了形のワク構造を作り、過去分詞を文末に置きます。分離動詞の過去分詞は、「ge-」が間に入るのでしたね。

③ Sie **werden** hier ein Monument **aufstellen**. →【基本④】未来形のワク構造を作り、不定形を文末に置きます。不定形は分離しません。

p29 (4)① Ich erhole **mich** langsam. →〔思い出しておこう！〕主語が「ich」になるので、再帰代名詞も変わります。

② Ich **habe** mich langsam **erholt**. →【基本③】再帰代名詞はなるべく先に言うので、「habe mich」と続きます。非分離動詞なので、過去分詞は「ge-」がつきません。

③ Langsam habe **ich** mich erholt. →再帰動詞になっても、「定形第2位」

351

の原則は変わりません。「副詞→動詞→主語」の順になります。

p32 (5)① **Wir reisen heute Abend nicht ab.** →【基本②】分離動詞はワク構造をとるので、「nicht」は文末の前綴りの直前になります。

② **Wir reisen nicht heute Abend ab.** →〔ワンポイント〕部分否定なので、否定したい語の直前に「nicht」が来ます。

(6)① Die Lage änderte sich mit der Zeit **nicht**. →【基本①】ワク構造をとらない文なので、「nicht」は文末に来ます（「Die Lage änderte sich **nicht** mit der Zeit.」とすると、「状況は時とともに変化したのではなかった」という部分否定になります）。

② Die Lage hat sich mit der Zeit **nicht** geändert. →【基本②】完了形はワク構造をとるので、「nicht」は文末の直前になります。

p34 (7)① **Reisen** wir heute Abend ab? →【基本②】分離動詞のワク構造は、疑問文になっても残ります。

② **Wer** reist heute Abend ab? →【基本④】疑問詞「wer」は主語なので、「疑問詞→動詞」となります。動詞は3人称単数の形にします。ワク構造は残ります。

③ **Wann** reisen wir ab? →【基本⑤】疑問詞「wann」は主語ではないので、「疑問詞→動詞→主語」となります。やはりワク構造は残ります。

3. 副文の組み立てと種類

p37 (1)① Ich sehe den Film nicht, **weil** ich kein Geld **habe**. →【基本①】「コンマ→従属接続詞→主語→その他→動詞」の順になります。

② Weil ich kein Geld habe, sehe **ich** den Film nicht. →【基本②】「副文→主文」の順になるとき、あとに来る主文は「動詞→主語」となるのでしたね。

(2)① Er hat wenig Geld, **obwohl** er viel **arbeitet**. →【基本①】動詞を文末に置くことを忘れずに！

② Er hat wenig Geld, obwohl er viel **gearbeitet hat**. →【基本④】現在完了形では、ワク構造を作るはずの「haben / sein + 過去分詞」が、文末にまとめて置かれるのでしたね。

p39 (3)① Ich verstehe nicht, **warum** du zufrieden **bist**. →【基本①】疑問詞がついた疑問文なので、疑問詞はそのまま残ります。副文になるので、動詞は最後になります。

② Warum du zufrieden bist, verstehe **ich** nicht. →【基本②】「副文→主文」の順になるので、あとに来る主文は主語と動詞がひっくり返ります。

p41 (4)① Dort hängt das Bild, **das** du vor einem Jahr **gemalt hast**. →【基

352

本①】関係文は副文になるので、「hast」が文末に来ます。

② Das Bild, das du vor einem Jahr gemalt hast, **hängt dort**. →【基本②】関係文が入れ子になるパターンです。主文はそれを越えて、「Das Bild hängt dort.」と続きます。

－応用編－1. 話法の助動詞

p47 (1)① Ich **muss** heute nach Berlin **fahren**. →〔ワンポイント〕・【基本②】「müssen」は単数人称になるとウムラウトが外れます。「fahre」は不定形に直して、文末に置くことになります。

② Heute muss **ich** nach Berlin fahren. →【基本③】副詞で始まると、主語が（助）動詞のあとに来るのでしたね。

③ **Muss** ich heute nach Berlin fahren? →【基本④】疑問文にするには、（助）動詞で始めます。

(2)① Er **kann** sich seinen Erfolg **vorstellen**. →〔ワンポイント〕・【応用①・②】「können」は単数人称になると語幹が変わります。「sich」はなるべく早めに置き、分離動詞の不定形は1語にして文末に置きます。

② Er kann sich seinen Erfolg **nicht** vorstellen. →【応用③】ワク構造なので、「nicht」は文末の直前になります。

p50 (3)① Ich **sollte** heute nach Berlin **fahren**. →〔思い出しておこう！①〕・【基本①】「sollen」を過去形にし、「fahre」を不定形に直して文末に置きます。

② Ich **habe** heute nach Berlin fahren **sollen**. →【基本②】・〔ワンポイント〕動詞の不定形を伴う文なので、現在完了形で使う過去分詞は不定形と同形［(b) タイプ］になり、これを文末に置きます。

③ Ich **habe** heute nach Berlin **gesollt**. →【応用②】・〔ワンポイント〕動詞の不定形を省略した文なので、助動詞の過去分詞は (a) タイプになります。

p55 (4)① Das Kind **könnte** den ersten Preis **gewinnen**.　その子は1等賞を取れるかもしれない。→〔思い出しておこう！〕・【基本⑤】「können」を接続法第2式にし、「gewinnt」を不定形に直して文末に置きます。

② Das Kind **könnte** den ersten Preis **gewonnen haben**.　その子は1等賞を取ったかもしれない。→【応用④】視点は①と変わらないので「könnte」は不変です。不定形を完了形にするので、「過去分詞＋haben」の順で文末に置きます。

(5)① Er **muss** nach Berlin **gefahren sein**.　彼はベルリンへ行ったに違いない。→【応用④】もとの文が過去を表す現在完了形なので、現在の視点から過

353

去を推量した文を作ることになります。「müssen」は現在形のままで、「ist ... gefahren」を不定形に直し、「過去分詞＋sein」の順で文末に置きます。

② Er **müsste** nach Berlin gefahren sein.　彼はベルリンへ行ったに違いないだろう。→〔思い出しておこう！〕・【応用④】①の構造のまま、「müssen」を接続法第2式にするだけです。①の推量レベルを少し控えめにした文になります。

③ Er **musste** nach Berlin gefahren sein.　彼はベルリンへ行ったに違いなかった。→【応用①・④】「müssen」を過去形にすることで、過去の視点からの推量になります。一方、「gefahren sein」が完了形なので、推量している内容は、その視点によりさらに過去の事柄です。

2. 受動態

p63 (1)① Die Meldung **wird** sofort **weitergeleitet**. →【基本①・②】・〔ワンポイント①・②〕能動態の4格が受動態の1格になります。ここでは女性名詞なので、4格をそのままの形で1格にできます。主語が3人称単数なので、「werden」は「wird」となりますね。過去分詞は分離動詞なので、前綴りのあとに「ge-」が入り込みます。ワク構造を作るので、過去分詞は文末に置きます。

② Die Meldung wird sofort **von ihnen** weitergeleitet. →【基本③】動作主は「von＋3格」になるので、能動態の主語（＝1格）である「sie」（3人称複数）を3格にします（動作主に主体性がないと考えて、「durch sie」とすることも可能です）。

p64 (2)① **Der Eintritt wird** auf Erwachsene **beschränkt**. →〔ワンポイント①・②〕・【基本①・②】能動態の4格「den Eintritt」を1格に直すので、定冠詞が「der」になります。主語が3人称単数なので、「werden」は「wird」となりますね。過去分詞は非分離動詞なので「ge-」を省略します。

② Der Eintritt **ist** auf Erwachsene beschränkt. →【応用①・②】動作受動の「werden」を「sein」に置きかえるだけです。「入場は大人に限られている」という、状態を表す文になります。

p68 (3)① Die Meldung **wurde** sofort **weitergeleitet**. →〔思い出しておこう！〕・【基本①・②】問題文（＝能動態）が過去形なので、受動態も過去形にします。練習問題（1）①の解答をそのまま「wurde」に変えるだけですね。

② Die Meldung **ist** sofort weitergeleitet **worden**. →〔思い出しておこう！〕【基本③・④】現在完了形になると、「werden」が2つに分かれて「sein ... worden」となるのでしたね。過去の意味につられて、「war ... worden」とならないように気をつけましょう（こちらは過去完了形になります）。

(4)① Bei Regen **wurde** die Arbeit **unterbrochen**. →〔思い出しておこう！〕【基本①・②】現在形と過去形は文の構造が変わらないので、「werden」の部分を過去形に変えるだけです。

② Bei Regen **wird** die Arbeit unterbrochen **werden**. →【応用①・②】受動態を未来形にするには、まず未来形の助動詞「werden」を2番目に置きます。文末の不定形が「過去分詞＋werden」となって、これが受動態を表します。

p73 (5)① Mir **wurde** von allen **gratuliert**.　私はみんなから祝福された。→〔思い出しておこう！②〕・【基本①】「gratulierten」は過去形なので、受動態は「wurde＋過去分詞」になります。「gratulieren」は「-ieren」で終わるので、過去分詞に「ge-」がつきません（→ p.63を参照）。3格の「mir」はそのまま残し、1格（＝主語）の「alle」は動作主なので「von＋3格」にします（語順を入れ替えて、「Von allen wurde mir gralutiert.」としても正解です）。

② **Es** wurde mir von allen gratuliert. →【応用①・②】「es」は文頭にしか置けないので、必ずこの語順になります。「mir」と「von allen」では代名詞の「mir」のほうが軽いので、こちらを先に言います。冒頭に「es」を入れても、文の意味は①と変わりません。

3. zu 不定詞

p84 (1)① **zu** schreiben　書くこと →【基本①】基本形なので、不定形の前に「zu」を添えるだけです。

② geschrieben **zu haben**　書いたこと →【応用①】完了形の不定形は「geschrieben haben」なので、この間に「zu」を入れます。

③ geschrieben **zu werden**　書かれること →【応用②】受動態の不定形は「geschrieben werden」なので、この間に「zu」を入れます。

p85 (2)① auf**zu**fallen　目立つこと →【基本②】過去分詞が「aufgefallen」となることから、「auffallen」が分離動詞であることがわかります。分離動詞の「zu 不定詞」は、間に「zu」を入れて1語にするのでしたね。

② aufgefallen **zu sein**　目立ったこと →【応用①】作りかたは上記 (1)②と同じですが、「auffallen」は完了形で「sein」と組み合わせるので、「× aufgefallen zu haben」とはなりません。

p90 (3)① Es macht mir Spaß**, auf der Bühne** zu singen. →〔思い出しておこう！〕・【基本④】仮主語の「es」を使い、「zu 不定詞句」が真の主語になるパターンですね。「zu 不定詞」が1語の場合はコンマがいりませんが、「zu 不定詞

355

句」になるとコンマが必要になります。加える副詞句は、「zu + 不定形」よりも前に置きます。

② **Auf der Bühne zu singen**(,) macht mir Spaß. →【基本①】(a) の「zu 不定詞句」を文頭に持ってきます。主語で文頭にある場合は、コンマはなくてもよいのでしたね。そのあとに、「動詞→その他」と続けます。仮主語の「es」は不要になります。

(4)① Er besteht darauf, die Kinder **begleitet zu haben**. 彼は子どもたちに付き添ったと主張している。→【応用③】「zu begleiten」を完了形にすると、「begleitet zu haben」と3語になります。

② Er besteht darauf, **von** den Kinder**n** **begleitet zu werden**. →【応用④】「子どもたちに」の部分は、受動態の動作主にあたるので、「von +3格」になります。冠詞を3格にし、名詞に複数3格の「-n」をつけます。「zu begleiten」を受動態にすると、「begleitet zu werden」とやはり3語になるのでしたね。

③ Er besteht darauf, die Kinder **begleiten zu können**. 彼は子どもたちに付き添えると主張している。→【応用⑤】「zu 不定詞」に話法の助動詞を加えると、「begleiten zu können」と3語になります。

p94 (5)[形容詞的用法] 私は新刊書を論評する義務がある。→【基本①】「zu 不定詞句」は直前の名詞「Pflicht」にかかっています。【応用①】との違いに気をつけてください。

(6)[形容詞的用法] 彼のドイツ語を話す能力は疑わしい。→【基本②】「zu 不定詞句」が文中にある例です。

(7)[副詞的用法] 彼は本当にドイツ語を話す能力があるのか？ →【基本③】直前の形容詞「fähig」にかかる用法ですね。

(8)[名詞的用法] ここでドイツ語を学ぶのは可能だ。→【応用①・②】直前の形容詞「möglich」にかかっているのではなく、「zu 不定詞句」は仮主語「es」の内容になっています。

(9)[形容詞的用法] 私たちは、ここでドイツ語を学ぶ可能性を考えている。→【基本①】直前の名詞「Möglichkeit」にかかっています。

p101 (10) Ich spare Geld, **um** ein Auto **zu kaufen**. 私は車を買うためにお金を節約している。→【基本①】第2文を「目的」と考えて、「um + zu 不定詞」で書きかえます。「車を買うこと」は「ein Auto zu kaufen」となりますね。これに「um」をくっつけるだけです。

(11) Er besucht mich, **ohne** mich **anzurufen**. 彼は私に電話をせずに訪ねてくる。→【基本②】第2文が否定文なので、「ohne + zu 不定詞」で書きか

えます。「ruft ... an」は分離動詞なので、「zu 不定詞」にすると「anzurufen」となります。

(12) Sie hat abgenommen, **um** gleich wieder **zuzunehmen**.　彼女は体重が減ったが、すぐにまた増えてしまった。→【応用①】第2文が「結果」を表すので、「um + zu 不定詞」で書きかえます。「aber（しかし）」の意味は「um + zu 不定詞」に含まれるので、残す必要はありません。過去分詞「zugenommen」の不定形は「zunehmen」で、分離動詞です。

(13) Er pflegt um 7 Uhr **aufzustehen**. →【基本③】・〔ワンポイント〕「pflegen + zu 不定詞」を使い、習慣を述べる言いかたです。そのため、「normalerweise」という副詞は不要になります。「steht ... auf」は分離動詞なので、「zu」の場所に注意してください。

(14) ① Wir haben ein Haus **zu** vermieten. →【応用③・④】「haben + zu 不定詞」で、「～することができる」という可能を表します。また、「貸す家がある」と訳すこともできます。「zu」を入れるのを忘れないでください。

② Ein Haus ist **zu** vermieten. →【応用①】「sein + zu 不定詞」では、主語が「zu 不定詞」の目的語になるのでしたね。「wir」という主体が隠せるので、こんなにすっきりした表現になります。

(15) Ich habe sofort aus**zu**gehen. →【応用③】「haben + zu 不定詞」で、「～しなければならない」という義務を表しています。

4. 接続法

〔思い出しておこう！〕

(1) ① suche → 不定形から「-n」を外します（以下、接続法第1式はすべて同じ作りかたになります）。

② suchte → 規則動詞なので、過去形と同形になります。

(2) ① schreibe　② schriebe → 過去形にウムラウトはつけられないのでそのままにし、語尾に「-e」を添えます。

(3) ① komme　② käme → 過去形にウムラウトをつけ、「-e」を添えます。

(4) ① möge　② möchte → 過去形にウムラウトをつけます。「-e」はすでにあるので、さらに加える必要はありません。

(5) Jeder **sage** seinen Namen laut.　だれもが自分の名前を大声で言うように。→【基本①】不定詞「sagen」から「-n」を外します。主語が3人称単数ですから、人称語尾は不要です。語順は直説法と変わりません。

(6) Der Junge **möge** den ersten Preis **gewinnen**.　その少年が1等賞を取れ

ますように。→【基本②】「mögen」を接続法第1式にするので、「möge」となります。「gewinnt」を不定形に直し、文末に置きます。

p127 (7) Sie sagte, **sie komme** nicht mit.（または Sie sagte, **dass sie** nicht **mitkomme.**）→【基本①・②・③】「dass」で始まる副文にしない場合は、主文と同じ語順になります。「kommen」の接続法第1式は「komme」ですね。主語が3人称単数なので、語尾をつけずにこのまま使います。主文が「sagte」と過去形になっていますが、それにつられて間接話法を過去にする必要はありません。

(8) Der Junge schrie, **er habe** es gewusst.（または Der Junge schrie, **dass er** es gewusst **habe.**）→【基本④】発言内容が過去になっているので、接続法の完了形を使います。「wissen」は完了形にするときに「haben」を使うので、「habe ... gewusst」となります。

(9) Der Philosoph schreibt, **er habe** die Wahrheit **entdeckt**.（または Der Philosoph schreibt, **dass er** die Wahrheit **entdeckt habe.**）→【基本④】間接話法にする部分が、今度は現在完了形になっていますが、時制としては過去形と同列なので、今回も接続法の完了形を使います。

(10) Der Professor fragte mich, **ob ich** nicht vorher in Hamburg **studiert habe**.→【応用①】疑問詞のない疑問なので、「ob」を使った副文にします。時制は過去完了形なので、間接話法では完了形にします（「過去形／現在完了形」と「過去完了形」の違いは、接続法では表せません）。

p132 (11) ① Wenn die Adresse **nicht** falsch **wäre, käme** der Brief an.　住所が間違っていなかったら、手紙は届くだろうに。→【基本①】「現在」に反する仮定なので、もっとも基本的な形になります。「ist」が接続法第2式の「wäre」に、「kommt」が「käme」に変わります。現実に「反する」ことを言うために、前半部に「nicht」を加え、後半部から「nicht」を外します。「wenn」は副文を作るので、「wäre」の位置に注意しましょう。続く主文は動詞が主語よりも先に来ます。

② Wenn die Adresse nicht falsch **wäre, würde** der Brief **ankommen**.（意味は①と同じ）→【基本②】「käme ... an」という分離動詞を「würde + 不定形」で書きかえるので、「würde ... ankommen」となります。

p133 ③ Wenn die Adresse nicht falsch **gewesen wäre, wäre** der Brief **angekommen**.　住所が間違っていなかったら、手紙は届いただろうに。【基本③】「過去」に反する仮定なので、接続法第2式を完了形にします。「sein」も「ankommen」も、完了形にするときに「sein」を使うので、いずれも

358

「wäre + 過去分詞」の形になります。

(12) ① Wenn ich **nur** schneller arbeiten **könnte**! もっと速く仕事ができさえしたらなあ。→【応用②】「wenn」部分のみを使った表現です。「kann」を接続法第2式の「könnte」に変え、副文になるのでこれを文末に置きます。「nicht」は外します。

② Du **könntest** schneller arbeiten. 君だったらもっと速く仕事ができるだろう。→【応用①】「wenn」を使わず、「du」という主語に仮定の意味合いを持たせる表現です。「nicht」は外します。

③ Ich **hätte** schneller arbeiten **können**. （本当は）もっと速く仕事ができたのに。→【応用⑤】話法の助動詞を接続法第2式の完了形にして、過去に起きたことの逆を望む表現です。「hätte ... können」がワク構造を作ります。「nicht」は外します。

p138 (13) ① **Würden** Sie uns bitte **anrufen**? 私たちに電話をしてくださいますか？→【基本①】見かけ上は疑問文になるので、「würde」が文頭に来ます。主語が「Sie」なので、「würden」という形になります。「rufen ... an」は分離動詞なので、不定形は「anrufen」です。

② Sie **könnten** uns anrufen. 私たちに電話をしてくださって構いませんよ。→【基本③】「können」を接続法第2式にすると、主語が「Sie」なので「könnten」という形になります。

p139 ③ Es wäre schön, wenn Sie uns anrufen **könnten** / **würden**. 私たちにお電話いただければうれしいです。→【応用①】「wenn」以下は副文になるので、助動詞は文末に置きます。

(14) ① Ich **möchte** in Deutschland arbeiten. ドイツで働いてみたい。→【基本⑤】助動詞を入れ替えるだけで、控えめな願望になります。主語が「ich」なので、「möchten」のように「-n」はつきません。

② Ich **hätte** gern in Deutschland **gearbeitet**. ドイツで働きたいものだ。→【応用③・④】「hätte」に動詞をつなげるときは、完了形になるのでしたね。過去分詞は文末に置きます。

③ **Dürfte** ich in Deutschland arbeiten? ドイツで働いてもよろしいでしょうか？→【基本②】「dürfen」を接続法第2式にするので、「dürfte」という形になります。

第2部　名詞・代名詞の使いかた－基礎編－1. 名詞の格変化

p145 (1) **der** Kuchen（男性1格）［主語］、**die** Kinder（複数1格）［主語］→【基本①】いずれも1格の定冠詞がついていますね（訳：ケーキは完成し、子どもたちが待っている）。

(2) **das** Lied（中性1格）［主語］、**der** Kuchen（男性1格）［主語］→【基本②】副文では従属接続詞のすぐあと、副文に続く主文では動詞のすぐあとが、主語の位置になります。いずれも1格の定冠詞がついていますね（訳：歌が歌われると、ケーキが食べられる）。

(3) Vater Hans（男性1格）［主語］、**der** Chef（男性1格）［補語］→〔ワンポイント〕・【基本③】「Vater」は無冠詞ですが、本来の主語「Hans」に説明を加えている語なので、主語として解釈します。「der Chef」は1格の定冠詞がついて、補語になっています（訳：父ハンスが今日はボスだ）。

p148 (4) Ich habe heute **einen Termin**.　私は今日、面会予約があります。→【基本①】男性名詞なので、不定冠詞が「einen」となります。

(5) Gehst du heute Abend in **das Theater**?　あなたは今晩、劇場へ行くのですか？ →【応用②】行き先を言う場合、「in」のあとは4格になります。中性名詞は1格と4格の形が共通なので、冠詞は変化しません（「in das Theater」を縮めて、「ins Theater」とすることもできます）。

(6) Nein, **die Oper** sehe ich heute.　いいえ、オペラを今日は見るのです。→【基本②】4格で始まる文です。女性名詞の4格は1格と共通なので、冠詞は変化しません。

p152 (7) Der Film gefällt **den Schülern**.　その映画は生徒たちの気に入った。→【基本①・⑤】「gefallen」という動詞は3格の目的語をとります。「生徒たち」は複数形なので、名詞の最後に「-n」を忘れないでください。

(8) Das Kind ist **der Mutter** ähnlich.　その子は母にそっくりだ。→【基本④】「ähnlich」という形容詞は3格の目的語をとります。女性3格の定冠詞は「der」でしたね。

(9) Über **dem Berg** hängt der Mond.　山の上に月がかかっている。→【応用③】「über」は3・4格支配の前置詞ですが、ここでは3格支配になります。男性3格の定冠詞は「dem」となるのでしたね。

p157 (10) Wer ist der Begründer **der Schule**?　その学校の創設者はだれですか？→【基本①】名詞のうしろから修飾して「～の」という所有を表す、もっとも基本的なパターンです。「die Schule」は女性名詞なので、定冠詞を「der」に変えます。

(11) Wir gedenken **des Begründers.** 私たちは創設者のことを思う。→【基本②・④】2格が動詞の目的語となるパターンです。「der Begründer」は男性名詞なので、2格になるときに名詞にも「-s」という語尾がつきます。

(12) Statt **eines Polizisten** kam ein Wächter. 警察官の代わりに警備員が来た。→【応用③】〔ワンポイント①〕2格支配の前置詞につなげるパターンです。「ein Poizist」は男性弱変化名詞なので、語尾に「-s」はつかず、「-en」という形になります。

2. 冠詞の分類と格変化

p165 (1) **Diesen Termin** möchte ich nicht versäumen. この面会予約を私は無駄にしたくない。→【基本②】「ich」が主語になっているので、カッコ内には目的語が入ります。ここでは動詞「versäumen」の目的語になるので、4格になります。「Termin」は1格の冠詞が「dieser」となっているので男性名詞ですね。そのため、男性4格の形が入ることになります（=「-n」）。

(2) Auf **jedem Buch** steht ein Stempel. どの本にもスタンプが押してある。→【基本③】・【応用①】前置詞「auf」のあとには3格か4格が続きますが、ここでは3格になります。「Buch」は1格の冠詞が「jedes」となっているので中性名詞ですね。つまり、中性3格の形にします（=「-m」）。

(3) Das Einkommen **mancher Leute** hat sich gesteigert. 多くの人々の収入が増えた。→【基本④】・〔ワンポイント〕「das Einkommen」という名詞の直後に入るので、2格になりますね。「Leute」は複数形なので、複数2格の形にします（=「-r」）。

p172 (4) Ich habe heute **keinen** Termin. 今日、私は面会予約がありません。→【基本①】不定冠詞がついた名詞を否定するには、「k」を語頭につければよいのでしたね。

(5) Ich habe heute **keine** Zeit. 今日、私は時間がありません。→【基本②】無冠詞の名詞を否定するには、性・数・格を考えて否定冠詞をつけます。ここでは女性4格なので、「keine」となりますね。

(6) Nein, ich habe **keine** Kinder. いいえ、私には子どもはいません。→【基本③】複数形を否定するには、格を考えて否定冠詞の形を決定するのでしたね。ここでは4格になります。

p176 (7) Wie heißt die Tante **deiner Frau**? 君の奥さんのおばさんは、何という名前なの？→【基本①】「die Tante」を修飾する2格になります。女性2格は「der」と同じで「-r」がつくのでしたね。

361

(8) Was ist falsch mit **seinem PC**?　彼のパソコンはどこが悪いんだ？　→【基本②】前置詞「mit」は3格支配です。「sein PC」とあるので、「PC」は男性名詞か中性名詞ですね。どちらかわからなくても、3格は作れます。「-m」がつくのでしたね（実際には男性名詞です）。

(9) Ist sie zufrieden mit **ihrer Aufgabe**?　彼女は自分の課題に満足していますか？　→【基本③】やはり前置詞「mit」のあとに続くので、3格になります。1格が「ihre Aufgabe」なので、これは女性名詞ですね。女性3格には「-r」がつきます。「ihrer」というように、「r」が二重につくことになります。

3. 代名詞と格変化

p181 (1) Was ist **mit ihm** los?　→【基本③】3人称単数は、定冠詞の語尾と同じになるのでしたね。ここでは男性3格なので、「deinem」とも同じで「ihm」となります。

(2) Was ist **damit** los?　→【応用②】今度は「物」を指すので、「da[r]+前置詞」という形になります。性・数・格にかかわらず、人称代名詞の部分は「da[r]-」となるのでしたね。

(3) Ich sehe **sie** marschieren.　→【基本⑤】「die Leute」は複数4格です。複数の場合、1格と4格は共通でしたね。

p186 (4) Ich habe **mich** geirrt.　→【基本①・④】4格をとる再帰動詞です。「自分自身を迷わせる」→「間違える」となるのでしたね。主語が「ich」なので、4格は「mich」となります。

(5) Du sollst **dir** das unbedingt merken.　→【基本①・⑤】3格をとる再帰動詞です。文中に「das」という4格がありますね。主語が「du」なので、3格は「dir」になります。

(6) Warum haben Sie **sich** geirrt?　→【基本③・④】4格をとる再帰動詞です。主語が2人称敬称の「Sie」なので、再帰代名詞は3格も4格も「sich」となります。2人称敬称でも、再帰代名詞は小文字で書くのでしたね。

(7) Danach haben sie **sich** die Hände gewaschen.　→【基本②・【応用②】所有の3格を使った表現です。主語が「sie」なので、再帰代名詞の3格は「sich」となりますね。「手」の所有者は「sich」=「sie」なので、「自分の手を」と訳すことになります（主語の「sie」は3人称複数です。大文字でないので、2人称敬称ではありません。また、動詞が「haben」と複数形になっているので、3人称単数の「彼女は」でもありません）。

p191 (8) Siehst du die Frau dort? Mit **der** arbeite ich zusammen.　→【基本①】

「die Frau」を指示代名詞にします。前置詞「mit」は3格支配なので、女性3格が入ります（人称代名詞の「ihr」を入れても、文の意味は変わりません）。

(9) Meine Kollegin trifft sich heute mit ihrer Tochter und **deren** Freundin. → 【基本③】「ihrer Tochter」を2格の指示代名詞にします。女性2格は「deren」ですね（ここに所有冠詞の「ihrer」を入れると、「娘の友人」ではなく、「同僚の友人」になってしまいます）。

(10) Meine Aufgabe ist nicht so schwierig wie **die** der anderen. → 【基本④】「Aufgabe」の代わりになる指示代名詞を入れます。女性1格なので「die」となります。

－応用編－1. 関係代名詞

p196 (1) Ich habe mir einen Rock gekauft, **der** mir ganz gut **steht**.　私は自分にとてもよく似合うスカートを買った。→ 【基本①・②・③】「einen Rock」を先行詞とする関係代名詞で始めます。先行詞が男性名詞で、関係文の中では主語になるので、男性1格の形が入りますね。副文になるので、動詞を最後に置くのを忘れないでください。

(2) Das Geschäft, **das** ich gefunden **habe**, war neu.　僕が見つけたお店は新しかった。→ 【基本①・②・③】先行詞は「das Geschäft」なので、中性単数です。関係文の中では目的語の4格になっているので、関係代名詞も中性4格にします。副文の動詞は最後に置きます。

(3) Da kommt mein Freund, **dem** ich diese Zeichnung zeigen **will**.　そこに、私がこのスケッチを見せたい友だちがやって来る。→ 【基本①・②・③】「mein Freund」が先行詞で、これを受ける関係代名詞を「ihm」と同じ3格にします。男性3格は「dem」でしたね。やはり動詞は最後に置きます。

p205 (4) Der Autor, **dessen Buch** ich mehrmals gelesen **habe**, hält morgen einen Vortrag.　私が著書を何度も読んだ著者が、明日講演をします。→ 【基本①・②】・【応用①】「Autor」（著者）と「sein」（彼の）が同じ人を指すので、この2つを関係代名詞でつなげます。所有を表すため、関係代名詞は2格になります。先行詞が男性名詞なので、「dessen」という形になりますね。「2格＋名詞」のあとは副文になるので、動詞を文末に置きます。

(5) Ich habe Blumen gekauft, **deren Duft** so süß **war**.　とても甘い香りがした花を買ってきました。→ 【基本③・④】両方の文に出てくる「Blumen」を関係代名詞でつなげます。「dieser Blumen」が2格なので、これを2格の関係代名詞で置きかえ、「Duft」の前に置きます。「2格＋名詞」のあとは副文に

363

なるので、動詞を文末に置きます。

p209 (6) Das ist das Grab der Großmutter, **nach der** das Kind benannt **wurde**.　これが、その子がその名を取って名づけられた祖母の墓です。→【基本①・②】「nach ihr」を「前置詞＋関係代名詞」で置きかえ、副文の冒頭に置きます。先行詞「Großmutter」は女性名詞なので、関係代名詞は女性3格の「der」になりますね。関係文は副文になるので、動詞を文末に置きます。

(7) Er hat viele Pläne, **von denen** niemand **weiß**.　彼には、だれも知らないたくさんの計画があります。→【基本①・②】「von den Plänen」を「前置詞＋関係代名詞」で置きかえます。先行詞「Pläne」は複数形なので、関係代名詞は複数3格になります。関係文を副文にするのを忘れないでください。

p213 (8) Ich habe nichts, **was** ich dir geben könnte.　君にあげられそうなものは何もありません。→【基本②】・〔思い出しておこう！〕不定代名詞「nichts」を先行詞とする関係代名詞は、「was」でしたね。

(9) Das Beste, **was** wir jetzt tun können, ist warten.　私たちが今できる最善のことは、待つことだ。→【基本③】・〔思い出しておこう！〕形容詞の中性名詞化を先行詞とするときも、具体的なイメージがわかないので、関係代名詞は「was」になります。

(10) **Wer** kommen will, wird eingeladen.　来たいと思う人はだれでも招待されます。→【基本⑤】「wird eingeladen」の主語にあたるものが欠けているので、コンマの前全体が主語になる、と見当をつけます。主語は「人」なので、関係代名詞は「was」ではなく「wer」になります。先行詞をとらないパターンです。

p221 (11) Ich stellte mich hinter ihn, **wo** ich mich am bequemsten fühlte.　私は自分が最も快適に感じた彼の背後に立った。→【基本①】「hinter ihn」（彼のうしろに）が先行詞で、場所を表しているので、関係副詞は「wo」になります。先行詞が名詞ではないので（＝前置詞を伴う副詞句）、「wo」を「前置詞＋関係代名詞」で置きかえることはできません。

(12) Jetzt, **wo** du volljährig bist, darfst du das Haus verlassen.　君が成人した今では、この家を出て行っていいよ。→【基本②】「jetzt」が先行詞になり、時を表しているので、関係副詞は「wo」になります。「〜したとき」という過去を表すわけではないので、「als」で代用することはできません。

(13) Ihr kommt immer dann vorbei, **wenn** ich keine Zeit habe.　君たちはいつも、私に時間がないときにやって来るね。→【応用②】「dann」に呼応する関係副詞は「wenn」で、「〜するときに」という関係文を作ります。こ

の場合、「dann」は省略可能です。

2. es を使った構文

p228 (1)「es」=「ein neues Fahrrad」(問題文の訳：私は新しい自転車をもらった。私はそれをすばらしいものだと思う。) → 【基本②】「Fahrrad」が中性名詞なので、それを「es」で受けています。「es」は4格です。

(2)「es」=「jemand」(問題文の訳：だれかが僕に電話してきた。君かい？) → 【基本④】「君がその『だれか』かい？」と聞いているわけなので、「es」が指すのは、前文の「電話をしてきた『だれか』」ということになります。「jemand」は不定代名詞でつねに男性形になるので、中性以外の名詞を指している、といえますね。「es」は1格で補語になっています（ただし、既出の補語を指す用法ではありません）。

(3) 最初の「es」=「念頭にあるもの」(問題文の訳：なぜそれをしなかったんだ？) → 【基本③】 この文脈からは何を指しているのかわかりませんが、会話をしている相手同士で通じる「何か」を指しています。／2番目の「es」=「Warum hast du es nicht getan?」(問題文の訳：君はそれを説明できるかい？) → 【応用⑤】「『なぜか』を説明できるか」ということなので、「es」が指しているのは前の文全体、ということになります。

p234 (4) 最初の「es」=非人称の時間表現で、省略不可能（問題文の訳：私がそれを読み終わるまでに、長い時間がかかった。) → 【基本②】／2番目の「es」=人称代名詞で、何か既出のものを指している（省略不可能）

(5)「es」=非人称の心理状態を表し、省略可能（問題文の訳：私はその飛行が怖かった。) → 【基本⑤】「Mir graute vor dem Flug.」とすることができます。

(6) 最初の「es」=熟語表現の非人称主語で、省略不可能（問題文の訳：クリスマスになる前に、することがたくさんあった。) → 【応用②】・〔ワンポイント②〕／2番目の「es」=非人称の時間表現で、省略不可能→【基本②】

p240 (7)「es」=「zu 不定詞句」(問題文の訳：友人を持つことは、いつでも良いことだ。) → 【基本①】

(8)「es」=「dass」以下の副文（問題文の訳：私は彼が疲れていることを、彼の様子から見て取った。) → 【基本④】

(9)「es」=「die Möglichkeit(, dass ... stattfinden)」(問題文の訳：これ以降の上演がもう行われない可能性がある。) → 【応用③】「ひっかけ問題」です。「es ... dass」という構文だからといって、自動的に「es」=「dass」以下の副文だと思ってはいけません。「dass」は「die Möglichkeit」の内容を示して

いる文で、「es」の内容ではありません。

第3部　形容詞・副詞の使いかた－基礎編－1. 3つの用法

p253 (1) fertig（問題文の訳：3年たって、論文はついに完成した。）→【基本②】「war ... fertig」で一種のワク構造を作っています。「副詞句→動詞→主語→副詞→補語」の語順になっています。

(2) treu（問題文の訳：その間中ずっと、彼女は彼に忠実であり続けた。）→【基本③・⑤】「sein」の代わりに「bleiben」を使った文で、現在完了形になっています。そのため、補語の形容詞は文末の過去分詞の直前に置かれています。語順は「副詞句→動詞→主語→目的語（3格）→補語→過去分詞」となっています（形容詞「treu」は3格の目的語をとります）。

(3) wütend（問題文の訳：彼女はもうとっくに、とても怒っているというわけではなかった。）→【基本④】・【応用②】文頭に形容詞の補語が置かれているパターンです。形容詞として現在分詞が使われていますね。「（副詞＋）補語→動詞→主語→副詞が3つ（schon / längst / nicht mehr）」という語順です。

p258 (4) groß [○]（問題文の訳：私たちの庭には大きな木がある。）→【基本②】直後の名詞「Baum」を修飾しているので、形容詞「groß」には語尾がつきます。不定詞のついた男性4格なので、語尾は「-en」となります。

(5) angenehm [○]、kühl [○]（問題文の訳：この木は、夏には快適な涼しい影を作ります。）→【応用①】2つ以上の形容詞が名詞を修飾する場合も、すべての形容詞に語尾がつくのでしたね。不定冠詞のついた男性4格なので、どちらも語尾は「-en」となります。

(6) viel [×]、glücklich [×]（問題文の訳：その場所で私たちはたくさんの時間を過ごし、とても幸せです。）→〔ワンポイント①〕形容詞「viel」は、単数形で量を表す場合に無変化で使われることが多く、ここでも語尾はつきません。「glücklich」は補語として使われているので、やはり語尾はつきませんね（→前の課を参照）。

p262 (7)「spät」「langsam」（問題文の訳：彼は遅い時間に起き、ゆっくりと服を着る。）→【基本①】「spät」は「時間が遅い」、「langsam」は「ゆっくりした」という意味の形容詞ですが、ここではそのままの形で副詞として使われています。

(8)「hoch」（問題文の訳：太陽は高く昇っていて、彼は遅い朝を楽しむ。）→【基本②】「hoch」は「高い」という意味の形容詞ですが、ここでは副詞として使われ、文頭に置かれています（「spät」は語尾がついているので、名詞「Morgen」を修飾する形容詞です）。

(9)「schön」「gemütlich」(問題文の訳:すてきに用意された食卓で、彼はくつろいで自分のコーヒーを飲む。) →【応用①】・【基本③】どちらも形容詞ですが、そのままの形で副詞として使われています。「schön」は語尾がないので「すてきな食卓」とはならず、「gedeckt」という形容詞を修飾しています。「gemütlich」も語尾がないので、「Kaffee」を修飾することはできません。

2. 形容詞の格変化

p267 (1) Guten Tag! (問題文の訳:こんにちは。) →【応用①】男性4格は「den」と同じ、「-en」という語尾がつくのでしたね。[直訳:よい日を!]

(2) Schönes Wochenende! (問題文の訳:よい週末を!) →【基本③・⑤】中性4格は1格と同じで、「-es」となります。

(3) Liebe Monika! (問題文の訳:親愛なるモニカ![手紙の書き出しなどで]) →【基本②】女性1格は「die」と同じ、「-e」という語尾になります。

(4) Vielen herzlichen Dank! (問題文の訳:本当に心から感謝いたします。) →【応用①】男性4格は「-en」となるのでしたね。形容詞が2つ並列して名詞を修飾するときは、2つとも同じ語尾がつきます(→ p.257を参照)。[直訳:たくさんの心からの感謝を!]

(5) Mit freundlichen Grüßen. (問題文の訳:敬具[手紙の結びで]) →【応用④】複数3格は「den」と同じ、「-en」という語尾になります。[直訳:友情のこもった挨拶とともに。]

p272 (6) der kleine Wagen (問題文の訳:そこの小さな車はだれの?) →【基本①】単数1格には短い「-e」がつくのでしたね。

(7) das heutige Konzert (問題文の訳:私たちは今日のコンサートが楽しみです。) →【基本④】中性4格は1格と同形なので、短い「-e」がつきます。

(8) dem neuen Museum (問題文の訳:もう新しい美術館には行かれましたか?) →【応用②】単数2・3格はすべて長い「-en」がつくのでしたね。

(9) die großen Fenster (問題文の訳:大きな窓が私たちには気に入っています。) →【応用③】複数1格は、例外的に長い「-en」がつきます。単数1格と違うので、注意しましょう。

p278 (10) eine weiße Fahne / einem roten Kreis (問題文の訳:赤い円が中央にある白い旗は、何を意味するの?) →【基本③】・【応用②】女性1格は「-e」、単数3格は「-en」がつくのでしたね。

(11) ein guter Lehrer (問題文の訳:良い教師というものは、とても重要だ。) →【基本①】男性1格で冠詞が無語尾になるので、「-er」という強い語尾を形容詞

につけるのでしたね。

(12) sein klein**es** Kind / seine alt**en** Eltern（問題文の訳：彼の小さな子どもと彼の年老いた両親はいっしょに来なかった。）→【基本②】・【応用③・⑤】所有冠詞「sein」は不定冠詞がつく場合と同じでしたね。中性1格は「-es」という強い語尾が、複数1格には「-en」がつくのでした。

(13) keine gut**en** Zeichen（問題文の訳：よい兆候が見られない。）→【応用③・④】否定冠詞「kein」を使った複数4格です。複数形はすべて「-en」がつくのでしたね。

3. 比較のしかた

p284 (1) **früher**（問題文の訳：私の母は父よりも早く起きる。）→【基本①・③・⑤】・【応用③】比較級は語尾に「-er」をつければよいのでしたね。「früh」は副詞として使われています。「steht ... auf」という分離動詞がいったんワク構造を作ってから、比較の対象である「als」が続いています。「als」のあとは主語と比較しているので1格になっています。

(2) **älter**（問題文の訳：もっと年を取ったら、何をするの？）→【基本②】ウムラウトがつけられる語は、比較級でウムラウトがつくのでしたね。なお、「wirst ... tun」の「werden」は未来形の助動詞、副文の「wirst」は「～になる」という意味の動詞です。

(3) **billigere** Sachen（問題文の訳：あちらにはもっと安いものがありますよ。）→【応用①】「billiger」（より安い）という比較級に、名詞を修飾するときの語尾がつきます。①*無冠詞*、②*複数4格*、の場合の語尾は「-e」でしたね（→ p.267の［表1］を参照）。なお、主語の「sie」は3人称複数で、不特定の人々（ここではたとえば、お店の人など）を指しています。

(4) einem läng**eren** Aufenthalt ／ eine größ**ere** Reisetasche（問題文の訳：長めの滞在にはもっと大きな旅行カバンが必要だ。）→【基本②】・【応用①・④】「lang」の比較級にはウムラウトがつきます。さらに、名詞を修飾するときの語尾「-en」が加わります（①*不定冠詞*、②*男性3格*→ p.277の［表3］を参照）。この比較級は何かを比較しているわけではないので、「長めの」と訳していますが、「もっと長い滞在には」と解釈することも可能です。／「groß」の比較級にもウムラウトがつきます。名詞を修飾するときの語尾は「-e」です（①*不定冠詞*、②*女性4格*→ p.277の［表3］を参照）。こちらも絶対的用法と解釈して、「大きめの旅行カバン」と訳すことも可能です。

p288 (5) **das schnellste**［または am schnellsten］（問題文の訳：どの車がいちばん

368

速いの？）→【基本①・③】「welches」となっているので、「Auto」は中性名詞ですね。最上級の前は「das」、形容詞の語尾は「-e」になります［最上級が述語なので、「am ... sten」としても構いません］。

(6) der **schönste** Tag（問題文の訳：私の人生でいちばんすばらしい日だった。）→【応用①】最上級が名詞を修飾しているので、格変化の語尾がつきます。①定冠詞、②男性1格、のときは「-e」でしたね。

(7) die **intimsten** Freunde（問題文の訳：私はきわめて親しい友人だけを招きます。）→【応用①・②】最上級の絶対的用法です。格変化の語尾は、①定冠詞、②複数4格、のときの「-en」になります。なお、定冠詞がついているので、「もっとも親しい友人」というように、通常の最上級として解釈しても構いません。

(8) **am bequemsten**（問題文の訳：こうすればいちばん快適に座れる。）→【基本④】副詞なので、最上級は「am ... sten」になります［絶対的用法として、「きわめて快適に」と解釈すれば、「**aufs bequemste**」も正解です］。

(9) **wie** →【基本①】「so ... wie」の呼応で同等比較になります。ここでは「früh」は副詞ですね。分離動詞のワク構造を「steht ... auf」で閉じてから、比較の対象を続けています。

(10) **so** →〔ワンポイント・レッスン〕「so ... wie」のうち、「so +形容詞」の部分が名詞を修飾するパターンです。

(11) **als** →【応用①】「anders」は「als」とセットになるのでしたね。ここでは分離動詞のワク構造を「sieht ... aus」で閉じてから、比較の対象を続けています。

(12) **als** →【応用②】「ander」が名詞を修飾していますが、セットになるのはやはり「als」です。ここでは、比較の対象の「als」が副文になっています。

－応用編－1. 形容詞の名詞化

(1) einen **Deutschen**（問題文の訳：私は今日、ドイツ人の男性と知り合った。）→【基本①・②・③】名詞にするので、まず大文字で書き始めます。「einen」とあるので、男性4格ですね。語尾は「-en」となります。

(2) der **Deutsche**（問題文の訳：そのドイツ人は何と言っていたの？）→【基本①・②・③】今度は「der」がつくので男性1格です。語尾は「-e」となります。

(3) die **Arbeitslosen**（問題文の訳：失業者たちは生活が苦しい。）→【基本①・②・⑤】「arbeitslos」は「仕事がない」という意味の形容詞で、名詞化すると「仕事がない人」を表します。冠詞が「die」で動詞が「haben」という形なので、主語は複数形ですね。語尾は「-en」となります（「es」は非人称の4格で何も

指さず、「es schwer haben」という熟語表現を作っています)。

(4) eine Arbeitslose（問題文の訳：失業している女性が寄付金を請い求めた。）
→【基本①・②・④】「eine」があるので女性ですね。女性1格の語尾は「-e」となります。

p304 (5) Schönes（問題文の訳：私はそこでたくさんの美しいものを見ました。）→【基本①・②】まず、大文字で書き始めます。冠詞がないので、語尾が「-es」となるパターンですね。

(6) das Schönste（問題文の訳：いちばんすばらしかったのは、夕焼けでした。）→【応用②】最上級なので、まず語尾に「-st」をつけます。そのあとに、格変化の語尾「-e」を続けます。書き始めを大文字にするのを忘れないでください。

(7) etwas Gutes（問題文の訳：何かいいもの、持ってきた？）→【基本③】「etwas＋形容詞」の形にするためには、まず大文字にして、中性の語尾をつけるのでしたね。語尾は「-es」となります。

2. 分詞を使った表現

p312 (1) befriedigend（問題文の訳：結果は満足できるものだった。）→【基本①・②・③】現在分詞を作るには、不定形に「-d」をつけます。述語（＝補語）として使うので、格変化の語尾はいりません。動詞は「満足させる」という意味で、これをそのまま能動的に訳します。

(2) die wartenden Bewerber（問題文の訳：待っている志願者たちは、落ち着きがなかった。）→【基本①・②・④】名詞を修飾するので、現在分詞「wartend」に格変化の語尾がつきます。①定冠詞、②複数1格、の場合に形容詞につく語尾は、「-en」でしたね。

(3) schreiend（問題文の訳：叫びながら彼はあたりを見回した。）→【基本①・②・⑤】副詞になるので、格変化の語尾はいりません。「～しながら」という意味になるのでしたね。（文頭なので、実際には大文字で書き始めます。）

(4) der Gähnende（問題文の訳：あくびをしている男は疲れているように見えた。）→【基本①・②】・【応用③】現在分詞が名詞化されるパターンです。大文字で書き始め、語尾は①定冠詞、②男性1格、の場合に形容詞につく「-e」になります。男性1格なので、「男の人」になりますね。

p317 (5) konzentriert（問題文の訳：彼女はかなり集中しているようだった。）→【基本①】「konzentrieren」は「-ieren」で終わるので、過去分詞に「ge-」がつきません。不定形の語尾「-en」を過去分詞の語尾「-t」に変えるだけです。「集中させる」という動詞なので、過去分詞は「集中させられて」＝「集中して」

という意味になりますね。ここでは文の述語になっています。

(6) ein**ge**sperr**ten**（問題文の訳：彼女は閉じ込められている動物たちのことを考えた。）→【基本②】「einsperren」は分離動詞なので、過去分詞にするときは、間に「ge-」を入れるのでしたね。これに、①定冠詞、②複数4格、のときに形容詞につく語尾「-en」をつけます。名詞「Tiere」を修飾する用法です。意味は「閉じ込める」→「閉じ込められた」となります。

(7) V**or**gesetz**ten**（問題文の訳：彼女は上司に解決策を尋ねた。）→【応用③】「vorsetzen」は分離動詞なので、過去分詞は間に「ge-」が入ります。ここでは名詞化するので、大文字で書き始め、語尾は①不定冠詞（類）、②男性4格、の場合の「-en」をつけます。意味は「前に置く」→「前に置かれた」→「前に置かれた男の人」＝「上司」となります。

(8) **A**nge**k**omme**nen**（問題文の訳：早く到着した人たちは、どこにいるの？）→【基本④】・応用③】「ankommen」は分離動詞で不規則な変化をするので、間に「ge-」が入り、「-n」で終わる過去分詞になります。名詞化するので、大文字で書き始め、語尾は①定冠詞、②複数1格、の場合の「-en」をつけます。完了形を作るときに「sein」と組み合わせる動詞なので、過去分詞は「完了」の意味を表します。「到着する」→「到着した」→「到着した人々」となります。

p323 (9) Schwere Taschen **tragend**, seufzte er tief.（問題文の訳：重いカバンを［いくつも］持ちながら、彼は深くため息をついた。）→【基本②】「tragen」を現在分詞にすると、「tragend」になります。その前に、目的語「schwere Taschen」を置きます。コンマで区切ってから、「動詞→主語」と続けます。

(10) Sich hinter dem Tor **versteckend**, warteten die Kinder auf ihre Mutter.（問題文の訳：門のうしろに隠れながら、子どもたちは母親を待った。）→【基本③】再帰動詞を現在分詞にするので、「sich」を冒頭に置きます（再帰代名詞はなるべく先に言うためです）。コンマのあとは「動詞→主語」の順番になります。第1文の主語を省略してしまったので、第2文で復活させます。

(11) Von ihm **erzählt**, wirkt die Geschichte spannend.（問題文の訳：彼が語ると、その物語は面白くなる。）→【基本⑤】第1文の主語と第2文の主語が一致し、第1文が受動態になっているので、過去分詞を受動の意味で使います。「von＋3格」は、動作の主体を表しています（文字どおり訳せば、「彼によって語られると」となります）。

(12) Fast **heruntergefallen**, schrie ich um Hilfe.（問題文の訳：ほとんど落ちそうになって、私は助けを求めて叫んだ。）→【基本⑥】「bin ... heruntergefallen」は現在完了形なので、過去分詞を完了の意味で使うパ

371

ターンになります。

p328 (13) dieses *unsere Zukunft* **bestimmende** Thema（解答の訳：私たちは私たちの未来を決定するこのテーマについて話し合いたいと思います。）→【基本②・③】・【応用①】「テーマ」が「未来」を「決定する」ので、能動的な関係ですね。分詞は現在分詞を選びます。分詞の前に、所有冠詞つきの目的語を置きます。分詞の語尾は、①*定冠詞（類）*、②*中性4格*、の場合につく「-e」になります。

(14) der *von meinem Mann* **beantragte** Urlaub（解答の訳：私の夫によって申請された休暇は、許可されましたか？）→【基本④】「休暇」が「私の夫」によって「申請される」ので、受動的な関係です。分詞は過去分詞になります。分詞の前に、動作の主体を置きます。「von +3格」になるのでしたね。分詞の語尾は、①*定冠詞*、②*男性1格*、の場合につく「-e」になります。

(15) das（*von mir*）*eigenhändig* **auszufüllende** Formular（解答の訳：私が自筆で記入しなくてはならない用紙はどこにありますか？）→【応用④】「用紙」が「私」によって「記入され」なければならないので、「zu +現在分詞」になります（過去分詞を選ぶと、「すでに記入された」という意味になってしまいます）。「ausfüllen」は分離動詞なので、「zu」は間に入るのでしたね。分詞の語尾は、①*定冠詞*、②*中性1格*、の場合につく「-e」になります。

著者略歴

宍戸里佳（ししど・りか）

　桐朋学園大学にて音楽学を専攻したのち、ドイツのマインツ大学にて音楽学の博士課程を修了。現在、桐朋学園芸術短期大学非常勤講師（楽式を担当）および昴教育研究所講師（ドイツ語を担当）。著書に『大学１・２年生のためのすぐわかるドイツ語』および『大学１・２年生のためのすぐわかるドイツ語　読解編』（東京図書）、『英語と一緒に学ぶドイツ語』（ベレ出版）、訳書に『楽器の絵本』シリーズ（カワイ出版）がある。

　ドイツ滞在は、幼少期の５年半（1970年代）、思春期の４年間（1980年代）、留学中の６年半（1990年代）の、計16年。現地の幼稚園および小学校（１年次のみ）に通ったが、その後は大学卒業まで日本語で教育を受け、ドイツ語は大学で学び直した。

【CDの内容】
時間：71分15秒
ナレーター　：Andreas Meyer

CD BOOK しっかり学ぶ中級ドイツ語文法

| 2014年 3月25日 | 初版発行 |
| 2023年 3月31日 | 第４刷発行 |

著者	宍戸　里佳
カバーデザイン	竹内雄二
本文イラスト	田代まき

©Rika Shishido 2014. Printed in Japan

発行者	内田　真介
発行・発売	ベレ出版 〒162-0832　東京都新宿区岩戸町12　レベッカビル TEL (03) 5225-4790 FAX (03) 5225-4795 ホームページ https://www.beret.co.jp/
印刷	モリモト印刷株式会社
製本	根本製本株式会社

落丁本・乱丁本は小社編集部あてにお送りください。送料小社負担にてお取り替えします。
本書の無断複写は著作権法上での例外を除き禁じられています。購入者以外の第三者による本書のいかなる電子複製も一切認められておりません。

ISBN 978-4-86064-389-8 C2084　　　　　　　　　編集担当　脇山和美

ドイツ語で手帳をつけてみる

ハンス・ヨアヒム　クナウプ／森泉 著
四六並製／本体価格 1500 円（税別）■ 280 頁
ISBN978-4-86064-324-9 C2084

毎日の生活の中で手帳にメモすることの一部分でも、ドイツ語で書いてみる。そうするとドイツ語の世界がぐっと身近なものになります。一日の生活メモ、買い物リストなど自分がよく使う単語、関心のある分野の表現を繰り返し書き込むことによってドイツ語を自然に覚えられます。手帳に繰り返し書き込むことは語彙力を増やすための理想的な学習法といえるかもしれません。書きたいドイツ語が分からないときは巻末のインデックスで調べることができます。

英語と一緒に学ぶドイツ語

宍戸里佳 著
A5 並製／本体価格 1800 円（税別）■ 304 頁
ISBN978-4-86064-337-9 C2084

英語とドイツ語は兄弟語だといわれるほどよく似ています。この本は英語と関連づけながらドイツ語を学び、同時にドイツ語を学ぶことによって、英語の理解も深めようという目的で書かれたものです。英語とドイツ語の文法を徹底的に比較することで、複雑なドイツ語の文法がすっきりと理解できます。ドイツ語をイチから学びたい人にも、ドイツ語が得意で英語が苦手な人にもお勧めです。

📀 本気で学ぶドイツ語

滝田佳奈子 著

A5 並製／本体価格 2300 円（税別） ■ 344 頁
ISBN978-4-86064-269-3 C2084

ドイツ語をイチから始めたい人、もう一度きちんと勉強したいという人のための本格的な入門書です。発音、会話、文法の力を基礎から丁寧に積み上げることが語学学習では重要。本書は1部発音編、2部動詞編、3部名詞編、4部文章編の構成。重要な文法項目では練習問題を随所に入れ、徹底的なトレーニングを行うようになっています。学習範囲はドイツ語検定4級、3級レベル。発音、会話、文法の総合力をきちんと身に付けたい人におすすめの一冊

📀 しっかり学ぶドイツ語

岩間智子 著

A5 並製／本体価格 1900 円（税別） ■ 280 頁
ISBN978-4-939076-39-8 C2087

ドイツ語をはじめて学ぶ人のために基本文と文法をやさしくわかりやすく解説しました。そのあとで知識が確実に定着するように練習問題をつけています。きちんとドイツ語の基礎を学びたい人、もう一度ドイツ語の基本からしっかり学びたい人の本格的な入門書。発音、重要な基本例文はすべて CD に収録。

📀 しっかり身につく ドイツ語トレーニングブック

森泉 著

A5 並製／本体価格 2600 円（税別） ■ 400 頁
ISBN978-4-86064-120-7 C2084

ドイツ語の学習者のそばについて、どのように進めていけばいいのかを具体的に教えてくれるトレーナーのような本です。丁寧な文法解説、その練習問題を通じてドイツ語が体系的に学習できるようになっています。練習問題がとにかく豊富にはいっているのが大きな特徴です。文型ごとのドイツ語作文力、単語力、リスニング力がこの1冊で身につきます。

CD BOOK 本気で学ぶフランス語
3枚付き

石川佳奈恵 著
A5 並製／本体価格 2500 円（税別） ■ 280 頁
ISBN978-4-86064-272-3 C2085

発音の章と文法の章の 2 部構成になっています。発音の章では、イラスト図解による細やかな解説、徹底した発音・読み取り練習でしっかりと発音を身につけていきます。文法の章では、入門レベルから中級レベルまで、比較できるようになるべくたくさんの例文を紹介しながら、しっかりポイントをおさえた解説をしていきます。中級以上を目指す人のための、フランス語の基礎力が確実につけられる本気の一冊です。

CD BOOK しっかり学ぶフランス語文法

佐藤康 著
A5 並製／本体価格 1900 円（税別） ■ 264 頁
ISBN978-4-86064-023-1 C2085

フランス語を少しだけかじったことがある、またそうしつつあるという方からはじめられる文法書です。コミュニケーションを意識した例文と一緒にじっくり文法を解説していきます。特に語法解説は類書にない詳しさです。仏検 3 級合格レベルまでの文法の知識がまとめられた、フランス語文法を体系的に学べる、初級から中級への橋渡しとなる 1 冊です。

CD BOOK フランス語会話パーフェクトブック
2枚付き

佐藤康 著
四六並製／本体価格 2000 円（税別） ■ 304 頁
ISBN978-4-86064-096-5 C2085

あいさつや簡単なやりとりから、自己紹介、お礼やお詫び、家庭での会話表現、学校・会社での会話表現、コミュニケーションのための表現などさまざまな場面、状況で使える日常会話表現と、ショッピング、食事、観光、交通、ホテルの予約などの旅行会話表現を豊富に収録。初級レベルからの人でも使いやすい、覚えやすく、シンプルなフランス語で紹介。